KB031477

내 아버지의 ——— 꿈

내 아버지의 꿈

초판 1쇄 발행 2020년 2월 10일

지은이 김정수

발행인 박운미
편집장 류현아
편집 김진희
디자인 [★]규
조판 박종건
교열 김화선
마케팅 김찬완
홍보 이선유

펴낸 곳 ㈜알피스페이스
출판등록 제2012-000067호(2012년 2월 22일)
주소 서울 강남구 영동대로 315, 비1층(대치동)
문의 02-2002-9880
블로그 the_denstory.blog.me
ISBN 979-11-85716-89-3 (03340)
값 18,000원

이 책은 저작권법에 의해 보호받는 저작물이므로 무단 전재와 무단 복제를 금지하며
이 책 내용의 전부 또는 일부를 인용하거나 발췌하려면
반드시 저작권자와 ㈜알피스페이스의 서면 동의를 받아야 합니다.

Denstory는 ㈜알피스페이스의 출판 브랜드입니다. 파본이나 잘못된 책은 구입하신 곳에서 바꿔드립니다.
이 도서의 국립중앙도서관 출판예정도서목록(CIP)은 서지정보유통지원시스템 홈페이지(seoji.nl.go.kr)와
국가자료공동목록시스템(www.nl.go.kr/kolisnet)에서 이용하실 수 있습니다. (CIP제어번호 : CIP2020002935)

칠순 기자 아들이 전하는 40대 부총리 김학렬 이야기

내 아버지의 꿈

김정수 지음

Denstory

1 예산4과장 김학렬은 공기업 간부와 관련 공무원들이 조익순 고려대 교수로부터 기업회계 등에 관해 교육을 받도록 했다. 사진 뒤에는 '고려대학교 조익순 동생에게 김학렬'이라는 서명이 있다.

2 주한 미국상공회의소의 어느 리셉션에서. 솔직하고 유머가 풍부한 그의 곁에는 항상 웃음이 가득했다.

3 재무장관 취임 후 처음 맞은 생일(1966년 10월 26일)에 부인과 함께 현충원을 찾았다. '고성 촌놈이 재무장관까지 하게 된 것은 목숨 바쳐 나라를 지킨 분들 덕분'이라는 뜻에서였다.

4 1966년 11월 24일 도쿄에서 열린 ADB 창립총회에서 김학렬 재무장관이 한복을 입고 연설을 하고 있다. 그의 대표적인 기행 중 하나로 꼽힌다.

5 1967년 가을, 석 달 만에 재무장관 자리에서 물러난 김학렬은 난생처음 휴가를 쓰며 마치 모든 것을 내려놓은 듯 행동했다. 대구 팔공산에서 조익순 교수〈오른쪽〉, 이창석 KIST 감사와 함께했다.

6 부총리로 취임한 지 1주일도 되지 않은 1969년 6월 8일, 김학렬은 종합제철건설전담반을 구성했다. 이들은 한 달 반의 철야 작업 끝에 일본으로부터 협력을 이끌어낸 포철신사업계획을 수립했다.

7 일본으로부터 포항종합제철소 건설에 대한 자금과 기술 지원 약속을 받아내고 의기양양하게 귀국한 그를 기다리고 있던 것은 일부 언론의 혹평이었다. 출장 가방이 풍선처럼 하늘에 뜰 정도로 속이 빈 경제 협력을 얻느라 외교 부담만 안고 돌아왔다는 것이었다.『경향신문』 1969년 8월 29일자 '만평'

8 1970년 4월 1일 열린 포항제철 기공식에서 김학렬 부총리, 박정희 대통령, 박태준 사장〈오른쪽부터〉이 감개무량한 표정으로 발파 버튼을 누르고 있다.

9 부총리가 된 후 김학렬은 이전과는 달리 국회의원을 국정의 파트너로 대했다. 정치에 뜻이 없는 그를 여야 의원들은 모두 좋아했다. 예산결산특별위원회에서 김택수 여당 공화당 원내총무와 이야기를 나누고 있는 그의 표정이 재미있다.

10 1970년 5월 방한한 맥나마라 세계은행 총재와 함께 5500만 달러 규모의 철도차관에 서명하고 있다.

11 1970년 5월 26일 휴스턴 USAID 처장이 마지막 무상원조협정에 서명하고 있는 모습을 지켜보는 부총리의 표정이 그다지 밝지 않다. 한국은 17년 동안 19억 달러의 신세를 져오던 미국의 무상원조로부터 졸업했지만, 외자 도입의 부담이 가중될 것이 예상되는 상황이었다.

12 한국은 개도국 중에서 가족계획을 가장 성공적으로 추진하는, 세계은행이 자랑삼는 모범 사례였다. 1970년 5월 방한한 맥나마라 세계은행 총재를 위한 리셉션에서.

13 김학렬의 부인〈오른쪽에서 세 번째〉은 양지회 등을 통해 친분을 갖게 된 육영수 여사와 가깝게 지냈다. 그녀는 육 여사의 자녀 교육 문제 등을 적극적으로 도왔다.

14 부인 김옥남〈원 안〉은 남편 김학렬의 입신의 파트너였다. 그녀는 남편과 공적 · 사적으로 인연이 있는 인물들과 나름의 친분을 유지했다. 1968년 5월 29일 김수환 대주교의 서울대교구장 착좌식에도 그녀는 참석했다. 남편은 이날 단상에서 축사를 했다. 그와 김수환 추기경은 학병 훈련소 동기다.

15 1972년 3월 25일 김학렬 부총리의 장례식이 기획원 앞마당에서 경제기획원장으로 엄숙히 치러졌다.

16 1949년 김옥남 여사와 결혼한 김학렬은 슬하에 3남 1녀를 두었다. 집안일은 모두 아내에게 맡겨두고 오로지 나랏일에만 전념했던 그였기에 가족사진은 몇 장 남아 있지 않다. 사진은 1966년 9월 10일, 동국대학교에서 명예박사 학위를 받은 후 기념으로 찍은 것이다. 〈뒷줄 왼쪽부터 시계 방향으로〉 김정수(첫째 아들, 필자), 김기수(둘째), 김영수(셋째), 장모, 빈유순(어머니), 김학렬, 김옥남(부인), 김영현(넷째).

내가 본 김학렬 부총리 1

진념[1]

행동으로 가르쳐준 경제관료의 모범

나의 삶의 스승을 딱 한 사람만 꼽으라면 아무래도 좀 머뭇거릴 것 같다. '삼인행이면 필유아사(三人行 必有我師)'라고, 잠깐 걷는 길에서도 스승으로 삼을 만한 사람이 있다는데, 80년 가까이 살아온 그 긴 세월 동안 어찌 한두 스승만 만났겠는가?

부모님으로 시작해서 형제들, 학창 시절의 은사님, 친구들, 상사, 부하 직원들까지, 엄밀하게 따지자면 내게 스승이 아닌 사람들이 없었다. 결국 세상의 모든 사람이 나의 스승인 셈이다.

그러나 나의 공직생활에 가장 영향을 많이 끼친 사람을 꼽으라면,

1 1962년 14회 고시 행정과에 합격, 경제기획원 사무관으로 관료생활을 시작했다. 경제부총리 겸 재정경제부 장관(2000년 8월~2002년 4월), 기획예산처 장관, 기획예산위원장, 노동부 장관, 동력자원부 장관 등 3대 정권에서 한 번의 부총리와 다섯 번의 장관을 역임하여 '직업이 장관'이란 별명까지 얻었다.〈위키백과〉 쓰루가 차관 시절부터 내일의 부총릿감으로 키운 인물로서 쓰루의 거친 언행을 제외하고는 '제2의 쓰루'로 여겨지던 인물 중 한 명이었다.

나는 주저 없이 작고하신 김학렬 전 부총리를 꼽을 수 있다. 그분은 내게 경제관료로서의 자세에 대해 가르쳐주셨다. 물론 앉혀놓고 이래라 저래라 하며 뭔가를 가르치려고 한 적은 없다. 그러나 그분의 행동 하나하나가 나에게는 그대로 삶의 모범이 되었다.

능력은
채찍질로 키워진다

내가 그분을 특별히 기억에 담고 있는 것은 사람에 대한 편견이 전혀 없었다는 점 때문이다. 출신 지역도, 출신 학교도 그분에게는 그리 중요하지 않았다. 그에게 중요한 것은 각 개인이 가지고 있는 능력과 열정이었다.

그 능력이라는 것도 이미 드러난 것만을 중시하는 게 아니라 잠재되어 있는 것을 먼저 알아내고 스스로가 그것을 개발하도록 채찍질을 가하곤 했다. 나도 그분께 채찍질을 당한 사람 중의 하나였다.

발표하게 될지 안 될지 확실치도 않은 브리핑 자료를 만들기 위해 며칠 밤을 꼬박 새워야 할 때도 있었고, 심지어 두어 달 이상을 매일같이 내용을 업그레이드해가며 기다려야 할 때도 있었다. 그런데도 그 일이 전혀 지겹지 않았던 것은, 그 모든 과정이 전문가로 거듭나기 위한 훈련의 일환이라는 생각이 들었기 때문일 것이다.

예산국의 사무관 때였다. 어느 날 소양강댐 건설 상황을 보고하게 되었는데, 브리핑을 다 듣고 난 김 부총리가 느닷없이 나에게 소양강댐에 가보았느냐고 물었다. 내가 가본 적이 없다고 했더니, 담당 국장을 향해 벼락같이 호통을 치는 게 아닌가?

"저 정도로 브리핑할 실력인데 아직 현장에 한 번 가보지 않았다는 게 말이 되는가? 당장 보내도록 하게. 현장을 다녀야지, 현장을!"

그는 '될 법한 떡잎'에게만 채찍질을 했다.

모르면 아랫사람에게도 물어야

김 부총리에게는 주요 국정 과제에 관해 위아래를 불문하고 기획원 전체가 긴밀하게 인식을 공유하는 것이 중요했다. 그가 경제기획원 차관이었을 때인데, 중요한 자료가 있으면 '진 사무관'이라고 적어서 내려보내곤 했다. 그러면 나는 그 자료 중 김 차관이 참고하는 게 좋겠다고 생각하는 요지를 메모하여 차관실에 올려보내곤 했다.

한번은 호출을 받고 자료를 준비해 차관실에 들어갔더니, 비서에게 브리핑을 하는 동안 외부에서 걸려오는 전화는 일절 연결하지 말라며 문을 걸어 잠갔다. 그런데 한참 내용을 설명해나가는 도중 갑자기 물었다.

"잠깐, 거 뭐라고 했지? DI? 도대체 DI가 무슨 뜻이지?"

"디퓨전 인덱스, 경기지수를 말합니다."

"그래? 그거 스펠링이 어떻게 되나?"

"d, i, f, f, u……."

"그렇단 말이지. 어이, 비서관! 사전 좀 가지고 오게."

비서관이 가져온 사전으로 스펠링을 하나하나 확인하는 모습을 보면서 나는 두 가지 점을 배울 수 있었다. 하나는, 모르면 아랫사람에게도 배워야 한다는 것, 그것이 결코 부끄러운 일이 아니라는 것. 그리고 나머지 하나는 아무리 사소한 것이라도 얼렁뚱땅 넘어가지 않고 철저하게 확인하는 과정을 거친 후 자신의 지식으로 받아들이는 자세.

똑똑하기로 치면 둘째가라면 서러워할 만큼 소문난 분이었는데, 그런 분이 일개 사무관인 나에게 서슴없이 물었던 것이다. 그리고 맞는지 틀리는지를 손수 확인했던 것이다. 그분의 그런 자세는 이후 나의 삶에 있어서 큰 본보기가 되었다. 내가 여러 사람의 말을 귀 기울여 듣고, 항상 배우려는 자세를 취했던 것은 다 그분의 영향 덕분이었다.

배움의 자격

내가 처음으로 외국 땅을 밟게 된 것은 1966년의 일이었다. 기획원 사무관 신분을 유지한 채 USAID 장학생으로 미국 유학길에 오른 것이다. 그때 약간의 우여곡절이 있었다. USAID 장학생은 행정부 각 국에서 정, 부 두 사람을 추천하여 정에게 시험을 보게 한 다음 본부에서 정한 합격선에 들면 선발되는 식이었다. 나는 당연히 내가 가게 될 줄 알았다. 그런데 나중에 확인해보니 주사가 정으로 되어 있고, 사무관인 내가 부로 올라가 있었다. 나는 여러 차례 안면이 있었던 김학렬 당시 차관을 찾아갔다.

"저 공부 좀 하고 와야겠습니다. 그런데 상황이……."

"그래? 자네라면 공부를 좀 하고 와야지."

김 차관은 즉시 담당 국장을 불러 서류를 원상태로 돌려놓았다. 결국 그런 소동을 겪고 나서야 유학길에 오를 수 있게 된 것이다.

썩은 고기는 먹지 않는다

권력을 빙자하여 검은돈을 받아들이다 불명예스럽게 퇴진하는 공직자들을 많이 보았다. 그럴 때마다 예전에 김 부총리가 했던 말이 떠오른다. "사자는 굶을지언정 썩은 고기는 먹지 않는다."

내가 독직 사건에 연루되지 않고 청렴하게 공직생활을 이어올 수 있었던 것은 가슴속에 항상 그분의 가르침이 살아남아 있었기 때문이다.

예전에 기획원은 한직으로 정평이 나 있었다. 엘리트들이 모여 있다는 자부심만은 다른 어떤 부처에 비해 강했지만 솔직히 대우에 관해서는 불만들이 많았다. 그런 기획원 내에서도 가장 대접을 못 받던 곳이 내가 속해 있던 기획국이었다. 당시 내 월급은 한 달 하숙비가 채 안 될 정도였다. '명색이 고시 패스한 국가공무원'이라는 생각에 큰맘 먹고 생전 처음 맞춘 양복값을 갚느라 몇 달을 고생해야 했다. 그런 경제적 이유 때문에 기획국 직원들의 사기가 땅에 떨어지려 할 때 그분이 위와 같이 한바탕 큰 소리로 꾸짖었던 것이다.

당시 그분의 말씀은 우리 기획국 직원들의 가슴에 상당한 자부심을 불어넣었다. '뇌물 따위는 절대 받지 마라' 이렇게만 말했다면 듣는 쪽에서도 그저 당연한 소리처럼 여겼겠지만, 어깨까지 툭툭 쳐가며 "자네들은 사자야. 사자는 사자답게 살아야지" 하며 격려해주는데 과연 누가 그 소리에 힘을 얻지 않겠는가 말이다.

소명과 열정
- 공직자의 길

나는 1963년 경제기획원 사무관으로 시작해 2002년 부총리 겸 재정경제부 장관으로 관료생활을 마감할 때까지 40년 동안, '나라경제 살리기'에 대한 시대적 요구나 그것을 일구라는 사회의 기대를 늘 의식하며 지냈다.

그런 소명의식은, 김학렬 전 부총리가 1961년에 출범한 경제기획원에 초대 예산국장으로 참여하여 1971년에 부총리 겸 경제기획원 장관직에서 물러날 때까지 이끌었던 경제기획원 전체가 공유하고 있었던 가치였다. 우리들은 '우리의 손으로 이 땅에 번영을 이루겠다'는 공동체 의식에 불타오르고 있었던 것이다. '다 같이 절실히 원하고 애쓴다면 못 이룰 게 없다'는 그 시대정신, 그 도약의 유전자는 지금도 우리 안에, 특히 거센 바람을 이겨내어 한 걸음 한 걸음 앞으로 나아가려는 우리의 젊은이들 속에 꿋꿋이 살아 있다는 믿음을 가져본다.

우리의 사표였던 김학렬 전 부총리가 아쉽게 정말 아쉽게 병환으로 돌아가셨을 때, 당시 서석준 물가국장과 한 팀이 되어 국립현충원 안장 준비 책임을 맡았던 일은 큰 가르침을 주셨던 고인에 대한 감사의 기회로 기억하고 있다.

2019년 12월

내가 본 김학렬 부총리 2

엄일영[2]

박통과 한마음 한뜻으로 경제 부흥 앞장서

올해로 쓰루가 유명을 달리한 지 48년이다. 그가 지금까지 관료 사회에서 '성공한 부총리'로 불리는 데에 기여한 두 사람이 있다.

그 첫째는 박통(박정희 대통령)이요, 그 두 번째는 왕초(장기영 제2대 부총리 겸 경제기획원 장관)이다. 상하관계를 뛰어넘는 그들과의 인연이 없었다면, 쓰루는 부총리의 자리에 오르지 못할 수도 있었다.

2 엄일영은 1961년 경제기획원 출범 시 한국일보의 출입기자였다. 1969년 서울경제신문을 떠나 부총리 쓰루의 비서실장직을 맡아 관료가 되었다. 그는 언론 등 정무를 담당해 쓰루 리더십의 빈 곳을 채워주는 역할을 탁월하게 해냈다. 1972년 쓰루 사후 경제기획원 외자관리국장 등을 거쳐 조달청 차장을 지낸 후, 동서증권 고문으로 일반인이 되었다.

상상 초월의 불화

쓰루가 1961년 초대 예산국장으로 기획원 출범에 참여한 후 한동안 정국의 불안이 이어졌다. 특히 군사정권 내에 군부와 민간의 역할이 정착되지 않은 상태였다. 경제기획원 장관도 1년을 넘기지 못하고 자주 바뀌었다. 그러는 동안 정통 관료 쓰루는 1963년에 차관이 될 정도로 고속 승진을 거듭하였다. 특히 세 차례나 경제기획원 장관을 지낸 김유택 부총리의 신임 덕분에 쓰루는 웬만한 장관 부럽지 않은 영향력을 행사할 수 있었다. 당시 나는 한국일보의 기획원 출입기자였다.

1964년 왕초 부총리의 등장으로 '잘나가는 차관 쓰루' 시절이 마감되고 말았다. 왕초가 새 주연으로 등장하는 무대에 흘러간 주연 쓰루가 설 자리는 없었다. 그것이 두 사람 간의 껄끄러운 관계의 뿌리였다.

두 사람 사이에서 나의 처신도 여간 어렵지가 않았다. 한 사람은 한국일보의 창업주이고 다른 한 사람은 내가 좋아하는 정통 관료였다.

갈수록 왕초와 쓰루 간의 관계는 나빠져갔다. 왕초의 무시로 뒷방마님 신세가 된 쓰루가 그 섭섭함을 왕초 험담하는 것으로 푸는 일이 다반사가 되었다. 급기야 왕초가 어느 날 내게 쓰루 퇴출을 거론했다.

"안 되겠어. 저 사람 내보내야겠어."

"안 됩니다. 김 차관은 유능하다고 정평이 난 정통 관료 1호 아닙니까. 그런 사람을 안고 가지 못하고 내친다면 부총리의 포용력이 뭐가 됩니까. 제가 김 차관에게 잘 이를 테니 일단 기다려주십시오."

나는 바로 차관실로 가서 쓰루에게 말했다.

"장관을 공식 석상에서 그렇게 욕하면 되겠습니까. 기본 예의가 아닙니다. 왕초가 화가 난 것을 제가 겨우 진정시켜놓고 왔습니다."

쓰루는 금세 "당신 말이 일리가 있어. 앞으로 조심할게. 그런데 내 버릇을 하루아침에 바꿀 수는 없으니까 개새끼는 견(犬)선생으로, 도둑놈은 도(盜)선생으로 바꿔서 부를게" 하며 자제를 약속했다.

문제는 그 약속이 며칠 못 가서 깨졌다는 데에 있었다. 무시와 험담을 주고받는 두 사람 간의 관계는 끝없이 악화되어갔다.

1966년 9월 쓰루가 재무부 장관으로 입각함으로써 모두가 한시름 놓을 수 있게 되었다. 그의 영전 자체는 좋은 일이었지만 내 마음 한구석에는 '저 양반이 경제팀장인 왕초와 어떤 팀워크를 이뤄나갈까' 하는 불안감이 여전했다.

아니나 다를까. 재무부 장관이 되고 한 달 정도 지났을 때, 왕초가 애지중지하는 현금차관의 도입을 금지하겠다고 쓰루가 선언하고 나섰다. 부총리 왕초에 대한 재무장관 쓰루의 공개 도전장이었다.

현금차관은 당시 가장 큰 외자 공급원이자 투명하지 않은 정치자금줄이기도 했다. 그것은 경제뿐 아니라 정권의 명운과도 연결되어 있는 사안이었다. 결국 쓰루는 현금차관 금지 조치를 관철하지도 못한 채, 취임 100일도 되기 전에 재무장관 자리에서 물러나야 했다.

손발 같은 수석:
서로가 매료

그에게 제안된 여러 가지 후

속 직책 중에서 쓰루가 택한 것은 청와대 정무수석이었다. 일견 좌천 중의 좌천이었던 그 선택은, 관료로서의 그의 인생에 결정적인 전환점이 되었다. 무엇보다 그와 박통이 상대방의 참모습을 보게 되고 그래서 서로를 믿고 좋아하는 계기가 되었기 때문이다.

처음 그를 청와대로 불러들였을 때까지만 해도, 박통의 생각은 '일은 잘하는지 몰라도 모난 성격이라는데 어찌하는지 두고 보자' 정도였을 것이다. 일종의 '판단 유예' 상태라고나 할까.

그런 생각은 쓰루의 청와대 근무 기간이 길어지면서 신임 쪽으로 급속히 옮겨 갔다. 소양강댐이든, 경부고속도로이든, 쌀 생산 증대사업이든, 무엇이든 쓰루는 박통이 바라는 일들을 척척 해내고 있었다. 박통은 점점 그에게 매료되어갔다.

상대방에게 매료된 것은 쓰루도 마찬가지였다.

쓰루는 점점 박통의 국가관, 나라 번영에 대한 비전과 집념에 빠져들어갔다. 그에게 박통은 '5000년 역사에 일찍이 볼 수 없었던 구국의 지도자'였다. 그는 박통의 열렬한 지지자에서 그 통치철학의 전도사가 되어갔다.

그가 부총리가 되기 6개월 정도 전의 일이다. 어느 날 청와대로 찾아갔을 때였다. 쓰루가 "엄 부장, 내가 부총리가 되면 어떨까?" 하고 지나가는 말처럼 입을 열었다. 갑작스러운 그의 질문에 나는 "당장은 안 됩니다"라고 답했다.

똑똑한 것으로 치면 그가 못 해낼 장관 자리는 없었다. 그러나 그의 비타협적인 태도, 좁은 포용력 등을 감안할 때 '아직은 여러 경제부처를 팀장으로 이끄는 부총리로 나설 때는 아니다'라고 나는 판단하고 있었다. 그의 얼굴에는 섭섭함이 역력했다. 나중에 생각해보니, 그즈음에 자신의 진로에 관해 박통으로부터 어떤 힌트를 받았던 게 분명하다.

두 거물 간의 화해

1969년 6월 초 쓰루가 부총리로 영전되었다. 취임 축하차 자택에 들른 나를 두고 쓰루와 부인은 "비서실장으로 와서 도와달라"고 간청을 했다. 비서실장보다는 출입기자로서 도와주는 게 낫다는 사양도 소용이 없었다. 해달라, 못 한다, 며칠 간의 줄다리기 끝에 나는 "해외출장 중인 왕초가 돌아오면 그에게 허락을 받아야 한다"며 반쯤 승낙하고 말았다.

며칠 후 귀국한 왕초를 사장실로 찾아가 그 건에 관해 양해를 구했다. 그는 "알겠다. 하루만이라도 생각할 시간을 달라"고 담담하게 답했다. 왕초 면담 후 바로 기획원에 가서 쓰루에게 자초지종을 알렸다. (한국일보와 기획원은 걸어서 2~3분도 걸리지 않는 거리에 있었다.) 그 자리에서 그는 비서를 불러 왕초에게 전화를 걸게 했다. 전화를 받은 왕초에게 그는 "제가 인사도 드리고 상의드릴 일도 있고 해서 잠시 뵙고 싶습니다. 시간을 내주십시오"라고 정중하게 청했다. 거기서부터, 짧지만 의미심장한 왕초의 화답이 시작되었다.

"바쁘신데 일부러 오실 필요 없습니다. 저희는 부총리의 취임을 진심으로 축하드립니다. 김 장관께서도 부총리 자리에 앉으시면 그 직무 수행의 말 못 할 어려움을 이해하게 되실 것입니다. 한국일보의 모두는 김 부총리를 적극 지원할 것입니다. 저희의 도움이 필요하시면 언제라도 전화를 주십시오. 그리고 엄 부장을 데려다 쓰십시오. 일을 시키시다가 부총리께서 마음에 들지 않는 일이 생기면 언제라도 되돌려 보내십시오."

그것으로 쓰루는 한국 제1의 언론 그룹의 지지를 받게 되었다. 천군만마(千軍萬馬)를 얻은 격이다. 그날이 나에게 더 크게 다가온 것은 바로 개발연대를 이끈 '두 거인 간의 진정한 화해'였다. 장관과 차관으로서 또 부총리와 재무부 장관으로서, 두 사람이 1960년대 중반부터 5년 넘게 벌여온 불협화음은 내 비서실장 취임을 계기로 조화로운 화음이 되었다.

부총리가 된 쓰루는 많은 사람이 놀랄 정도로 전 부총리 왕초를 닮아갔다. 밖으로는 정치권이나 언론과의 돈독한 관계, 안으로는 종래의 위계질서 파괴형 리더십 등 왕초의 장점을 이어받아 자기만의 독특한 카리스마적 리더십을 이룩해나갔다.

깊어만 가는 박통의 신임

부총리가 된 쓰루에 대한 박통의 신임은 갈수록 깊어져갔다. 입안의 혀처럼 자기의 통치철학을 나라 안팎에 전하고, 포항제철, 농촌개발 등 자신의 염원을 구체적인 경제적 성과로 일궈내는 쓰루에게 박통은 지금으로서는 상상하기 힘들 정도로 강한 지지와 깊은 신임을 내보였다.

쓰루는 박통에 대한 충성, 성공적인 박정희 정권을 위한 헌신, 경제

부흥에 대한 열정을 불태웠다. 그만큼 박통의 '숭고한 나라 사랑'에 푹 빠져 있었다. 아삼륙인 두 사람 사이에 관해 권력 내부에서 질시가 터져 나오곤 했으나, 쓰루는 아랑곳하지 않았다.

부총리가 된 쓰루는 경제수석 때만큼이나 박통과 자주 만났다. 두 사람 간의 소통은 경제에 그치지 않고 박 정권이 처한 정치 · 사회적 어려움 등 국사 전반으로 넓어지고 깊어졌다. 나라에 큰일이라도 생기면 거의 하루 종일 서로 머리를 맞대고 있었다. 쓰루가 오전에 청와대에 들어가 점심때가 되어도 돌아오지 않아서 청와대 비서실에 전화를 해보면 "두 분이 지금 식사 중이다"는 답이 왔고, 오후가 지나 저녁때가 되어도 소식이 없어 연락을 취해보면 "두 분이 식사 후 환담 중이다"는 식이었다. 그것으로도 성이 차지 않으면 쓰루의 혜화동 자택으로 두 사람의 '국정 도모'가 이어지곤 했다.

그런데 1971년 가을 무렵부터 쓰루의 건강이 눈에 띄게 나빠졌다. 이에 "부총리로 오랫동안 성공하기 위해서라도 최소한의 휴식을 취하고 건강을 챙겨야 한다"고 조언을 하면, 쓰루는 바로 "저 양반이 나라를 위해 얼마나 고생하는지 아느냐? 저 양반에 비하면 난 아직 멀었다"며 다시 일에 뛰어들었다.

쓰루가 오늘에 보내는 희망의 메시지

정통 관료 쓰루는 융통성이나 포용력이 부족하고 도가 지나친 언행을 저지르는 데에 거침이 없었다. 그런 인물이 부총리 자리에까지 올라 개발연대 한국 경제의 부흥을 이끌 수 있었던 것은 기적에 가까운 일이었다. 물론, 국가과제에 대한 추진력, 나라 안팎의 장애에 대한 돌파력, 지금으로서는 엄두도 낼 수 없는 카리스마와 리더십, 특히 자타가 인정하는 청렴함과 No 스캔들 등 그의 됨됨이로 '출세'의 상당 부분을 설명할 수 있으리라.

그러나 그 무엇보다 쓰루가 '쓰루다울 수' 있었던 비책 중의 비책은, 그가 어디에 누구 밑에 있든 해당 조직과 나라의 앞날에 대해 늘 윗사람과 '한마음 한뜻'이었다는 점일 것이다.

재무부 예산과장 시절에는 예산국장과 (예산제도 개혁 등 제도 개선에 관해), 초창기 기획원 특히 차관 시절에는 부총리와 (경제기획원의 권능과 경제개발 정책 기조에 관해), 그리고 자신이 부총리였던 시절에는 박통과 (포철, 경부고속도로 등 핵심적 국가과제와 정부 주도 산업화의 앞날에 관해) 마치 경제 번영을 이끄는 책무를 같이 진 '동료'처럼 일심동체로 움직였다.

작게는 가족과 회사, 크게는 국가의 앞날에 관한 그 '한마음 한뜻'은 오늘을 사는 젊은이들에게도 희망의 메시지를 던지고 있지 않을까 싶다.

2020년 1월

프롤로그: 어느 'Can Do Spirit'

1998년 초유의 외환위기로 한국 경제가 실의의 늪에서 헤매고 있을 때였다. 리서치 앤드 서베이와 동아일보가 소위 '여론 선도층'에게 '역대 한국 경제관료 중에서 베스트 5'를 뽑아보라는 주문을 했다.[1] 1위는 남덕우 전(前) 총리(14대)가 차지했다. 그는 1970년대 박정희 정권에서 5년 동안 재무부 장관을 지냈고, 이어서 4년 넘게 부총리 겸 경제기획원 장관을 지냈다. 1980년대 전두환 정권에서 1년 4개월간 총리를 지낸 그는 학자로서 또 정책 담당자로서 오랫동안 명성을 누렸다. 또 당시는 현직 경제관료라면 경제위기를 자초 내지 방조한 죄로 길거리에서 고개를 들고 다니지 못할 때였다. 그러니 '믿고 나라경제를 맡길 만한 인물'로 남 씨가 선정될 만했다.

서베이 결과 중 이해하기 쉽지 않았던 것은 김학렬(金鶴烈)이라는 인

1 손광식,『대기자 취재파일: 한국의 이너서클』, 중심, 2002, p.16

물이 2위를 차지했다는 점이었다. 그도 재무장관을 지내고 부총리 겸 경제기획원 장관을 지내기는 했다. 그러나 재무장관 임기라고 해봤자 1966년 9월부터 불과 3개월밖에 되지 않았다. 부총리(4대)였던 것도 1969년 6월부터 2년 반으로, 여론조사 때로부터 4개 정권 하고도 26년 전의 일이었다. 왜, 무엇이 까마득히 먼 과거의 부총리를 그토록 오랫동안 좋은 기억 속에 담아놓게 하였을까?

물론 이러한 사회 인식에는 세계만방에 과시하던 그때의 고도성장, 대통령부터 일개 촌부에 이르기까지 '잘살아보자'라는 한마음 한뜻, '한강의 기적'을 주도한 관료들의 열정과 헌신에 대한 향수가 작용하고 있을 것이다. 위기에 빠진 나라경제, 공동체 의식을 찾기 힘든 사회, 그리고 나라 발전에 대한 헌신보다 몸보신에 급급한 '영혼 없는' 관료 등에 대한 불만이, 그 '좋은 시절'에 대한 향수의 불씨를 키워온 것은 아닌가 싶다. 지금도 해방 후 나라경제의 안팎을 경험한 이들, 특히 경제관료에게 '한국 경제 발전의 황금기는 언제인가'를 물으면, 주저 없이 60년대와 70년대 중반의 15년이라고 답한다. 그들에게 '경제부처나 경제관료의 황금기'를 선택하라고 하면, 예외 없이 '왕초'와 '쓰루' 시절을 꼽는다. 왕초는 2대 부총리(1964~1967년)를 지낸 장기영[2]의 애칭이고, 쓰루는 김학렬의 애칭이었다.

이 책은 쓰루와 그의 경제정책 이야기를 담고 있다. 쓰루는 48년 전, 1972년에 죽은 내 아비다. 많지 않은 나이였을 때부터 그에게는 '쓰

2 한국은행 부총재를 거쳐 한국일보를 창업한 장기영은 경제개발 초기의 고도성장과 산업화를 상징하는 인물이다. 부총리로서 1960년대 중후반 (외자에 의존하는) 투자와 수출이 주도하는 대외지향적 산업화 또는 수출주도형 산업화를 이끌었다. 왕초라는 애칭은 불도저라고 불릴 정도로 카리스마 넘치는 그의 리더십에서 연유한다.

루'(鶴의 일본어 발음)라는 애칭이 붙어 다녔다.

그 세대는 불운했다

그가 성인이 되기까지의 한국은 찢어지게 가난한 나라였다. 너무 오랫동안 가난하여, 굶고 지내는 게 숙명이려니 할 때였다. 사람이 굶어 죽었다는 게 신문에 실리지도 않을 정도로 흔한 일이었다.

또 당시 한국은 (부정선거로 집권을 이어가는 '민주' 독재가 불러온) 부패로 '온통 썩어 문드러진 나라'였다. 정부도 국민도 미국의 원조로 연명하는 나라이니 위에서부터 아래까지 철저하게 부패해도, 그것이 가난한 원조 수혜국의 힘 있는 자, 돈 있는 자의 권리처럼 여겨지고 있었다. 그런 가난하고 부패한 나라를 굶어 죽는 이 없는, 남에게 내로라할 수 있는 번듯한 나라로 만드는 일에 그의 세대가 어떻게 몸을 던졌나가 이 책의 주제다.

그의 세대는 건국 세대가 아니다. 그러나 그들은 나라를 빈곤의 나락에서 구하고 오늘의 선진경제 한국의 기틀을 마련했다는 자부심만으로 먹고사는 세대다. 8·15 광복 이후 6·25 전쟁, 4·19 혁명, 5·16 쿠데타 등등 현대 한국의 중대한 절목(節目)마다 그 중추 세력으로서 나라를 위기에서 지켜내고 지금의 경제사회를 이룩했다는 게 그들의 '영원한' 자랑거리다.

쓰루라는 별명이 연상시키는 것과는 달리, 그는 높은 나뭇가지에 앉아 먼 이상향을 그리며 이슬만 먹고 고고하게 산 사람은 아니었다. 당시 한국 사회, 특히 관료 사회에서 그런 여유는 사치에 불과했다. 내일 내가 살아남아 있을지 없을지, 지금의 일자리를 보전하고 있을지 없을지, 아니 자유민주주의 대한민국 정부가 남아 있을지 없을지 그 불안 속에서 처절한 생존 경쟁의 나날을 보내야 하는 때였다.

그런 아수라장 속에서, 아무런 연줄도 없는 고립무원의 촌놈 쓰루는 누구보다 빨리 최고 관료의 자리에 올라 경제기획원이라는 부처를 경제정책의 총사령부로 자리매김하게 하고, 그 관료 직원을 최강의 스태프로 연마시켜 전 경제부처를 이끌어 고속 경제개발의 길로 내닫게 한 맹장이었다. 그는 행동의 인간이었다.

그는 행운이였다

그는 대학을 마친 그 첫날부터 죽는 날까지 관료였다. '대한민국 정부의 정통 관료 1호'로서 재무부 사무관으로 시작해 경제기획원 창립에 예산국장으로 동참했고, 차관보, 차관을 거쳐 재무장관, 그리고 부총리 겸 경제기획원 장관에 이르기까지 평생을 나라의 녹을 먹으며 지냈다. 신문이나 저서 등에 남아 있는 그의 삶은 이렇게 요약될 수 있겠다. '제2차 경제개발 5개년 계획의 아버지, 제3차 5개년 계획의 할아버지로 불렸던 그는 포항종합제철소, 경부고속도로 건설 등 정부 주도의 산업화를 이끌면서 연평균 10%가 넘는 고도성장을 이룩하여 이 땅에서 가난과 기아를 몰아내고 번듯

한 중견 공업국을 건설하는 데 이바지하였다.'

그는 성격부터 예사롭지 않았다. 부하와 동료뿐 아니라 다른 부처 장관들까지 (그의 머리 때문이든, 일에 대한 헌신 때문이든) 그의 험구에 입도 뻥긋할 수 없었다. 그는 자신이 명쾌하고, 빠르고, 정확하다고 믿고 있었다. 명쾌한 논리, 신속한 결정, 정확한 판단은 당시 나라의 녹을 먹는 관료들이 기본적으로 갖춰야 하는 덕목이라고 그는 생각했다. (이런 생각은 그의 세대에서 예외가 아니었다. 그의 생각이 다른 이에 비해 강했을 뿐이다.) 그 때문에 한 치라도 기대에 미치지 못하면 불벼락을 내렸다. 부하와 동료들에게 좌고우면하지 않고 자기가 시키는 일, 자기가 가라는 길로 냅다 달려 나가기만을 요구했다.

그는 남에게 존경받거나 사랑받기를 원하지도 기대하지도 않았다. 그가 바랐던 것은, 비록 자신이 두려움과 미움의 대상이 될지언정 '시대의 염원'인 한국의 빈곤 탈출과 경제 발전을 세상 어느 나라보다 하루빨리 이루는 데에 '쓰루 경제팀'이 앞장서 헌신하는 것이었다.

그와 가까웠던 사람뿐 아니라 그를 멀리한 사람들조차 그의 현란한 험구와 견디기 힘든 다그침 뒤에 자리 잡은 그 소명의식을 익히 알고 있었다. 그랬기에 그가 죽음을 맞이한 지 48년이 지난 지금까지, 그들이 애정과 이해를 담고 그의 이야기를 하고 있는 것이다.

그는 고등고시 출신 관료 1호로서 임명직 관료가 오를 수 있는 최고의 자리에 최초로 올랐다. 물론 관운도 따랐다. 특히 4·19 혁명, 5·16 쿠데타 등 대변혁 후 중책이나 새롭게 마련된 자리가 그를 기다리고 있었다.

그는 한국 경제가 최고의 성장세와 활력을 보이는 산업화 시대의 정점에 설 수 있었다. 그가 경제기획원 부처 식구와 함께한 1961년부터

1971년까지의 GDP(국내총생산) 기준 연평균 성장률은 무려 7.7%. 당시 나라 안팎의 모두를 놀라게 한 기록이었다. 너무나 성장이 빨라서 성장률을 낮추는 긴축정책을 펼쳐야 할 정도였다. 그토록 경제가 활력이 넘칠 때 그는 부총리로서 경제기획원, 재무부, 상공부, 농림부, 건설부, 국세청 등을 아우르는 경제팀을 이끌었다.

부총리가 되어서는 박통(박정희 대통령)과 부국(富國)의 꿈을 함께 꿨고, 기획원 관료와는 '최고 최강의 부처'에 맡겨진 역할 수행에 뜻을 같이했다. 지금 세태로는 믿어지지 않을 정도로 끈끈한 상하관계 속에서, 위아래 눈치 볼 필요 없이 '안정 속의 초고속 공업화'로 내달릴 수 있었다.

그에게 무엇보다 큰 행운은, 경제정책과 경제관료에 대한 사회의 인식과 기대가 최고조에 달했을 때 이 세상을 떠났다는 사실에 있다. 그런 행운들이 있었기에 쓰루가 '영혼 있는' 관료일 수 있었고, 지금까지 그렇게 기억될 수 있었던 거다.

왜 지금에 와서 쓰루 세대 얘기인가

오랫동안 많은 분들이 필자에게 쓰루의 회고록을 권유해왔다. 그럼에도 이제까지 실행에 옮기지 못한 것은 오로지 필자의 게으름과 무능 때문이다. 그 밖에 다른 핑계가 있다면, 회고록이란 게 대부분 자화자찬 내지 아전인수로 흐르기 십상인데 내 아비의 경우에까지 그런 소리를 듣게 하고 싶지 않았다는 점을 들 수 있겠다.

그런데 작금에 더 이상 그런 결벽증의 사치를 누릴 수 없도록 많은 일이 벌어지고 있다. 그중에서 가장 내 등을 거세게 떠미는 것은, 쓰루와 시대를 같이했던 분들이 자꾸 돌아가시면서 그 시대를 육성으로 증언할 인물이 계속 줄어든다는 사실이다. 살아 계신 분들도 고령으로 인해 '맑은 정신에 하는 증언'이 갈수록 힘들어지고 있다.

그의 세대만큼 사회의 중앙무대에서 물러나면서부터 줄곧 그들이 피와 땀으로 이룩한 번영의 역사가 뒤집어지고 그 의미가 부정적으로 재해석된 세대가 없다. 그것이 그 세대의 이야기를 그들 세대의 목소리로 전해야겠다는 생각을 갖게 한 또 다른 이유다.

1945년 광복 이후 한국 사회를 뒤엎어놓은 역사적 사건들을 성인으로서 배고픔과 두려움으로 직접 겪은 세대와, 그들 사건을 책이나 신문 등을 통해 옛이야기로 간접적으로 접한 세대의 시각은 다를 수밖에 없다. 그 점을 염두에 두면서 가능한 한 쓰루 세대의 관점에서 그때의 이야기를 전하고자 한다. 그와 그의 동료로부터 배우고 들은 바, 그때의 언론이 전하는 바, 그들 가족의 일원으로서 보고 느끼고 겪은 바를 그들의 목소리로 전하고자 한다. 이 책은 내 자식과 손자에게 전하는 내 아버지 세대의 이야기다.

그동안 쓰루에 대한 사랑을 품어온 많은 분들이 내게 쓰루의 이야기를 들려주거나 책으로 쓰라고 권해주셨다. 필자가 이야기를 접한 순서로 기억에 남는 분들만 언급해도 그 리스트는 길다.

최수병 전 공정거래위원장. 1991년 4월 어느 날 공정거래위원장 집무실에 부총리 자문관 부임 인사차 들른 필자에게 "내 인생은 당신 아버지가 조져놓았다"라며 자기 별명이 왜 '핏대'가 되었는지, 그게 쓰루의 과도한 부하 담금질의 후유증이라는 등 자기 나름의 분석을 웃음 없이 전해주셨다.

최각규 전 부총리 겸 경제기획원 장관. 1992년 어느 날, 그는 부총리 자문관인 내게 군사정권 초기이던 1962년 군부에 의해 밀려난 '백수' 쓰루를 위해 그의 이력서를 들고 복직을 위해 뛰어다녔던 이야기 등을 해주셨다.

강흥구 전 외자과장. 어느 과장이 월간경제 보고를 예행연습하던 중 잘못된 내용을 발표하는 바람에 쓰루한테서 "창가로 가", "이제 뛰어내려, 개○○야" 소리를 들었다는 얘기를 1993년경 즐거운 추억거리로 들려주셨다.

김진현 전 과학기술처 장관. 언제나 "제대로 된 인간은 법대를 가야 해"라던 부총리 쓰루에게 "큰아들을 왜 상과대학에 보냈느냐?"고 물었더니 "이제는 상대도 꽤 좋은 모양이더라"고 하더라는 쓰루다운 에피소드를 전해주셨다.

전윤철 전 공정거래위원장. 필자가 중앙일보 경제전문기자로서 공정거래위원장을 인터뷰하러 갔을 때, 인터뷰가 끝난 후 대뜸 "내 출셋길을 당신 아버지가 막아버렸다"며 당시 이야기를 애정을 담아 하셨다. 부총리 쓰루가 법제처에서 날리던 당신을 공정거래법 입법을 위해 직접 차출해놓고는 곧 사망하는 바람에 기획원 안에서 외톨이로 지냈다는 이야기였다.

대부분 1시간 넘게 쓰루 얘기를 해주셨는데, 어떤 분은 거의 3시간에 걸쳐 당시 기억을 나눠주셨다. 그들 모두 쓰루에 대해 무한한 애정과 존경을 품고 있으시면서, 그의 업적과 소명의식이 사람들의 기억에서 사라져감을 안타깝게 생각하셨다.

필자가 자리를 피하지 못하도록 바로 앞에 앉혀놓고 그의 얘기를 빨리 책으로 쓰라고 강권하셨던 분이 두 분 계신다. 한 분은 1994년 필자가 당시 44세 나이에 중앙일보에 경제전문기자로 들어가자마자 연락을 주셔서 만나 뵌 최우석 당시 삼성그룹 부회장 겸 고문이었고, 다른 한 분은 2010년 KDI(한국개발연구원)에서 『육성으로 듣는 경제기적 I: 코리안 미러클』을 준비하면서 산업화 시대를 쓰루 등과 같이 보낸 분들의 육성을 담아내는 작업을 할 때 만나 뵌 엄일영 전 (쓰루) 부총리 비서실장이었다. 두 분 모두 그의 이야기를 언젠가 책으로 담아내기 위해 당신들께서 수년간 써서 모아놓은 원고와 메모들을 필자에게 주셨다. 그러고는 "조금만 건강이 허락했으면 내가 썼을 거야. 이것을 주니 이제 당신이 써야 해"라고 당부하셨다.

그런 진심과 애정이 한껏 담긴 권고에도 불구하고 필자는 타고난 게으름 때문에 수년 동안 자료만 모으고 있었을 뿐 집필에 뛰어들지 않았다. 그런 필자의 등을 앞으로 확 떠민 사람이 홍은주 한양대 교수다. 홍 교수는 KDI의 미러클 시리즈에 내 아비 쓰루를 더할 수 없는 이해와 애정을 듬뿍 담아 살려내셨다. 홍 교수를 뵐 때마다 더 커지는 죄스러움에 반성에 반성을 거듭하고 있다.

쓰루는 당시 세대가 다 그랬듯이 기록을 남기지 않았다. 그래서 일화나 야사(野史)만 있고 정사(正史)가 없다. 메모나 일기도 없다. 후환이 두려워서일까. 자신이 공인으로서 살아온 길이 창피스러워서는 아닐 것이다. 어느 날 당시 기획원을 출입하던 최우석 기자가 "다음에 회고록을 쓰기 위해 기록 같은 걸 남기십니까?" 하고 물었단다. 그랬더니

"한국에서 회고록을 준비하는 것은 아주 위험한 일이야. 조선시대 서찰 한 통 때문에 집안이 망한 예가 얼마나 많나. 나는 절대 기록을 안 남겨"라고 답했단다. 죽은 그의 이야기는 살아 있는 그의 동료나 세대의 입으로, 기억으로 전해진다. 그것도 자서전이나 회고록처럼 완결된 모습이 아니라 에피소드 등 야사 같은 편린으로만 남아 있을 뿐이다.

필자는 쓰루의 튀는 언행, 과감하다 못해 과격한 그의 정책 결정 등을 가능한 한 당시의 나라 상황, 특히 경제적 여건으로 풀어보고자 한다. 그것만으로는 그의 기행이나 정책을 설명하기 힘들다면, 그를 둘러싼 의사 결정의 주요 주체, 즉 밖으로는 대통령, 국회, 언론, 경제계, 안으로는 국무총리, 관계 부처 장관, 기획원 관료 등과의 역학관계와 한국 경제 발전사에서 차지하는 그들의 역할로 그 설명의 빈 곳을 채우고자 한다.

이 책은 그동안 쓰루를 언급한 책이나 기사 등을 시간대별로 또는 정책별로 정리한 것에 지나지 않는다. 기사는 너무 많아서 일일이 언급할 수 없지만, 집필한 분들에게는 이 자리를 빌려 그 노고와 쓰루에 대한 애정에 깊은 감사의 말씀을 전하지 않을 수 없다.

그 감사의 말씀은 당연히 『육성으로 듣는 경제기적 I: 코리안 미러클』로부터 시작되어야 할 것이다. 그것을 총괄 기획하신 진념 전 부총리, 인적 및 재정적 지원을 마다하지 않은 KDI, 집필에 열성을 보여준 공동 집필진(이은형과 양재찬 등), 특히 홍은주 교수께는 평생 갚을 수 없는 감사의 빚을 졌다. 필자가 일일이 적시할 수 없을 정도로 자주 또 폭넓게 인용할 수 있도록 관대하게 저작권 사용을 허락해준 KDI에 거듭 감사의 마음을 전한다.

『개발연대의 경제정책: 경제기획원 20년사』를 정리 발간한 경제기획원과 정인용 당시 차관, 『비사 경제기획원 33년: 영욕의 한국 경제』 집필에 참여해주신 많은 경제기획원 관료와 경제학자, 특히 김흥기 편집 책임자에게 심심한 감사의 말씀을 전하고 싶다. 그들의 땀과 노력이 훗날 산업화 시대를 돌아보고 그때의 지혜를 캐보려는 많은 후세의 발걸음을 가볍게 해주셨다.

『한국의 경제관료』의 신성순(이하 존칭 생략), 『일학일생(一學一生)』의 이기준, 『전환시대의 행정가: 한국형 지도자론』의 이종범 책임 편집자와 안문석 집필자, 『일하며 생각하며: 이한빈 회고록』의 이한빈, 『경제 못 살리면 감방 간대이: 한국의 경제부총리, 그 인물과 정책』의 주대산, 『대기자 취재파일: 한국의 이너서클』의 손광식, 『임자, 자네가 사령관 아닌가: 경제개발계획부터 IMF 외환위기까지 격동기의 한국 경제사』의 김용환, 『경제 살리기 나라 살리기: 진념의 집념 40년』의 진념, 『초근목피에서 선진국으로의 증언: 김입삼 자전』의 김입삼, 『국가가 해야 할 일, 하지 말아야 할 일: 강경식 전 경제부총리 한국 경제와 함께한 30년』의 강경식, 『박정희 패러다임: 경제기획원 과장이 본 박정희 대통령』의 황병태, 『한국의 재정 60년: 건전재정의 길』의 재경회와 예우회, 그리고 조원동, 『대통령의 경제학: 역대 대통령 리더십으로 본 한국경제통사』의 이장규, 『한국의 중화학공업화: 과정과 내용』의 박영구, 「경제개발시대 EPB 취재기」의 최우석, 『고도성장 시대를 열다: 박정희 시대의 경제외교사 증언』의 양윤세, 『악극(樂劇): 박정희의 길』의 복거일, 『신현확의 증언』의 신철식 등에게 망각의 시대와 인물을 후세에게 일깨워주신 데에 일일이 찾아뵙고 감사의 말씀을 드리지 못함을 사죄드린다. 이들 집필자들의 나라경제 사랑을 이 책으로 다시 전달하는 것으로 그 무례의 일부라도 사해주시기를 바라는 바이다.

경제전문기자 아들의 한계

필자는 쓰루의 아들이지만, 경제학도이기도 하고 언론인이기도 했다. 그 각각의 관계와 직분이 지배하는 시각을 말끔히 털어낼 수는 없을 것이다. 그런 것에서 초연해 객관적, 중립적으로 무엇을 논한다는 것은 필자로서는 불가능한 일이다. 집안, 학교, 일터를 통해 알게 모르게 내 몸에 밴 나름의 시각을 부인하고 싶지도 않다. 70세가 되도록 나이를 먹으면서 그 세 가지 배움터 이상 내가 자랑스레 배움을 감사하고픈 곳은 없다.

그래서 필자가 쓰루 가족의 눈이 아닌 제3자의 '객관적' 시각에서, '나라경제에 도움이 되느냐'라는 단일 기준보다 '사회 통합에 기여하느냐'라는 복합적 기준으로, 또는 매사를 꼬집어야 하는 기자의 마음보를 버리고 넉넉한 마음으로 원고를 준비했다면 그의 이야기를 쓸 수 없었을 것이다.

필자가 그러했노라고 한다면, 쓰루와 필자를 아는 모든 사람들이 익히 알듯이 그것은 명백한 위선이다. 쓰루와 그 세대가 하나 가르치는 게 있다면 그것은 '척하는 것', 즉 위선의 철저한 배격이다. 그가 가장 참지 못하는 부류는 없어도 있는 척, 못난 게 잘난 척, 특히 모르는데 아는 척하는 인간들이었다.

자판 위의 손가락이 이끄는 대로 쓰다 보면 때로는 지나치게 그에게 호의적으로(가족이니 이해 앙망한다), 때로는 지나치게 경제 논리에 집착하고(경제학에서 배운 것이라곤 그것뿐이다), 때로는 지나치게 냉소적으로(언론인의 직업병이다) 쓰기 십상이었다. 그것이 내 몸과 마음이 내뱉는 솔직한 쓰루 세대의 목소리라고 넓은 마음으로 이해해주기를 진심으로 바란다.

그는 많은 분들에게 진 신세를 갚아보지도 못하고, 많은 분들에게 입힌 어려움과 피해에 대해 사과의 기회를 갖지도 못하고 일찍 생을 마감하고 말았다. 자식으로서 대신 그를 알아주고, 이끌어주고, 믿고 그 역할을 맡겨주신 분들에게 깊이 감사의 말씀을 드린다. 또 그가 의도했든 의도하지 않았든 그의 거친 언행으로 깊은 상처를 받았거나 그의 속좁음으로 인해 인사상 불이익 등 피해를 보신 분들에게 쓰루와 가족을 대신하여 사과드리고, 그의 허물을 꾹 참아 넘기고 크게 문제 삼지 않았던 점에 관해 감사의 말씀을 전하고 싶다.

쓰루 때문에 피해 보신 분들 중에는 '김학렬의 사람'으로 낙인찍힌 분들이 계신다. 쓰루 자식으로서 가장 가슴 아픈 것은, 그의 사망 후 그 분들이 경제기획원에서 자신의 타고난 능력을 발휘할 수 있는 기회를 갖지 못하거나 아예 빼앗기는 것을 지켜봐야 하는 일이었다. 그분들께는 깊이 고개 숙여 특별히 죄송한 마음을 전하고 싶다. 그런 아픔에도 불구하고 여전히 '쓰루의 사람'임을 자랑삼고, 긴 세월 그를 한없는 애정으로 기억해주심에 말로 다 할 수 없는 고마움을 드린다.

중앙일보의 대선배이자 필자가 이 책을 쓰도록 수년간 독려해주신 최우석 부회장은 이 책의 출간을 보지도 못하시고 필자가 해외에 가 있던 작년 4월에 작고하셔서 언제까지나 갚을 수 없는 마음의 빚을 지워

주셨다. 그 죄스러움 속에서 필자는 이 책으로 삼가 고인의 명복을 비는 마음이다.

이 책의 집필과 관련해 특별히 감사드려야 할 사람이 있다. 마치 쓰루가 자신의 할아버지인 양 수년에 걸쳐 2000여 건의 쓰루에 관한 기사와 논문, 수백 건의 사진을 찾아내고 수집해온 박세나 연구원(전 중앙일보 경제연구소)이다. 그녀가 수집한 자료 중에는 1960년대 후반부터 1970년대 초반에 걸친 100여 개의 쓰루에 관한 『니혼게이자이신문』 기사와 사진도 있다. 너무나 과거의 일이라서 이제는 한국이나 일본 어디서도 활용되지 않는 그 자료들은 그 자체가 소중한 기록물이다. 그녀가 없었다면 원고가 제대로 마무리되지도, 당시의 여론으로 '죽은 관료 쓰루'에게 생명을 불어넣지도 못했을 것이다.

Denstory 여러분의 지지와 도움이 없었다면, 이 책은 출간될 수 없었을 것이다. 박운미 대표는 메모나 다름없는 초고 상태의 원고를 보시고 송구스러울 정도로 예의를 갖추어 책의 발간을 제안해주셨다. 류현아 편집장은 때때로 고개를 드는 필자의 무개념에도 불구하고 언제나 웃는 얼굴로 단행본으로의 길로 걸음걸음을 인도해주셨다. 그리고 김진희 차장은 젊은 감각으로 늙은이가 쓴 글이 좀 더 편히 읽히도록 하는 데에 많은 도움을 주셨다. 세 분과 같이 걸어온 지난 1년 3개월은 필자에게 개안의 시기였음에 감사의 마음을 전한다.

2020년 1월

김정수

차례

4부 부총리의 나라 살림: 빠르게, 낮게, 고르게

5부 기우는 달의 긴 그림자

1부 고성 촌놈, 대한민국 1호 관료 되다

•

내세울 거라고는 명석한 두뇌 하나뿐인 '고성 촌놈' 김학렬이 '대한민국 최초의 고등고시'(1949년)에 수석 합격하면서 정통 관료의 길에 들어선다. 일에 관한 한 한 치의 오차도 용납하지 않았던 그에게 규정에 어긋나는 윗사람의 명령이나 부탁은 있을 수 없는 일이었다. 한국전쟁과 4·19 혁명, 5·16 쿠데타 등으로 혼란스러운 당시 대한민국 관료 사회에서 그의 청렴결백은 환영받을 만한 일이 아니었다. 그럼에도 불구하고 김학렬은 인재를 알아봐주는 '인생의 은인'을 만나 예산국 엘리트 과장에서 '최고 요직' 사세국장으로 이름을 날린다. 이후 군사정권이 신설한 경제기획원에 재무부 예산국을 이끌고 시집을 간다. 거기서 만난 '두번째 은인'의 도움으로 김학렬은 곧 기획원의 주도 세력으로 부상하게 된다.

홍안의
경상도 촌놈

김학렬은 1923년 경상남도 고성의 군청에서 일을 하는 아버지 김덕준과 집안 농사를 관리하는 어머니 빈유순 사이에서 태어났다. 자식이 귀한 집안이었다. 삼대독자로 태어난 그 앞에 병약한 형이 하나 있었으나 태어나고 한 해를 미처 넘기지 못했다. (그로부터 얼마 있지 않아 그의 어머니의 꿈에 한 스님이 나타나 "너는 네발 달린 짐승의 고기를 먹지 마라. 만일 그런 고기를 먹으면 새 아기도 오래 살지 못할 것이다"라고 했단다. 그의 어머니는 1990년 부처님 오신 날 91세로 세상을 떠날 때까지 소고기와 돼지고기를 입에 대지 않았다. 그녀의 제사상에는 산적 대신 닭을 올린다.) 부부는 아기가 태어나자마자 바로 절에 이름을 올렸다. 당시 '좀 있는 집'은 부처님의 보살핌을 구하기 위해 마을 절에 신생아의 이름을 올리곤 했다. 그렇게 삼대독자가 된 쓰루는 집안에서 애지중지 키워질 수밖에 없었지만, 평소 언행으로 야단맞을 일은 없었다.

그의 집안은 부농은 아니었다. 그렇다고 굶거나 삼대독자를 중학교에 보내지 못할 정도의 빈농도 아니었다. 내세울 것은 없었지만 그렇다고 부자나 권세가를 부러워할 일도 없는, 그저 농촌의 보통 집안이었다.

해방 후 그의 아버지 김덕준은 일제하에서 고성 출신 독립운동가들에게 '위험을 무릅쓰고 많은 협조'를 하였다고 대한독립촉성국민회로부터 감사장을 받았다. 그의 어머니 빈유순은 병석에 오래 누워 있던 김덕준의 병간호와 홀로 집안을 관리한 점을 평가받아 열녀상을 받았다. 일제 치하에서 쓰루 부모가 부역을 하거나 인심을 잃지는 않았던 모양이다.

그는 불의를 못 참는 성격은 아버지를, 갸름하다 못해 나약한 인상을 주는 생김새는 어머니를 닮았다. 그는 아버지의 호랑이 같은 성격, 너무 곧아서 가끔 굵은 목소리의 험한 소리를 마다하지 않는 점을 물려받았다. 그러나 맑은 피부에 턱이 좁고 긴 얼굴 생김새, 그리고 꼼꼼한 성격은 어머니의 판박이였다. 남자라면 우선 통이 커야 했던 당시에 꼼꼼한 점은 '좀스러운' 결점으로 치부되었다.

그의 아버지는 당시의 여느 남자들처럼 '남자는 밖의 일, 여자는 안의 일' 식의 역할 분담에 철저해 집안일은 전혀 돌보지 않았다. 그것이 지나쳐 자식 키우기, 집안 살림은 물론이고 농사일, 집안 식솔 부리기에 집안 재산 불리기까지 여자가 맡아서 하도록 했다. 그 '전통'은 쓰루 부부로까지 이어졌다.

그의 아버지는 자식을 차갑게 대하는 사람은 아니었으나 그렇다고 다정하거나 살가운 사람 또한 아니었다. 자식이 잘한 일에 대해서도 따뜻한 칭찬 한마디를 건네지 않았다. '내 자식은 잘하는 것이 기본'이기 때문이었다.

쓰루의 집은 고성읍 끝자락 수남동 마을의 동남쪽을 향하고 있는, 초가집으로는 꽤 큰 규모였다. 여름이면 바로 앞에 펼쳐진 논에서 벼가 무르익고, 겨울이면 그 논에서 얼음을 타던 아이들이 어른 키를 훌쩍 넘는 대문 양쪽 황토벽에 기대어 따뜻한 볕을 누렸다. 정월 대보름이면 동네 청년과 아이들이 모여 짚 더미로 불놀이를 할 정도로 꽤 넓은 공터가 대문 앞에 있었다. 하지만 그는 아이들 놀이에 잘 끼는 편이 아니었다. 목이 긴 학 같은 생김새처럼 홀로 '고고'하게 지냈다. 집안의 대를 이을 유일한 자식으로서 어릴 때부터 될 성싶었던 그는 친구들과의 놀이보다는 공부에 여념이 없었다. (커서도 교류의 범위가 좁았다. 일이나 가정사와 관련된 교분이 아니면 짐짓 먼저 나서 악수를 청하는 스타일이 아니었다.)

대문을 들어서면 눈앞에 큰방 3개를 거느린 (초가) 본채가 일자로 떡하니 버티고 있었다. 그 왼쪽 끄트머리에 그의 어머니와 일하는 아주머니가 동시에 안에서 음식을 준비할 수 있는, 부엌이라기보다는 광에 가까운 크기의 부엌이 있었다. 추수가 끝나고 며칠 뒤면 동네 청년들이 긴 사다리를 본채 처마 끝에 기대놓고 올라가 지붕의 짚 더미를 헤쳐 통통하게 살이 오른 참새를 잡을 정도로 초가 본채가 높고 컸다. 뒤편 서쪽 찔레 담장 안에는 400~500평 정도의 밭이 있었고, 본채의 한 귀퉁이에는 돼지 서너 마리가 들어가는 우리가 있었다. 가을이면 주먹보다 큰 대봉감이 주렁주렁 열리는 감나무 두 그루도 한편을 버티고 있었다.

그는 애지중지 키워준 부모의 기대를 저버리지 않았다. 명석한 두뇌와 부모의 사랑으로 보통 아이와는 다른 수재로 자라고 있었다. 고성국민학교(초등학교)에서 그는 전 학년 타의 추종을 불허하는 1등이었다.

부산제2상업학교('부산2상'으로 불리다가 1950년 학제 개편 이후 3년제 부산상업고등학교가 됨)로의 진학은 자연스러운 것이었다. 많이 뽑아야 한 군(郡)에서 한 명 정도밖에 뽑지 않던 당시에 그는 전형적인 부산2상 학생이었다. 일제하에서 부산2상은 조선인 전용 5년제 상업학교였고, 일본인 전용은 부산1상이었다.

그의 가족은 '기러기 가족' 1세대였다. 부산2상 초기에는 어머니가 부산에 올라와 그의 유학을 도왔다. 농번기에는 고성에 가서 농사를 관리하고, 다시 부산에 와서 아들의 하숙생활을 돕는 삶이 몇 해 계속되었다. 당시의 많은 유학생처럼 쓰루도 자기 학업을 위한 부모의 희생에 보은하기 위해서라도 '하루빨리 좋은 학교를 나와 출세해야 한다'는 마음의 부담을 지고 있었다. 입신을 위한 그의 유일한 무기는 머리였다.

중학교 때 그는 연식정구 선수였다. 당시 정구는 '있는 집' 아이들이나 즐기는 운동이었다. 동문들은 그를 '보기 드문 준재로서 1학년 때부터 반장을 맡았던 홍안의 미소년'으로 기억한다. 뚜렷한 쌍꺼풀과 우뚝한 콧날은 그의 강한 의지를 드러내 보이고 있었다.[1]

부산2상은 일제강점기 항일 학생항쟁의 중심이었다. 쓰루의 동기 중에는 1940년 부산항일학생의거(일명 '노다이 사건') 등에 주도적으로 참여한 인물들이 많았다. 자유로운 언행을 억제하는 체제에 대한 반항심, 불의를 보면 참지 못하는 그의 성격이 절로 길러졌다.

1 육성으로 듣는 경제기적 편찬위원회, 『육성으로 듣는 경제기적 I: 코리안 미러클』, 나남, 2013, p.242

일본 장교와 맞장뜬 청년

졸업 후 1941년 쓰루는 일본 주오대(中央大) 법학부에 진학했다. 사실 주오대는 그의 선호 1순위는 아니었다. 그는 도쿄제국대에 들어가고 싶었다. 거기에 들어가려면 도쿄에 있는 인문계 예비학교를 거쳐야 했다. 하지만 그의 꿈은 예비학교 입학에서부터 좌절되었다. 이때의 좌절로 인한 학력 콤플렉스가 평생을 두고 지적 탁월함에 대한 집착을 부추겼다. 다른 대학생들처럼 주오대를 졸업하는 해에 그는 학병으로 징집당했다. 학병훈련소 동기 중에는 훗날 추기경이 되는 김수환과 국회 부의장이 되는 구태회 등이 있었다.

어느 날 한국 학병 중 일부가 남양군도(南洋群島 · South Sea Islands)로 출병 가게 되었다. 태평양전쟁 막바지 최고의 격전지인 남양군도 출병은 '돌아올 수 없는 길'로 가는 것이었다.

조선 학병의 '마지막'을 위한 송별 곡은 「아리랑」이었다. 문제는 「아리랑」이 금지됐다는 것. 곡의 정서가 일본 제국주의에 반한다는 이유에서였다. 조선 학병 막사에 들이닥친 헌병과의 옥신각신 중에 김수환 학병이 얼굴에 깊은 상처를 입었다. 이때 일본도를 빼 들고 "이래저래 죽을 거 느그들 죽고 나도 죽자"라며 거칠게 대든 게 쓰루였다. (그 후 조선 막사에서는 출병식 때 「아리랑」을 부를 수 있게 정리되었다.) 그때의 '불같은' 그에 대한 인상은 남양군도 파병에서 살아남은 김수환, 구태회 등이 종교, 정치 등 각자 다른 분야에서 최고의 자리에 이를 때까지 그들의 뇌리에 남아 있었다.

당시 그가 일제로부터 귀에 딱지가 앉도록 배운 것은 부국강병(富國强兵)이 절실하고, 그것을 위해서는 개혁적 엘리트를 중심으로 상하 일체로 국력을 집중해야 한다는 것이었으리라. 그즈음 유럽의 선진 강국과 미국은 아시아와 아프리카 지역을 식민 지배 아래 두고 있어서 제국(empire)으로 불리고 있었다. 아시아에서 제국 대열에 낄 수 있는 것은 일본이 유일했다. 메이지유신(明治維新)이라는 거국적인 개혁으로 부국강병을 이룩한 일본은 서양제국과 어깨를 나란히 할 수 있다는 점을 들어 자신들의 제국주의를 합리화하고 있었다. 패전을 앞둔 일본의 그런 선전이 기승을 부릴수록, 쓰루 같은 식민지 조선의 청년들은 '우리나라도 하루빨리 독립하여 부국강병으로 우리 두 발로 우뚝 서야 한다'는 절심함을 뼈저리게 느꼈다.

8·15 광복 직후 쓰루는 고국으로 살아 돌아왔다. 그가 돌아온 해방 조국은 희망찬 '기회의 땅'이 아니었다. 폭격만 당하지 않았을 뿐, 경제적 폐허였다. 36년 일제의 착취가 할퀴고 간 한반도, 특히 남한에 쓸 만한 것이라고는 아무것도 남아 있지 않았다.

일제하에서는 조선인 기업가나 기술자 계층이 길러질 수 없었다. 제조업 자산의 3%만 조선인 소유였고, 기술자 5명 중 1명만 조선인이었다. 게다가 공업 기반의 80% 이상, 철광석 및 석탄 매장량의 거의 100%가 북한에 소재하고 있었다. 농업 중심의 남한에는 공장이 남아 있다고 해본들 하루살이 경공업이 고작이었다.

22세의 쓰루가 마주한 '내 나라'는 남과 북으로, 좌와 우로 갈기갈기 찢어져 상상할 수 없는 혼란이 거듭되고 있었다. 그런 총체적 혼란은 찢어지게 가난한 신생 개발도상국(개도국) 한국을 더욱 깊은 빈곤의 늪으로 밀어 넣고 있었다.

그런 상황에서 남한은 산업화에 필요한 기계 등 자본재와 주요 원자재를 모두 수입에 의존할 수밖에 없었다. 쌀 이외에 기본생활을 위한 모든 물자를 제2차 세계대전 후 남한을 점령한 미군 군정의 시혜에 기대야 했다. 몇 안 되는 공장마저 파업이다 자재 부족이다 하여 태반이 멈춰 서 있었다. 수많은 실업자가 거리를 헤매는데, 일본, 만주, 북한 등지로부터 100만여 명의 귀환 동포가 쏟아져 들어오고 있었다.

8월 해방 후 연말까지 5개월 사이에 물가는 16배 뛰었고, 1948년 정부 수립으로 안정을 찾았는데도 인플레이션이 25%에 육박했다. 극빈 개도국 한국은 일제 말 '식민지 경제 조선'으로부터도 뒷걸음질치고 있었다. 뒷걸음질은 1953년까지 8년 동안 계속되었다. 그 후퇴가 얼마나 심각했으면 남한 경제가 해방 전 수준을 회복한 것은 1960년대 후반이라는 추정도 있다.

경남중학교의 깐깐한 영어 선생

귀국한 쓰루가 1945년 11월에 얻은 첫 직장은 경상남도 도청이었다. 담당 업무는 회계과 금선 출납이었는데, 반년도 되지 않아 사표를 냈다. 아무런 도전도 기회도 없는 그곳은 적성에 맞지 않았다. 1946년 3월에 갈아탄 일자리가 경남공립중학교(5년제. 1951년 학제 개편으로 경남중·고교로 분리됐다)의 영어 선생 자리였다. 학교 선생으로 가면 공부할 기회가 있다고 해서였다고 한다. 그의 영어는 일제 교육의 것이다 보니 this는 '지스'로, that은 '자토'로 발음하는 식이었다.

해방이 되었다 하더라도 선생이 되려면 일본 학제 아래 사범대학교를 나와야 했다. 그러나 해방 직후의 교사난 속에 일본 주오대학교 졸업장은 그에게 명문 중학교 선생 자리를 마련해주기에 충분했다. 당시 좁은 부산 바닥에서는 누가 일본에서 대학 교육을 받았는지 서로 다 알고 있었다.

입신출세의 파트너를 만나다[2]

경남중학교에 근무하는 몇 해 동안 그는 대학을 나온 어느 '인텔리' 여성과 교제를 했다 한다. 어릴 적 고성에서부터 알고 지내던 사이였다. 성인으로서의 그 만남은 오래가지 못했다. 그녀의 부모는 집도 절도 없는 그와의 교제를 용납할 수 없었다. 이별 후 그 여성은 일본에 유학을 다녀온 고성 유수의 병원집 아들이자 전도유망한 의사인 청년과 결혼했다고 한다.

이별 후 얼마 지나지 않아 쓰루가 중매로 소개받은 여성이 훗날 그의 부인이 된 김옥남이다. 쓰루는 '고성 출신의 두뇌가 명석하고 일본 주오대학교 법대를 졸업한 경남중학교 영어 선생(당시 선생은 대단히 존경받는 직업이었다!)으로, 촉망받는 청년'이라고 소개되었을 것이다. 김옥남은 '일본 오사카의 조선인 부잣집 만딸인데, 해방으로 고등학교까지만 다녔지만 어쨌든 대단한 집안의 딸'이라고 소개되었을 것이다. 쓰루는 본인 중심으로, 김옥남은 집안 중심으로 소개되었을 것이다.

둘이 만나기 시작하여 얼마 되지 않았던 어느 날, 두 사람은 영화를 보러 가기로 했다. 당시 젊은 남녀가 어두운 극장에 같이 간다는 것은 장래를 약속한 단계로 나아가는 첫걸음으로 여겨지던 시절이었다. 그런데 불가피한 사정으로 김옥남이 약속시간에 10분 정도 늦었다. 중매가 아닌 교제, 즉 '현대식 연애 교제'의 경우에는 여자가 30분 정도 늦게 나가는 게 관행처럼 되어 있던 때였다. 여자가 약속시간 전에 만날 장소에 나타나면 '남자에 푹 빠진' 여자 취급을 받았다. 그 기준으로 보

2 위의 책, pp.242~243

면, 그녀는 꽤 일찍 나간 셈이다. 그러나 그 10분은 그의 화를 머리끝까지 치밀게 하는 데 충분한 시간이었다. 헐레벌떡 영화관에 도착한 그녀에게 그는 미리 사둔 영화표를 불쑥 내밀었다. 그리고 큰 소리로 "난 영화 볼 생각 없소. 보고 싶으면 당신이나 보시오" 하고 휑하니 사라져버렸다. 그녀는 뭐라고 할 기회조차 갖지 못한 채 속절없이 당하고 있어야만 했다.

부잣집 맏딸
vs 촉망받는 청년

그 후 두 사람뿐만 아니라 그 자식들까지도 약속시간 훨씬 전에 만날 장소에 가 있어야 한다는 게 불문율처럼 되었다. 출국의 경우에는 적어도 3시간 전에 공항에 가 있어야 하고, 국내 여행의 경우에는 1시간 반 전에 공항에 도착해야 하는 것이 '식구 룰'이었다. 그 식구 룰은 은근히 주변 사람에게도 권장되곤 했다. '우리 식구'인 비서 등은 당연히 식구 룰 적용 대상이었다. 훗날 정부에서 일할 때 직원이 업무를 스케줄에 맞추지 못할 경우 쓰루의 감정이 인격 모독적으로 거칠게 표출되곤 했는데, 그 배경에는 약속에 대한 쓰루 부부 두 사람의 강박관념이 자리 잡고 있었다.

집안은 쓰루 쪽이 기울었다. 기울고 자시고 할 '집안'이란 게 없었다. 친척을 포함한 집안과 그 연줄, 재산, 태어나 자란 곳 등 모든 면에서 두 사람은 비교가 되지 않았다. 김옥남은 (서울보다 훨씬 크고 부유하고 현대적 도시였던) 오사카에서 태어나 고등학교를 졸업한 '현대 여성'이었다. (해방으로 대학에 다니지 못한 점에 따른 그녀의 학력 열등감은 만사 제치고 자식의 학력을 높이는 데 반영되었다.)

쓰루의 장인이 될 사람은 오사카에서 신발 공장을 할 정도의 자산가였다. 전쟁 통의 신발 공장은 엄청난 축재의 기회였다. 그의 장인은 오사카의 그 많은 재산을 한국으로 들여오지 못한 채, 1965년 한일 국교 정상화 전에 죽음을 맞았다. 김 여사에게 남은 것은 '옛날에 부자였다'는 기억과 돈벌이 유전자뿐이었다.

그녀가 사람들에게 자주 들먹였던 친척으로는 6 · 25 동란이 발발하였을 때 국방부 장관이었던 신성모 씨가 있었고, 이모라고 부를 정도로 친분이 있었던 임영신 상공부 장관(중앙대학교 설립자)이 있었다. (신성모는 6 · 25 때 북의 남침에 대비하지 못한 데다 서울 시민을 팽개친 채 자기네만 피란 가기 바빴다는 이유로 한동안 무책임한 관료의 상징이었다.)

그녀에 비해 쓰루는 본인이 똑똑하다는 것 외에는 무엇 하나 내세울 게 없었다. 한국 안에서조차 뒤처지는 고성 출신 '촌놈'인 데다가, 연줄이 닿는다고 할 만한 친인척 중에 신문에 등장하는 사람은 단 한 명도 없었다. 집안 재산이라고 해봐야 논 몇 마지기와 읍내의 초가집이 전부였다.

배경 차이에서 오는 그의 열등감은 모든 '(권력을) 가진 것들', '(재산이) 있는 것들'에 대한 반발심과 강한 출세욕으로 표출되었다. '장사하는 놈들은 다 사기꾼', '정치하는 놈들은 입만 가지고 사는 무식한 놈들' 등등 그의 입에 오르내리는 재력과 권력은 다 나쁜 것이거나 모자란 것들이었다. 그가 몸담게 되는 정부 관직만 배운 자 또는 의식 있는 자가 추구할 만한, 깨끗하고 의미 있는 직분이었다.

그래서 그녀에게 그가 내세울 수 있는 것은 머리뿐이었다. 학력, 재기, 순발력 등등. 그렇다고 '머리'에서 그녀가 그에게 뒤진다는 얘기는 아니다. 그러나 당시 대부분의 여성들이 그랬듯이 그녀는 남 앞에서, 특히 자식이 보는 데서는 철저하게 '가장(家長) 우선'이었다. 남들 보는 데서 부리는 그의 객기나 그녀를 내려다보는 태도는, 남의 눈이 없어지는 순간 그녀의 입으로 또 행동으로 제 합당한 자리를 찾아갔다.

부부의 역할 분담

두 사람은 6·25 전쟁이 터지기 한 해 전인 1949년에 결혼했다. 남자가 앞서가면 여자는 뒤따라가는 게 상식인 시절이었다. 그러나 두 사람 사이는 남녀평등이었다. 아니, 김옥남의 영향력이 우위에 있었다고 하는 게 더 정확한 표현이다. 김 여사는 집안 배경 덕분인지 사업과 축재에 강한 유전자를 가지고 태어났다. 그녀는 전쟁 중이건 피란 시절이건, 예리하게 돈 냄새를 맡는 능력을 발휘해 집안 재산 증식을 주도했다.

쓰루는 반대였다. 스스로 자기는 돈벌이 재간이 없다고 생각했다. '수준이 떨어지는 돈벌이'는 '머리가 뒤지는' 김 여사 몫이었다. 그와 그녀 사이에 자연스럽게 각자 비교 우위에 따른 역할 분담이 생겨났다. 남자는 바깥일, 그중에서도 돈벌이와 상관없는 직장 일에 집중하고, 그 외의 모든 것, 특히 친인척 다루기, 자식 교육, 재테크 등 크고 작은 집안일은 여자 몫이었다. 그녀는 우리나라 복부인 1세대였다.

얼핏 보면 '남자는 밖, 여자는 안'이라는 점에서 여느 부부와 비슷한 것 같지만 중대한 차이가 하나 있었으니, 주(主) '돈벌이'를 남편이 아니라 부인이 한다는 점이었다. 그는 평생 월급 전부를 부인에게 가져다 주었는데, 그 돈보다 부인에게 타 쓰는 용돈이 더 많았다. 당시 박봉의 많은 공무원 집안에는 그런 '부부간 역할 분담'이 많았다.

대한민국
고등고시 1호

결혼하고 얼마 지나지 않아 쓰루 인생에 가장 큰 전환점이 된 일이 벌어졌다. 안정적이고 대접받는 경남중학교 선생 자리를 떠나 고등고시[3]를 보기로 한 것이다. 1948년 수립된 대한민국 정부가 최초로 시행하는 고등고시가 1949년 말로 예정되어 있었다.

그의 결심은 김 여사의 등 떠밀기에 의한 것이었다. (부총리직 임명 수락을 포함해 그 후 그의 모든 중요한 진로 결정 뒤에는 늘 부인의 부추김이 있었다.) 그녀가 보기에 그는 선생 체질이 아니었다. 제자가 나랏일을 잘하도록 가르치면서 나라가 잘되는 것을 기다리라는 것은, 그더러 '쓰루 짓' 하지 말라는 것이나 다름없었다. '선생질'은 그의 급한 성격에는 너무 안정적이었다. 경남중학교 선생 일에 안주할 성격도 아니었다. 그녀가 보기에 그의 포부와 재능은 다른 데에 쓰임새가 있었다. 그의 미래는 관직에

3 고급 공무원 등용문. 행정고시에 패스하면 사무관에, 사법고시에 패스하면 검사나 판사가 되었다.

있다는 게 그녀의 결론이었다.

학교에 사표를 제출하고 바로 서울로 올라와 필동에 있는 김 여사의 친척 집에서 고시 공부에 들어갔다. 반년 정도의 준비 후 1949년 말에 필기시험을 치렀다. 1950년 3월에 첫째 아들이 태어났고, 바로 4월에 합격 통지를 받았다. (그가 지원한 것은 외무고시라고도 불리던 행정고시 3부 외교과였다.) 쓰루의 장자가 복덩이 대접을 받은 것은 당연했다. 곧이어 면접시험을 쳤다. 당시엔 사람, 특히 관료를 뽑을 때 일반적으로 통용되던 평가 기준이 신언서판(身言書判 · 몸가짐, 언변, 글쓰기, 판단력 네 가지로 사람됨을 판단했던 옛 기준)이었다. 5월 3일 자 신문에 발표된 최종 합격자 중에 그는 수석이었다. 그가 여러 면에서 '빠지지 않는 인물'임은 분명했다.

전쟁 통에도 발동한 돈벌이 DNA

1950년은 쓰루로서는 천당과 지옥을 오간 해였다. 고등고시 수석 합격 덕에 중앙청 고시과장(행정조직이 소규모였던 당시는 광화문 뒤편에 있던 중앙청 건물 하나에 대부분의 중앙행정부처가 들어갈 수 있었다)이 되는 데까지는 좋았다. 바로 그다음부터 수직낙하의 연속이었다. 최연소 중앙청 과장의 지위를 누릴 틈도 없이 한국전쟁이 터졌다.

중앙청 과장이 된 후, 쓰루 부부는 대통령 관저 경무대(지금의 청와대) 옆 효자동에서 살고 있었다. 6·25 전쟁이 터졌을 때 그는 '인민군의 남침을 잘 막아내고 있다'는 정부의 말도 있고 또 '전쟁 터졌다고 공무원이 도망갈 수 있느냐'는 생각에 피란을 가지 않았다. 6 · 25 사변이 터지고 2~3일 만에 인민군이 서울을 점령했을 때, 쓰루 가족 세 사람은 대통령 관저 주변의 위험을 피해 필동의 친척 집으로 다시 옮겨 가 있었다. '공무원, 경찰, 군인 등은 다 인민재판을 해 죽창으로 처형한다'는 소문도 소문이지만, '남자들은 다 잡아가서 인민군으로 전선에 보낸다'는 소문에 그는 집 밖으로 나갈 엄두도 내지 못했다. 평소에는 방 안에 머물다가 밖에서 수상한 소리가 나면 바로 천장으로 통하는 다락방으로 몸을 숨기는 생활이 그해 9 · 28 서울 수복 때까지 3개월 동안 계속되었다.

숨어 있던 친척 집은 부유했다. 적어도 쌀은 여러 식구가 몇 달 먹을 여분이 있었다고 하니 꽤 부자였던 모양이다. 어느 날 김 여사는 전쟁 중이지만 미아리 쪽의 장터에 가보기로 했다.(인민군 치하에도 장은 섰고 그 중에 미아리 장이 제일 컸다고 한다.) 그냥 물건을 사러 간 게 아니었다. 전쟁 중 물자 수급 상황을 알아보러 간 것이었다. 그녀 눈에 바로 띈 '전쟁 중에 없는 물건'은 성냥이었다. 동시에, 그녀의 머리에는 효자동에 살 때 주변(지금의 서촌)을 산보하다가 본 성냥 공장이 떠올랐다.

다음 날 그곳에 가봤더니 공장 주인은 피란 가고 없고, 달랑 직원 한 사람이 공장을 지키고 있었다. 이튿날 그녀는 일하는 사람을 데리고 성냥 공장에 갔다. 그리고 가져간 몇 가마니의 쌀과 공장에 남아 있던 성냥을 몽땅 맞바꿨다. 그다음 날 미아리 장터에 나가 성냥을 팔아보았다. 하늘에서 떨어진 듯 나타난 성냥은 불티나게 팔렸다. 인민군 치하였음에도 불구하고 당시의 상거래는 남한 지폐인 한국은행권으로 이뤄졌다고 한다. 인민군은 물자를 제공한 사람들에게 (훗날 물자나 화폐로 바꿔주기로 약속하는 일종의 돈표인) 인민군 군표를 주려고 했으나, 상인들이 그 군표를 받으려 하지 않아 할 수 없이 남한 화폐를 계속 쓰게 했다는 얘기다.

9·28 서울 수복이 있고 날씨가 선선해질 무렵, 김 여사는 서울 동대문 쪽의 메리야스 공장을 머리에 떠올렸다. 그녀가 찾아간 그 공장도 성냥 공장과 사정이 비슷했다. 주인은 피란 가서 돌아오지 않은 채 직원이 공장을 지키고 있었다. 이번에는 성냥팔이로 번 돈으로 공장에 남아 있는 메리야스를 몽땅 사들였다. 훗날 그녀는 가끔 자식들에게 "1·4 후퇴 때 빌린 트럭에 메리야스를 가득 싣고 부산으로 피란을 갔다. 그 때 그렇게 편하고 뜨듯하게 부산까지 피란 갈 수 있었던 사람은 아마 우리 식구 말고는 없었을 것"이라며 자랑하곤 했다. 집안에서 가계경제에 관한 쓰루의 발언권은 더욱 위축되어갔다.

서둘러 유학 떠난 이유

1·4 후퇴로 부산으로 피란 간 쓰루는 경남도청에 자리 잡은 중앙청에 다시 고시과장으로 귀임했다. 그러고 몇 개월도 되지 않아 외자구매처(外資購買處)[4]에 배치되었다. 외무고시에 패스한 사람이 어떻게 정부 조달 업무를 하느냐고 의문을 가질 수 있지만, 당시 한국 정부와 미국 정부 간의 관계를 생각하면 이

4 정부의 자금으로 해외에서 물자를 수입하거나 수입된 물자를 구매하는 업무를 관장하는 중앙행정부서. 1949년에 발족하여 1955년 외자청으로 확대 개편되었다.

상할 것도 없는 인사였다. 행정부 예산의 반 정도가 대충자금[5]이라는 미국 원조였으니, 외무 · 재무 할 것 없이 영어 소통이 가능한 공무원을 원조물자 관리에 동원했던 것이다. 영어 선생을 하면서 갈고닦은 그의 영어 실력이 빛을 발하였음은 보나 마나다. 일본식 영어 발음은 문제가 되지 않았다. 이래저래 영어를 한다는 '조선인' 대부분의 발음이 일본식이었으니까.

외자구매처 근무는 짧았다. 하지만 그때의 경험은 훗날 그의 관료생활의 성격을 규정지었다. 그 근무를 통해 한국 경제(금융 및 재정)가 얼마나 미국의 원조에 의존하는지, 얼마나 경제적 자립이 절실한지 알게 되었다. 또 그 근무 경험은 그가 법학과 일반행정에서 경제학과 경제정책으로 눈을 돌린 계기가 되었을 뿐 아니라, 훗날 그가 경제기획원 관료로서 미국국제개발처(USAID)[6]와 긴밀한 관계를 구축하는 데 큰 도움이 되었다.

당시는 극심한 외환 부족을 겪고 있던 때였다. 수입에 쓸 수 있는 원조 달러를 확보하면 그것 자체가 일확천금의 기회가 되던 시절이었다. 그런데 외자구매처 신참 사무관의 도장 하나로 요새 가치로 치면 수백억 원에 해당하는 정부 조달과 민간 불하 여부가 정해지곤 했다. 부조리가 개입될 수밖에 없는 구조였다. 시간이 갈수록 그가 느낀 불안은

5 counterpart fund. 미국의 원조를 받는 나라가 달러 금액만큼 자국 통화로 적립하는 재정자금이다. 원조를 받는 나라의 통화 증발 등을 억제하고 '건전한' 재정금융정책을 펴게 하는 목적으로 활용되었다. 대충자금이 총재정수입에서 차지하는 비중은 1954~1959년 평균 43%였다. 그 비중이 50%를 넘는 해도 심심치 않게 많았다. 대충자금의 30~40%는 국방비에, 40~50%는 도로, 항만, 수도, 전기 등 사회간접자본 등 전후 기반시설 복구에, 10~30%는 민간기업에 대한 투융자에 활용되었다.

6 United States Agency for International Development. 1961년 설립된 미국 국무부 소속의 해외 원조 행정기관이다.

커져만 갔다. 그것이 그가 '잘나가는' 외자구매처에 배치된 지 2년도 되지 않아 서둘러 유학을 떠난 이유였다. 그의 후임 사무관도 감옥에 갔다고 한다.

외자구매처의 업무 담당자가 뇌물로 감옥에 가지 않은 것은 극히 드문 경우였다. 이 사실은 훗날 그가 4·19 혁명 후 민주당 정권 아래서 재무부 사세국장(지금의 국세청장)으로, 5·16 쿠데타 직후 신생 부처 경제기획원 예산국장으로 발탁되는 데 한몫을 했다. 그때의 경험 때문에 그는 '업자는 다 뇌물로 공무원한테서 장삿거리를 얻어 돈을 챙기는 족속'이라는 인상을 굳히게 되었고, 아예 업자를 만나지 않는 버릇도 그때 생겼다.

김 여사의 부산 피란생활은 남편보다 더 고달팠다. 피란 내려오며 가져온 메리야스를 시장에 나가 팔랴, 고성 시댁 살림 도우랴, 눈코 뜰 새가 없었다. "얼마나 돈을 많이 벌었으면, 은행에 가기 전에 천장에 쟁여놓은 돈에서 냄새가 진동해 미군 부대에서 나오는 방향제를 뿌려놓아야 할 정도였다"는 게 그녀의 즐거운 추억거리였다. 이때 모은 돈은 훗날 쓰루의 미국 유학자금으로, 또 그의 유학 기간에 고성에 내려가 시어머니를 모시면서 살 때의 생활비 등으로 유용하게 쓰였다.

쓰루가 유학 간 3년 동안 고성에 가 있던 부인은 거기서도 가만히 있지 않았다. 농사는 시어머니에게 맡기고 자신은 고성여고에서 가정 등 두 과목을 가르치는 한편, 집에 양계장을 만드는 등 늘 무언가로 돈벌이를 하고 있었다. 그때 번 돈은 남편이 미국 유학을 마치고 돌아온 뒤 서울 성북동에 집을 마련한 후 부인이 본격적으로 '헌 집 수리사업'(전쟁으로 부서지거나 불에 타 하자가 있는 주택을 수리하여 파는 것)에 나설 때까지, 두고두고 유용하게 쓰였다. 그녀는 리모델링업자 1세대였다.

고성 촌놈,
미국 유학 가다

쓰루는 1952년 12월 국비 장학생으로 미국에 유학을 떠났다. 영국 옥스퍼드대로 떠난 이기준 진 경제과학심의회의(經濟科學審議會議) 위원 겸 한국개발연구원 이사장이 국비 장학생 동기다. 당시 정부의 규정으로는 공무원은 1년 이상 유학할 수 없었다. 석사까지는 마치고 싶었던 그로서는 사표를 쓸 수밖에 없었다. (유학 기간 연장을 두고 힘들었던 그때의 경험 때문이었을까. 훗날 자신이 부총리가 되었을 때 아끼는 후배 관료가 유학을 가서 정부가 정한 기간을 넘겨 더 공부하고자 하면, 그답지 않게 관대하게 처리했다.)

그는 미국에서 미주리 주립대와 오하이오주 애크런대 대학원 두 군데서 경제학을 공부했다. 그럴 사연이 있었다. 당시 국비 장학금은 나라 사정처럼 말 그대로 쥐꼬리만 했다. 그래서 대부분의 유학생들은 교회 등을 통해 추가 장학금을 받아야 했다. 그도 미국 유학을 떠날 때부터 미주리주의 어느 교회에서 장학금을 받고 있었다.

어느 날 그 교회에서 그가 미국 유학 중 배우고 느낀 것 등을 얘기하는 자리가 있었다. 발표까지는 아무 탈이 없었다. 발표 뒤 받은 질문이 문제였다. 질문의 요지는 "왜 너희는 아직도 남녀 차별을 하느냐"였다. 비록 자신의 집은 사실상 여성 상위 부부관계여서 김 여사에게 여러 가지로 눌려 지내는 처지였지만, 동양인을 무시하는 듯한 서양인의 비아냥거림을 참을 수 없었다.

욱하는 성격에 대학원을 옮기고

그는 동양에서 여성을 차별하는 게 아니라 서양, 특히 미국에서 여성을 지나치게 우대하기 때문에 동양의 남녀관계가 차별적으로 보일 뿐이라는 궤변을 늘어놓았다. "같은 서양인데도 미국은 유럽보다 여성을 더 우대한다. 거기에는 역사적 배경이 있다. 죽지 않고 몸 성하게 아메리카 대륙에 도착할 수 있느냐가 불확실한 개척시대에, 과연 멀쩡한 여성이 몇이나 미국으로 가는 배에 몸을 실었겠느냐? 그런 여자 중에 미국에 무사히 도착한 여성이 있다 하더라도 그 수가 남성에 비해 극소수였을 것이다. 그래서 (유럽인의 눈에도 지나친) 북미의 독특한 여성 우위 문화가 탄생했다"는 요지의 답변을 했다고 한다. 아무리 자선이 생활화되어 있고 관대한 미국 중부라 하더라도 그런 소리를 하는 유학생에게까지 자선을 베풀 수는 없는 노릇이었다. 교회 장학금이 끊긴 그는 오하이오주 애크런대 대학원이라는 다른 학교로 전학 갈 수밖에 없었다. 그 기억 때문인지, 그가 미국 유학 시절 얘기를 하는 경우는 극히 드물었다. 어쨌든 그 사건이 계기가 되어 더욱 경제학 공부에 진력하게 되었으니, 전화위복이었던 셈이다.

세계인을 먹여 살리는 광활한 곡창과 풍요와 활력이 넘치는 도시를 목격한 후 그가 귀국한 조국은 3년 전 유학을 떠날 때의 가난한 모습 그대로였다.

동족상잔(同族相殘)의 비극을 저지른 6 · 25 전쟁은 안 그래도 가난에 찌든 개도국을 목불인견(目不忍見)의 처참한 빈사경제로 갈아엎어 놓았다. 이 전쟁으로 주요 제조업 시설의 40% 이상이 부서졌고, 제조업체의 절반이 사라졌다. 200만 명이 목숨을 잃었고, 거리는 고아와 과부, 상이용사, 실업자로 넘쳤다.[7] 1952년 말 실업자 126만 명은 노동인구의 8분의 1에 해당했다. 휴전을 맞이한 1953년의 1인당 GNP(국민총생산)는 67달러였다. 해방 전 1940년과 비교해서 44%나 줄어든 수준이었다. 해방과 동시에 미 군정의 원조를 받아오던 한국 경제는 6 · 25 전쟁으로 말미암아 '원조 없이는 하루도 버틸 수 없는 경제'로 전락하고 말았다.

7 이영훈, 『대한민국 역사: 나라 만들기 발자취 1945~1987』, 기파랑, 2013, p.207

재무부의 열혈 과장

1955년 귀국한 쓰루는 일단 재무차관 비서실에서 촉탁으로 일했다. 그다지 좋은 경험은 아니었던 것 같다. 자식들에게 "비서는 높은 위치에서 넓은 사안을 다루는 경험 쌓는 정도까지만 해야 한다. 비서를 오래 하다 보면 마치 자신이 윗사람이 된 것 같은 착각에 빠질 수 있다"며 경계하게 했다.

집안 경제권을 아내에게 뺏기다

이즈음 그가 집안 재정권을 김 여사에게 완전히 빼앗기게 된 사건이 하나 있었다. 어느 날 그가 김 여사에게 그녀도 면식이 있는 어느 친구에게 상당한 금액의 돈을 꿔줘야겠다고 했다. 그런데 그녀는 그 친구란 사람이 뭔가 사기꾼 같다는 인상을 가지고 있었다. 그녀는 "그 사람 좀 이상하지 않아? 왜 돈을 꿔줘야 해?"라며 의심을 표했고, 쓰루는 "당신은 매사를 의심만 하냐? 믿을 만한 사람이야!"라는 말로 그녀의 입을 닫아버렸다.

그의 고집대로 돈을 빌려주긴 했는데, 돈을 돌려받아야 할 즈음부터 그의 표정이 좋지 않았다. 며칠을 보고 있던 그녀가 "당신, 그 사람한테서 돈 받았어?" 하고 지나가듯 물었다. 그는 "응, 며칠 안에 준대"라고 별일 아닌 듯 대답했다.

며칠 후 그가 빳빳한 새 돈을 김 여사에게 내밀었다. 그 친구가 갚은 돈이라며 "거, 사람을 의심하는 당신 버릇은 좀 고쳐야 해"라며 의기양양했다. 그녀에게는 그 돈부터 의심투성이였다. 한국은행에서 그날 찍어낸 듯 너무 새 돈이었던 거다. 그래서 그를 다그친 끝에 "그놈은 연락조차 안 되는데, 당신은 돈 받아 왔냐고 자꾸 나를 윽박지르고……. 사실 오늘 은행에 가서 대출해서 받은 돈이야"라는 실토를 받아내었다. (이때의 은행 대출 경험, 특히 은행원의 갑질에 당한 기억은 그가 죽을 때까지 은행 부문에 대해 부정적인 편견을 갖게 만들었다.)

가슴을 쳐본들 어쩌겠는가. 당시는 개인 간 빚은 떼먹은 자를 탓하기보다 떼인 '바보'를 탓하던 시절이었다. 무주택자가 다수를 차지하고 있던 때라 안 갚고 잠적하면 그만이었다. 미안하다며 뒤에 갚겠다고 말하면 그나마 양반이었다. 그러던 어느 날, 김 여사가 지프차(남편은 공용차를 탈 수 없는 하급 공무원이었지만, 집수리 장사로 큰돈을 벌고 있던 그녀는 기사 딸린 지프차를 타고 다녔다)를 타고 을지로 어딘가를 지나다가, 문제의 그 인간이 걸어가는 것을 보게 되었다. 휴전 직후 서울 인구가 150만 명으로 늘어나긴 했으나 서울 시내라고 해본들 종로구와 중구가 사실상 전부였다. 그러니 시내에 돌아다니면 웬만하면 길에서 마주치게 되어 있었다.

기사에게 급히 차를 세우게 한 그녀는 기사를 데리고 그 친구 앞에 섰다. 그녀는 당황해하는 그가 입을 떼기도 전에 그의 고개가 돌아가도록 뺨을 후려쳤다. 그녀는 20대 후반이었고, 쓰루와 동년배인 그 사람은 30대 중반이었다. 그녀는 바로 "지프차에 타시오"라고 말했다. 차 안에서 그는 "무슨 일이 있어도 내일까지는 갚겠습니다"라고 약속했다. 식구들 앞에서 창피당하는 건 죽어도 싫었던 것이다. 그날 기어이 그의 집까지 확인한 그녀에게 다음 날 그가 현금 뭉치를 싸 들고 왔다. 그녀는 퇴근한 쓰루에게 그 돈뭉치를 내밀었다. 돈이나 사람 문제에 관한 한, 그가 그녀 앞에서 자신의 발언권이나 판단력에 하직을 고한 순간이었다.

장관 민원도
쇠귀에 경 읽기

쓰루는 2년의 차관 비서생활을 접고, 1957년 8월 1일부로 이재국 관리과장(증권 · 보험 등 제2금융권 담당)으로 자리를 잡게 되었다. 처음으로 한 분야를 책임지는 과장 자리를 차고앉자마자 그는 부하 직원 담금질을 시작하였다. 자부심이 하늘을 찌를 듯한 관료들에게는, 고시까지 패스한 엘리트 공무원을 공부시키겠다는 과장은 그가 처음이었다. 원성이 높을 수밖에 없었다. 그렇다고 담금질을 멈출 그가 아니었다. 그는 과장 자리가 부여하는 권한을 철저하게 챙겼다. (고성 촌놈 중에 중앙 부처 과장은 그가 처음이었다!) 일에 관한 한, 법 규정에 어긋나는 윗사람의 명령이나 부탁은 그에게 '쇠귀에 경 읽기'였다.

이재국은 상의하달 체제로 움직이는 조직이었다. 아랫사람으로서의 그는 그런 조직에 순응할 수도, 오래 붙어 있을 수도 없는 사람이었다. 집안도 성품도 '양반'인 김정렴 국장에게 '거친 촌놈' 쓰루는 손안에 들어오지 않는, 영 부담스러운 존재였다. 결국 그는 쫓겨나다시피 이재국을 떠나야 했다.

직접적인 계기는 '윗분들' 말을 듣지 않는 데 있었다. (사안이 사안인지라, 이 스토리는 순전히 쓰루의 관점에서 풀어나갈 수밖에 없음을 양해하기 바란다.) 어느 날부터 송인상 재무부 장관이 수차례에 걸쳐 그에게 직접 또는 김 국장을 통해 자신의 친인척에게 특혜를 주라는 압력을 넣어왔다. 제2금융권 담당 관리과장인 쓰루에게 지시한 것으로 봐서, 그 특혜는 보험이나 증권 관련 인허가 사안이었을 것이다. 제도가 정착되지 않은 당시로서는 그 인허가가 제도적으로 크게 무리가 있는 사안은 아니었을 것이다.[8] 그럼에도 불구하고 그는 장관의 지시를 따르려 하지 않았다.

자연스레 장관에게 미운털이 박혔고, 중간에 끼인 김 국장의 입장은 매우 곤란해졌다. 김 국장의 배포로는 혼자만의 결단으로 쓰루 같은 인물을, 더구나 자신이 관료 출신이 아닌 처지에 '대한민국 정통 관료 1호'를 내칠 수는 없었다. 결국 장관이 나설 수밖에 없었다. 평소 그의 사람됨을 익히 알고 있던 이한빈 예산국장이 장관의 '간곡한 부탁'을 받

8 이종범 편, 『전환시대의 행정가: 한국형 지도자론』, 나남, 1994, pp.35~36

아들여 그를 예산4과장으로 데려갔다.

(장관) "아무래도 이재국에서 김학렬 과장을 내보내야 하겠소."

(예산국장) "그러면 예산국에 주시지요. 예산국 과장은 자기보다 지위가 높은 다른 부처 사람도 상대해야 하니까 성격이 강한 사람이 필요합니다."[9]

그가 첫 번째 은인을 만나는 순간이었다.

9 이한빈, 『일하며 생각하며: 이한빈 회고록』, 조선일보사, 1995, pp.60~62

첫 번째 은인[10]

쓰루는 행운아였다. 대부분의 사람은 자기를 알아주는 사람을 만나기는커녕, 자신을 하잘것없이 여기는 윗사람 밑에서 하잘것없는 일에 부림을 당하기 일쑤다. 그의 경우에는 직속 상사가 아닌데도 남에게서 전해 들은 얘기만으로 그를 알아주는 사람, 즉 '출세의 은인'이 기가 막히는 순간에 나타났다. 그것이, 뒤를 봐줄 사람이 아무도 없는 그가, 학연, 지연, 혈연 아무런 끈도 없는 촌놈 쓰루가 관료로서 올라갈 수 있는 최고의 자리까지 오를 수 있었던 가장 결정적인 이유였을지도 모른다. 최초의 그런 '은인'이 이한빈 씨였다.

(당시 이한빈의 예산국은 인재와 개혁의 산실이었다. 이 국장은 하버드 경영대학원에서 공부한 '유학파'로서 행정 체제에 관해 자기 나름의 확고한 비전을 가지고 있었다. 이미 1950년대에 경제기획원 같은 경제개발을 주 업무로 하는 부처가 필요함을 절감하

10 육성으로 듣는 경제기적 편찬위원회, 앞의 책, pp.243~244

고 있던 인물이었다.)

당시는 자신을 알아주는 사람을 위해 목숨을 바치는 시절이었다. 쓰루는 자신을 알아준, 자신보다 세 살 아래인 이한빈 씨를 인생 및 직장뿐 아니라 배움의 선배로서 늘 존경심으로 대했다. 그가 '앞에서 절로 고개를 숙이는' 몇 사람 안 되는 인물 중의 하나였던 것이다.[11]

4·19 터진 날 떠난 해외연수

예산4과는 교통부, 체신부, 전매청 등 부처 예산을 담당했는데, 이한빈 국장은 그들 부처나 국유기업들에 휘둘리지 않을 인물이 필요했다. 국유기업에 기업회계제도를 도입하는 등 예산제도 개혁을 구상하고 있었기 때문이다. 그러나 쓰루는 성격만 강했지 예산이나 기업회계 등에는 문외한이었다. 이 국장은 그에게 워싱턴대에서 회계학을 공부하고 막 돌아온 조익순 고려대 교수를 붙여주었다. 예산국 안에 일종의 '개혁작업반'이 만들어진 것이다.

이 국장은 그들의 견문을 넓혀주기 위해 미국국제개발처 자금으로 당시 우리보다 예산제도가 앞서 있던 대만, 필리핀 등에 시찰여행을 보내기도 했다. (당시 원조 중에는 정책 수립 노하우를 습득하는 데에 필요한 실무연수 비용을 대주는 소위 '기술 원조'가 꽤 많았다. 우리나라 새마을운동의 성공 비결을 배우겠다고 오는 개도국 공무원에게 우리 정부가 제공하는 것이 그런 기술 원조의 예이다.)

11 위의 책, pp.69~72

공교롭게도 쓰루 등 개혁작업반이 대만에 시찰 가느라 여의도 비행장을 떠나기로 한 날이 1960년 4월 19일이었다. 비행장에 모인 개혁작업반의 마음은 무거울 수밖에 없었다. "나라가 이렇듯 어수선한데 출장을 가야 하느냐"를 묻는 그의 전화에 이한빈 국장은 "이럴 때일수록 떠나야 한다"고 대답했다. 해외시찰단은 그날 예정대로 떠났다.

이 국장이 마련해준 그 소중한 기회는 그의 기대에 어긋나지 않는 성과로 보답되었다. 개혁작업반은 공기업에 대한 기업회계제도 도입, 성과주의 예산제도(performance budgeting) 도입 등 대한민국 정부 초기의 예산제도 개혁에 기여했다. 조익순 교수에게 기업회계에 관해 배우고 해외연수로 무장한 쓰루는, 중앙공무원연구소에서 공무원들을 모아놓고 예산제도를 강의할 정도로 일약 예산국을 대표하는 엘리트 과장으로 각광을 받게 되었다.[12]

그는 당시 예산국 근무를 통해 크게 두 가지를 얻었다. 당연히 그 첫 번째는 예산에 관한 선진 지식이었다. 예산국에서의 그 경험이 없었다면, 훗날 예산에 관한 한 여타 부처의 장관이나 국회의원을 압도하고 경제개발 5개년 계획의 작성과 추진을 지휘할 수 있었던 '부총리 쓰루'는 없었을 것이다. 다양한 부처의 예산을 다루다 보면 나라 살림 전체에 대한 감각을 갖추게 된다. 나라 살림은 국가 경제정책 기조와 연결되는 것이니, 쓰루의 예산국 근무는 부총리로의 첫걸음이었던 셈이다. 그보다 쓰루가 더 소중하게 얻은 것은, 바로 김주남, 최각규 등 예산국 주무 사무관들, 그리고 특히 바로 옆자리에서 나날을 같이한 조익순 교수와의 평생 가는 교분과 신뢰였다.

12 위의 책, p.244

그러나 소속 직원들한테는 쓰루 예산4과장 시절은 매우 불편한 시간이었다. '쓰루표' 부하 담금질 때문이다. 이재국 관리과장 시절부터 시작된 그의 담금질은 예산4과장이 되면서 '학구파 선진 관료' 이한빈 국장의 비호 아래 강도를 더해갔다. 한때 부하 직원들이 쓰루 축출 연판장까지 돌리려고 할 정도였다. 흥분한 직원들을 다독여 그의 '추방'을 막아준 인물이 김주남, 최각규 등이었다.

못 말리는
사람 욕심

당시 재무부 예산국은 고등고시에 합격한 인재들의 등용문이었다. 이 국장과 그 휘하의 쓰루와 그의 고시 동기인 이철승 과장은 해마다 행정고시 합격자 중 1등부터 5등까지를 모조리 예산국에 데려왔다. 예산국은 고시 합격자 사이에서도 인기 1순위였다. 그들을 영입해 예산국뿐 아니라 이재국, 사세국 등에서도 수습을 받도록 했다. 탐나는 인재를 끌어모으는 쓰루의 '사람 욕심'은 이때 벌써 몸에 배어 있었던 것이다.[13]

당시 각 국(局)을 끌고 가던 김주남(훗날 건설부 장관), 최각규(훗날 부총리 겸 경제기획원 장관), 최동규(훗날 동력자원부 장관), 김용환(훗날 재무부 장관), 나오연(훗날 3선 의원 · 국회재정경제위원장), 장재식(훗날 산업자원부 장관, 케임브리지대 장하준 교수의 부친) 등이 '날리던 사무관'들이었다.

엘리트 과장으로 이름을 날리는 것에 비례해 쓰루의 콧대도 높아져갔

13 위의 책, p.77

다. 바로 이때 쓰루는 한 악연을 만난다. 부흥부의 장예준 과장이었다.

부흥부는 원조 관리, 전후 경제부흥, 경제기획 등 훗날 부처로 치면 경제기획원과 건설부를 합친 역할을 하고 있었다. 원조로 연명하는 전시경제에서 일종의 슈퍼 부처였던 것이다. 당시는 관도, 민도, 경제개발도, 심지어 국방도 미국에 의존해 하루하루를 연명하고 있었다고 해도 과언이 아니었다.[14] 그런 시절, 예산4과장의 업무 중 하나가 부흥부에 가서 대충자금을 배정받아 오는 것이었다. 그 상대가 바로 장 과장이었다.

쓰루는 장 과장이 자기를 대하는 태도가 영 마음에 들지 않았다. 대충자금은 직접 재무부로 들어오지 않고 부흥부를 통하여 재무부에 전해지는 절차를 밟았다. 그러다 보니 부흥부 관료들은 마치 자기네가 한국 정부를 먹여 살리는 듯이 거드름을 피우는 경우가 잦았다.

장 과장은 쓰루가 오후에 찾아가면 자주 오수를 즐기고 있었다고 한다. 점심에 걸친 반주 탓이었는데, 사람이 좋아 남과 잘 어울리다 보니 생긴 버릇이었다. 당시는 관료들이 점심시간에 찾아온 사람들과 반주를 하는 것이 상례였다. 그렇지만 깐깐한 쓰루 과장은 점심에 술을 마시지 않았다. 그는 공직자의 낮술에 관해 일종의 결벽증이 있었다. 밤술은 정치인이나 언론인 등과 함께했지만, 훗날 '정치를 해야 하는' 부총리가 되었을 때도 박통(박정희 대통령) 말고는 낮술을 하지 않았다.[15]

장 과장이 낮잠 깰 때까지 기다려야 하지를 않나, 부스스 잠을 깬 장 과장이 '무슨 일로 왔냐'는 식으로 아랫사람 대하듯 하지를 않나, 쓰루로서는 자존심 상하는 일이 한두 번이 아니었다. 장 과장 쪽에서도 할

14 1960년 한 해 수입에 3억 4000만 달러의 외화가 필요했다. 정부가 보유하고 있던 외환 9700만 달러에서 턱없이 모자라는 부분은 (대미) 원조자금 2억 5000만 달러로 메워야 했다. 정부도 민간도 철저하게 미국에 의존하고 있었던 거다.

15 육성으로 듣는 경제기적 편찬위원회, 앞의 책, pp.244~245

말은 있었을 것이다. 다른 사람들처럼 자기에게 굽실거리거나 점심 대접을 하지도 않고, 돈 타러 온 사람이 고분고분하기는커녕 뻣뻣한 태도로 일관하며, 공무 볼일만 보고 홀쩍 사라져버리는 '제 분수를 모르는' 쓰루가 영 마음에 들지 않았을 것이다. 일에 임하는 자세부터 두 사람은 아귀가 맞을 수 없었다.

(무슨 운명의 장난인지, 1969년에 쓰루가 부총리 겸 경제기획원 장관으로 부임해보니 기획원 차관이 장예준이었다. "고래로 '인생하처불상봉(人生何處不相逢)'이라 하지 않았던가!"[16] 2년 반 뒤 췌장암으로 부총리 자리에서 물러날 때까지 쓰루는 장 씨를 차관 자리에 앉혀두었다. 그 긴 기간 동안 애들 말로 뒤끝이 작렬하는 쓰루가 장 차관을 어떻게 대했을지는 안 봐도 눈에 선하다.)

부흥부에서 대충자금을 타 왔던 쓰루가 그 경험을 통해 뼈저리게 느낀 것은 한국이 하루라도 빨리 경제적으로 자립해야 한다는 것이었다. 그 절감은 훗날 부총리 쓰루의 경제개발계획과 외자정책에 지대한 영향을 미치게 된다.

16 위의 책, p.245

•

4·19로 하루아침에 사세국장으로

자유당 정권이 장기 집권을 획책하는 가운데 심각한 부정부패가 저질러지고 있었는데, 그 절정이 1960년 3·15 부정선거였다. 피 끓는 대학생들이 거리로 뛰쳐나왔다. 이에 일반 시민까지 호응한 '4·19 혁명'은 이승만 대통령 등 집권 세력을 몰아내고 민주당 정권이 들어서게 했다. 이때 쓰루의 식구는 동숭동 서울대 법과대학을 길 하나를 두고 마주 보는 집에 살고 있었다. 4·19 혁명이 일어났을 때 시위를 막는 경찰의 곤봉에 맞은 듯 이마와 흰 상의에 피가 낭자한 남자 대학생들이 담을 넘어 피신해 들어온 것을 국민학교 3학년이던 필자 등 쓰루의 자식들은 지금도 생생히 기억하고 있다.

"부패한 세무행정을 개혁하라"

1961년 1월 25일, 민주당 정부의 김영선 재무부 장관은 쓰루 예산4과장을 사세국장 서리에 임명했다. 당시 사세국장은 지방의 징세조직들을 포함해 오늘날의 국세청장과 기획재정부 세제실장을 합친 것 같은 직위로, 날아가는 새도 떨어뜨리는 권력의 자리였다.

"당시 재무부에는 사세국뿐만 아니라 관세국도 있었는데 자유당 정부 시절 내가 이재국장으로 있을 때 옆에서 지켜보니까 사세국, 관세국 모두가 하나의 독자적인 왕국이었어요. 해당 국장의 권한이 대단했죠. 장관이 국장을 마음대로 바꿀 수 없었어요. 그리고 두 국 모두 지방조직이 있어서 지방에까지 인맥이 다 닿아요."[17]

그런 자리에 쓰루를 앉힌 것은 파격 중의 파격이었다. 본인의 성격이나 배경을 보아도 상상 밖의 일이었다. 정치에 관심이 없는 정도가 아니라 정치인을 무식하고 부패한 무리로 간주하던 쓰루가 (정치와 정치인을 무시했다고 쓰루를 욕하지는 말라. 쓰루와 동시대를 살았던 대부분의 사람들이 그랬다.) 야당 민주당에 줄을 대고 있었을 리도 만무하다. 더구나 정부 돈을 쓰는 예산 쪽이면 몰라도, 돈(세금)을 거둬들이는 일을 해본 적도 없었다.

예산국 동료들은 그런 쓰루가 다른 자리도 아니고 사세국장에 임명된 배경에 대해서 그의 청렴성이나 공무원으로서의 철저한 소명의식으로 설명하고 있다.[18] 혁명으로 들어선 여느 정권처럼 민주당도 부정부

17 위의 책, p.245 (김정렴 증언)

18 위의 책, p.246

패 등 '부끄러운 과거' 청산이 정권의 급선무였다. 당시 재무부 일 중에 가장 썩었다고 만인의 지탄을 받던 곳이 국세행정이었다. 김영선 재무장관은 사람을 바꿔 부패한 세무행정을 일소하겠다고 작심을 하고 있었다. 그런데 세무 공무원 전체를 바꿀 수는 없으니 그 수장을 세무나 정치와 무관하되 개혁적이고, 누구의 청탁이나 압력에도 흔들리지 않을 강직한 인물을 들여와 단칼에 세무행정 개혁을 이루겠다는 것이 계획이었다. 그가 주목한 적임자가 바로 쓰루였던 것이다.

김 장관은 쓰루의 사세국장 발탁 배경을 기자들에게 직접 설명했다. 일개 국장의 임명을 기자회견을 통해 설명한다는 것 자체가 예사롭지 않은 일이었다. 그는 이번 인사는 '국민의 열망에 부응하여 세정의 쇄신을 위한 것'이라며 '4월 혁명 후 아직도 자각하지 못한 일부 부패한 세무 공무원에게 경종을 울리기 위한 것'이라고 신임 사세국장에 대한 기대를 밝혔다.

더 이상 이한빈 예산국장이 지휘하는 기업회계제도 도입, 성과주의 예산 등 예산 개혁 작업에 참여할 수 없게 됨을 아쉬워하면서도, 쓰루는 깨끗한 세무행정 개혁이라는 새로운 보람을 찾아 사세국장 직무에 임했다. 그러나 큰 기대 속에 취임한 사세국장 자리를 그는 몇 개월(1961년 1월부터 6월까지)밖에 지키지 못하고 말았다. 일 스트레스 때문인지, (일부 사람들 해석처럼) 급하고 불같은 성격 때문인지, 1961년 봄 그는 혜화동 로터리에 있던 수도병원(훗날 고려대병원)에서 위궤양 수술을 받아야 했다.

5·16 쿠데타로 정치와 경제 급정거

'우리 손으로 부패 정권을 몰아냈다'는 시민혁명의 도취감은 너무 자주, 너무 많은 이들에 의해 남용되었다. 좌파 우파 할 것 없이 입이 있는 모든 (정치) 단체와 이익집단이 연일 거리로 뛰쳐나왔다. 전차가 다니는 서울 최대의 거리 종로대로는 플래카드를 든 데모대와 '자유'를 만끽하는 시민들로 차가 다닐 수 없을 정도였다. 해방 직후의 사회 혼란을 방불케 했다.

사회의 방종을 벌주기나 하듯 그해는 추수까지 좋지 않았다. -2%로 위축된 농업 생산은 GDP 성장률을 1.2%로 주저앉혔다. 1953년 휴전 이후 어렵사리 한발 한발 안정과 성장으로 발걸음을 떼어오던 경제는 다시 물가 앙등과 침체의 늪으로 빠져들어 갔다.

'만인에 대한 만인의 투쟁' 상태의 혼란과 무질서는 안정과 질서를 안겨줄 절대 권력을 불러오고 있었다. 일반 시민을 가장 불안에 떨게 한 것은 급진정치 단체의 등장이었다. 1960년 9월에 16개 진보 정당 및 단체가 결성한 민족자주통일중앙협의회(민자통)는 1961년 5월 13일 통일촉진궐기대회를 열고, '가자 북으로, 오라 남으로'[19]라는 구호를 외쳤다. 그 때문에 5·16 쿠데타로 박정희라는 일개 육군소장이 이끄는 군사정권이 들어섰을 때, 놀란 사람들은 많지 않았다. 안도의 숨을 쉰 사람마저 적지 않았다.

군사정권이 공표한 혁명 공약은 첫째, 반공을 제1의 국시로 하여 반

19 당시 '북으로 가자'는 구호가 등장할 수 있던 배경 중에는 북한이 남한보다 월등히 잘살고 있다는 경제적 사실이 있었다. 1961년 남한의 1인당 국민소득은 82달러(세계 101위)로, 북한의 1인당 국민소득 320달러(세계 50위)의 4분의 1 수준밖에 되지 않았다.

공 체제를 강화하고, 둘째, 미국을 위시한 자유주의 우방과 유대를 공고히 하며, 셋째, 나라의 부패와 구악을 일소하고 퇴폐한 국민 도의와 민족정기를 바로잡으며, 넷째, 기아선상의 민생고를 해결하기 위해 자주적 국가경제 재건에 전력을 집중한다 등이었다.

군사정권은 반공 체제를 강화한다는 첫째 공약에 따라 급진 좌익 세력을 검거했다. 부패와 구악을 일소한다는 셋째 공약에 따라 4200명의 폭력배를 포함한 2만 7000명의 범법자를 잡아들이고, 4만 명의 부패 공무원(전체 공무원의 18%)을 내보냈다. 당시 한국 사회가 얼마나 느슨했나를 짐작할 수 있는 사실 중 하나는 상류층의 5%가 첩을 거느리고 있었다는 것이다. 이 수치는 급하게 추정된 것일 뿐, 축첩은 이보다 훨씬 더 만연해 있었다고 보는 게 옳다. 지금 세대도 들으면 아는 대부분의 정치·경제 거물들이 첩을 두고 있었다. 재산이든 권세든 '가진 자'의 일반적인 일탈이었던 것이다. 정경유착의 부패를 서시른 기업가 15명을 구속하고, 재벌들이 소유한 일반은행 주식을 몰수했다. 전후 복구와 더불어 수년에 걸쳐 진행되었던 은행 민영화는 하루아침에 되돌려졌다. 정치와 더불어 경제도 급정거했다. 네 번째 공약, '민생고 해결과 경제 재건의 실현'은 갈수록 멀어지고 있었다. (그나마 수년 만의 풍년[20]으로 경제성장률은 6%로 본전치기는 했으나, 투자 등 민간 경제활동은 군사정권의 위압적 분위기 속에 극심한 눈치 보기로 위축될 대로 위축되었다.)

20 농업 생산증가율이 12%를 기록했다.

신생 부처 기획원으로 시집가다[21]

만일 쓰루가 몇 달 더 사세국장 자리를 지켰다면, 그의 인생은 급전직하로 바뀌었을지도 모른다. 그가 아무리 세무 개혁과 부정부패 일소에 기여했다 하더라도, 5·16 쿠데타로 들어선 군사정권의 숙청의 칼을 피해갈 수 없었을 것이다. 사세국장 때의 발병과 수술 그리고 요양은 그의 관운이자 전화위복의 계기를 마련해주었다.

5·16 쿠데타 후 며칠 되지 않아 군사정권하에서 재무부 차관이 된 이한빈 씨로부터 연락이 왔다. 이 차관은 위궤양 수술 후 집에서 요양 중인 쓰루에게 "새 정권이 경제기획원이라는 부처를 만들고 있는데, 거기에 재무부 예산국을 이끌고 가지 않겠느냐?"라고 했다.

당시는 군사정권이 얼마나 갈지 불투명한 때였다. 미국이 쿠데타로 들어선 군사정권을 대놓고 멀리하고 있었기 때문이다. 미국은 미국대

21 육성으로 듣는 경제기적 편찬위원회, 앞의 책, pp.247~248

로 개도국들을 자기편으로 끌어들이려고 소련과 치열한 경쟁을 벌이고 있었는데, 그때 여타 개도국에 '봐라, 미국 편이 되면 이렇게 경제발전도 정치 민주화도 잘될 수 있다'고 내세워온 게 한국이었다. 그런 미국 지원의 대표적 성공 사례를, 그것도 선거를 통해 들어선 '민주정권'을 쿠데타로 무너뜨렸으니 미국의 도움은커녕 해코지를 당하지 않으면 다행이었다. 미국 정부는 원조 중단, 조속한 민정 이양 요구 등으로 군사정권에 대한 불편한 심기를 드러내고 있었다.

이 차관이 그토록 앞날이 불투명한 부처에 자기가 믿고 인정하며 아끼는 쓰루를 예산국과 함께 보내려고 하는 데는 그 나름의 절실한 이유가 있었다. 이 차관은 평소 '예산은 경제개발 부처와 통합해야 경제개발이 가능하다'는 게 소신이었다. 재무부도, 부흥부도, 또 새로 들어선 군사정권도 모두 그 점에 동의하고 있었다. 새로 만드는 부처의 경제개발 업무는 종래의 부흥부를 동원하면 되었다. 예산 업무도 재무부의 예산 파트를 옮겨 오면 되는데, 문제는 누구를 예산국장으로 보내느냐였다. 웬만해서는 군부에 휘둘리기 십상일 게 뻔했기 때문이다.

최각규 전 부총리가 전하는, 예산국장 인사를 둘러싼 내부 토론은 이랬다.[22]

"예산국을 기획원으로 시집보낼 수 있으려면 특별한 사람이 필요합니다. 새로운 조직에 가서 예산국을 이끌려면 예산 문제도 전문가여야 하지만, 자질과 배짱, 카리스마, 역량을 갖춘 사람이어야 합니다."

"그런 사람이 누가 있습니까?"

"지금 사세국장인 김학렬 국장이 어떻습니까? 기 싸움에서는 누구

22 위의 책, p.83

에게도 밀리지 않을 사람이잖아요."

"그건 정말 그렇죠. 김학렬 국장이라면 어디를 보내도 주도권을 놓치지 않을 테니."

또 한 명의 은인

아무리 주변을 둘러보아도 군부의 압력하에서도 의지와 소신으로 경제 논리를 지켜낼 인물은 쓰루밖에 없다는 게 그 인사의 핵심적 판단 요소였다. 이 차관의 간곡한 부탁에 수술 후 몸이 성치 않은 상태에서 쓰루는 군말 없이 신생 부처에 '시집가기'로 했다. 그는 이 차관이 시키는 것이라면, 앞뒤 따지지 않고 오라면 오고 가라면 갈 사람이었다. 이 차관은 재무부 관료 중에 그를 알아보는 유일한 상급자였다. 그를 믿고 이끌어주고 밀어준 은인이었다.

출세나 누리는 권한으로만 보면 사세국장으로 남는 것이 나았을지도 모른다. 그러나 훗날 벌어진 일들을 생각해보면, 그가 신생 부처에 예산국장으로 간 것은 개인적으로 보나, 기획원으로 보나, 특히 나라경제로 보나 '신의 한 수'였다. 첫 은인 이한빈의 곁을 떠나 시집간 시댁에서 그는 또 한 사람의 은인을 만난다. 경제기획원 초대 원장을 맡은 '시아버지' 김유택 씨였다.

쓰루표 담금질 본격 등장[23]

예산국장으로 기획원 출범에 참여한 쓰루는 신생 부처에 갈이 시집와 이제 막 걸음마를 시작한 부하 동료들에게 첫날부터 뛰기를 요구했다. 기획원이 하루빨리 경제부처의 으뜸으로 나서야 하는 만큼, 거기에 인솔해 데려간 '친정 식구' 예산국이 기획원의 으뜸 부서로 자리매김되어야 했기 때문이다.

예산국은 국가재건최고회의[24]에 처음부터 밉보일 일투성이였다. 경제개발 5개년 계획 작성에 열을 올리던 최고회의로서는 걸핏하면 '그렇게 많은 국가사업을 벌일 돈이 없다'는 둥, '원조가 줄어들고 있어 계획에서 상정하고 있는 성장률은 너무 높다'는 둥, 계속 딴죽을 거는 예산국을 곱게 볼 수 없었다. 쿠데타 직후 서슬이 퍼런 당시에 최고회의와 어긋난다는 것은 꼬여도 한참 꼬인, '간이 배 밖에 나온' 일이었다. 최고회의와의 관계가 순탄치 않음에 따라, 안 그래도 직원들에게 '최고의 지식과 최강의 임무 수행 능력'을 부추겨왔던 그의 다그침은 더욱 심해졌다. 그의 부하 담금질의 일화가 만들어지기 시작했다.

과장 때부터 악명 높았던 철저한 '부하 직원 길들이기'는 예산국장 시절부터는 아예 '쓰루표'로 자리 잡게 되었다. 기안 내용을 보고하러 들어온 부하 직원이 속사포처럼 쏟아붓는 질문에 행여나 답변을 머뭇거리기나 하면 "그런 머리로 어떻게 국가 예산을 다루느냐?"면서 불벼락을 내렸다.

23 위의 책, pp.250~251

24 5·16 쿠데타의 주체 세력이 입법·사법·행정의 3권을 행사하던 과도기의 국가 최고 통치의결기구.

당시에 기안 서류가 여러 장일 때는 얇은 종이를 가늘게 꼬아 만든 끈으로 서류를 묶어서 사용했다. 한번은 그가 화가 나서 기안 서류를 공중으로 집어 던졌다. 종이끈이 풀리면서 서류가 공중분해돼 산산이 흩날렸다. 기안자는 얼굴이 벌겋게 되어 사무실 바닥을 기다시피 하여 흩어진 서류를 주워 모아야 했다. (내용 미달인 서류 뭉치를 흩뿌리는 버릇은 부총리가 되어서까지 이어졌다.) 혼쭐난 그 직원은 며칠 밤을 지새우다시피 하여 철저하게 서류를 준비하고 쓰루의 심기를 살핀 후 다시 결재를 받으러 갔다. 그런데 이번에는 제목도 보지 않고 결재를 하는 것이 아닌가. 나중에 김주남 과장이 쓰루에게 "서류를 집어 던질 때는 언제고, 보지도 않고 결재하는 건 또 뭐냐"고 물었다. 그랬더니 쓰루 왈 "(욱하는 마음에) 서류를 내던지기는 했지만 그게 미안할 뿐만 아니라, 그동안 기안자가 충분히 보완을 했을 것이기 때문에 두 번째는 보지도 않고 결재했다"는 것이었다.[25]

25 육성으로 듣는 경제기적 편찬위원회, 앞의 책, p.250(김주남 당시 예산국 과장 증언)

1급 승진 5개월 만에 보직해임[26]

원래 승진 운이 좋아서인지 아니면 하 수상한 시절을 잘 타고 넘어서인지, 재무부 사무관 시절부터 좋았던 쓰루의 승진 운은 경제기획원으로 옮겨서도 꺾일 줄 몰랐다. 예산국장이 되어 기획원으로 옮겨 간 지 3개월 만인 9월에 기획원의 기획조정관으로 승진했다. 기획조정관은 당시 군사정권이 각 부처의 실무를 장악하기 위해 국장 직급 위에다 만든, 지금으로 치면 1급 차관보급 직책이었다. (쓰루의 9월 승진과 더불어 눈여겨봐야 할 것은 송정범이라는 부흥부 출신 인사의 부원장 승진이었다. 그 승진은 김유택 원장의 뜻이라기보다는 송요찬 내각수반의 의향이 반영되었다는 것이 당시 관계자의 증언이다. 그때 구축된 송-송 라인은 내각수반실이 기획원에 영향력을 행사하는 채널

26 신성순 외, 『한국의 경제관료』, 다락원, 1979, pp.54~55
육성으로 듣는 경제기적 편찬위원회, 앞의 책, pp.248~250

역할을 했다고 한다.)

3개월 만의 승진은 5개월 만의 보직해임으로 결말이 나고 말았다. 내각수반실과 기획원 사이에 벌어진 고래 싸움에 쓰루의 등이 터진 것이다. 송요찬 내각수반은 경제개발계획 등에 상당한 소양을 갖추고 있다고 자부하는 인물이었다. 그는 당시 전 부처를 동원하여 수립하고 있던 경제개발계획의 추진을 내각수반실 직할 사안으로 삼고 싶어 했다. 여기에는 경제개발계획 수립 관할권을 행정부 전체에 대한 관할권으로 이어가려는 개인적인 욕심도 작용하고 있었다. 그것은 군사정권의 주도권을 장악하려는 의도인 측면도 없지 않았다. 그 일환으로 내각수반실에 (지금의 국무조정실에 해당하는) 기획통제관실을 두고, 각 부처의 기획조정관들로 하여금 내각수반실 산하 기획조정위원회에 참석하여 개별 부처 운영을 보고하고 내각수반실의 지시를 받도록 했다.

당시 경제기획원 기획조정관에게 맡겨진 책무 중의 하나는 제1차 경제개발 5개년 계획의 수립이었다. 1차 계획 수립을 총괄하는 기획조정위원회 의장은 내각 기획통제관이었던 김정무 준장이었다. 그러나 그는 최고회의와 각 부처 협의 때문에 위원장 역할을 할 여유가 없었다. 매주 열리는 위원회를 부위원장인 쓰루와 김입삼 씨(훗날 전국경제인연합회 상임부회장)가 끌고 가야 했다.[27]

김입삼 씨는 6개월 간사 임무로 두 가지를 얻었다고 술회하였다. 그 하나는 나라 전체 살림이 어떻게 꾸려지는지를 알게 되었고, 다른 한 가지는 쓰루와의 만남이었다. 나라경제 건설이라는 목표가 같았기에, 초면이었지만 둘은 금세 의기투합했다. 이때의 인연은 훗날 쓰루가 부

27 김입삼, 『초근목피에서 선진국으로의 증언: 김입삼 자전』, 한국경제신문사, 2003, pp.461~464

총리 겸 경제기획원 장관이 되었을 때까지 이어졌다. 김입삼은 부총리 쓰루의 '4인의 자문역' 중 한 사람이 되었다.

난생처음 들은 '무식하다'는 말

제1차 경제개발 5개년 계획 수립이 막바지에 달했던 1962년 초, 박정희 최고회의 의장이 연두 순시차 경제기획원으로 오게 되어 있었다. 송요찬 내각수반은 박 의장에게 보고할 내용을 자신에게 먼저 브리핑하도록 지시했다. 기획원 간부들이 차례차례 보고를 하는데, 송 내각수반이 유독 쓰루 기획조정관에게 사사건건 물고 늘어졌다. 모든 보고가 끝나자 송 수반의 총평은 "기획조정관(쓰루)은 계획을 잘 모르는구먼"이라는 한마디로 마무리되었다.[28]

'무식하다'는 그 총평의 여파는 컸다. 무식하다는 소리는 그로서는 처음 듣는 말이었다(그 후에도 그는 자신이 무식하다는 소리를 남에게서 들은 적이 없다). 내각수반의 '잘 모르는구먼'은 예고편에 불과했다. 송 수반은 사무실에 돌아가자마자 쓰루를 보직에서 해임하고 밑도 끝도 없이 '내각수반 비서실'로 대기 발령을 냈다. 기획원에서 책상을 빼냈으니 (임무도, 직책도, 하다못해 앉아 있을 책상조차 없는) 자기 사무실에 와서 근신하고 있으라는 얘기였다.

재무부 출신 쓰루는 처음부터 부흥부 출신 틈바구니에서 외인부대로 고생을 했다. 그래서 당시 보직해임을 부흥부 출신들의 등쌀의 결과

28 육성으로 듣는 경제기적 편찬위원회, 앞의 책, p.249

로 해석하는 견해도 있다. 그는 태어나 처음으로 백수가 되었다. 대기발령받은 내각수반실에는 사표도 내지 않고 출근도 하지 않은 채 스스로 낭인생활을 했다. '뚱뚱한 자'(송 내각수반은 비대했다), '무식한 군인'에 대한 쓰루의 편견은 더욱 굳어져갔다.

보직에서 해임되어 주변에 자기 얘기를 들어줄 사람이 아무도 없는데도 그는 '무식한 군인 놈들'을 입에 달고 다녔다. 그의 자식들이, 검은 안경을 끼고 그토록 무섭게 보이는 군인들이 사실은 '무식한 것들'이라는 걸 알게 된 것은 그때부터였다. 박정희라는 최고 권위자가 자기를 알아준다는 느낌을 가지기 전까지 그의 입버릇은 고쳐지지 않았다.

송-송 라인
vs 김-김 라인

쓰루가 비운 자리에는 어느 장성 출신 인사가 발령받았다. 김유택 경제기획원 원장은 그의 신임 인사조차 받으려 하지 않았다. 원장 비서실에서 "신임 기획조정관이 부임 인사 왔습니다"라고 해도 김 원장은 "일없어. 나가 있으라 해"를 거듭했다.

박정희 최고회의 의장에게까지 전해진 이 소동은, 박 의장(소장)이 군대 선배인 송 내각수반(중장)의 손을 들어주는 것으로 마무리된 듯했다. 결국 국정에 대한 군인들의 전횡을 꾹 참아왔던 김 원장이 3월 2일에 사표를 던지고 말았다. 그날로 송 수반이 겸임으로 기획원 원장 자리까지 차고앉았다. 김 원장의 사퇴로 송(요찬)-송(정범) 라인은 공식화

되었다. 그것을 시작으로 기획원과 그 원장을 둘러싼 권력 구조는 안갯속으로 빠져들었다. 1964년 5월 장기영 한국일보 사장이 기획원 장관으로 올 때까지, 기획원 장관의 평균 임기는 5.1개월밖에 되지 않았다.

당시 송-송 라인과 김(유택)-김(학렬) 라인 간의 갈등은, 넓게 보면 졸지에 들어선 군사정권 안에서 군 출신과 민간 출신이 정부 내 역할 분담을 둘러싸고 빚은 마찰이었다. 좁게 보면 군사정권과 더불어 갓 출범한 내각수반실과 경제기획원이 누가 경제정책을 주도할 것이냐, 즉 행정부 안의 위상을 걸고 상호 간에 벌인 갈등이었다. 또 정책적 측면에서 보면, 경제개발계획을 내각수반실이 주도하여 의욕적으로 수립할 것이냐, 경제기획원이 주도하여 재정 상황 등을 고려하며 실행력 있게 짤 것이냐에 관한 정책관의 다툼이었다.

그 후 쓰루는 한동안 오갈 데 없는 낙동강 오리알로 지내야 했다. 그러나 그의 낭인생활은 걱정한 만큼 길지는 않았다. 증권파동, 화폐 개혁 등 주요 정책에 관해 최고회의와 갈등을 빚어온 송 수반이 7월에 사퇴를 한 것이다. 송-송 라인의 다른 쪽 끝자락을 쥐고 있던 송정범도 기획원 부원장 자리를 내놓을 수밖에 없었다. 송-송 라인의 와해는 기획원 내의 부흥부 세력을 뿌리부터 흔들기 시작했다.

2부 나라님과 함께 한국 경제를 위하여

•

'잘나가는 차관'이었던 김학렬은 어느 것 하나 맞는 것 없는 '불도저 부총리' 장기영 밑에서 갖은 수모를 겪으면서도 '명품 정책' 제2차 경제개발 5개년 계획의 수립을 주도한다. 1966년 9월 최연소 재무장관으로 영전한 그는 의욕적으로 나서지만, 불과 석 달 만에 청와대 정무수석으로 물러앉아야 했다. 왕초 부총리와의 불화가 결정적인 이유였다. 그러나 그 후 청와대에서의 2년 반 동안 박통과 통치철학을 공유하면서 그는 전문관료의 껍질을 깨고 나와 정치 및 사회 부문과 교감하는 정치인으로 거듭나게 된다. 재무장관 낙마가 훗날 더 큰 도약의 발판이 된 것이다. 그는 '준비된 부총리'였다.

•

'젖줄' 미국과 삐거덕

1961년 군사정권이 들어선 후 1963년 민정 이양이 될 때까지 한국 경제는 총체적 난국을 맞이하고 있었다. 5·16 쿠데타 직후부터 가라앉은 활력은 고집스럽게 주저앉아 있었고, 외환 보유고는 순식간에 바닥을 보이고 있었다. 고질적인 물자와 외환 부족은 인플레를 재현하고 있었고, 길거리의 실업자는 더욱 늘어나고 있었다.

이런 병색 짙은 경제 상황의 바탕에는 군사정권의 과욕이 빚은 정책 실패와 한국 경제의 젖줄인 미국과의 협력 체제 와해가 자리 잡고 있었다. 제1차 경제개발 5개년 계획부터 문제였다. 해방 후 줄곧 한국 경제를 지탱해주고 있던 미국은 당시 소련 등 계획경제 국가와의 체제 경쟁에 압력을 느끼고 있었다. 미국 입장에서는 아무리 경제개발을 위한 것이라고 하더라도 (공산권에서 하듯) 정부가 계획하고 산업화를 주도한다는 것 자체에 대해 거부감을 가질 수밖에 없었다.

미국과 그 원조 당국은 군사정권의 정책에 근원적인 불만을 품고 있었다. 미국 정부의 눈에는 군사정권이 경제개발계획이라고 내놓은 것이 과욕으로밖에 보이지 않았다. 한마디로 군사정권의 위시리스트에 불과했다. 군사정권이 들어서기 전 1958년부터 줄어온 미국 원조는 감소세가 멈추지 않았다. 미국의 호의적인 재정 지원을 전제로 수립된 제1차 경제개발 5개년 계획은 처음부터 잘못 계산된, 설익은 계획이었다.

'경제는 졸병이 아니다'

5개년 계획에 대해 미국의 협력은커녕 이해조차 받지 못하게 되자, 다급해진 군사정권은 1962년 6월 별다른 준비도 없이 화폐 개혁(옛 돈 10환을 새 돈 1원으로 단위를 낮추는 디노미네이션)을 감행했다. 국방과 경제에 막대한 원조를 주는 미국과 사전 협의도 없었다. '화폐 개혁을 하면 장롱 속의 돈이 은행 등 제도권으로 나올 수밖에 없을 테니, 그것을 산업화의 자금으로 쓰자'는 순진한 취지에서 벌인 일이었다. 결과는 참패였다. 경제에 혼란만 야기했을 뿐, 불안해진 사람들은 더욱 현금을 움켜쥐고 있었다. 가뜩이나 불황인데 돈마저 돌지 않으니 경제가 올스톱하는 지경에 이르렀다. 미국의 엄중한 경고(자금이동 동결 등)로 화폐 개혁에 수반된 모든 규제를 다시 되돌렸으나, 경제에 대한 손상을 되돌릴 수는 없었다. 화폐 개혁이 자극한 물가 급등으로 경제는 더욱 미궁에 빠져들어 갔다.

하늘은 겨우 전쟁의 재해를 극복한 개도국 한국을 돕지 않았다. 마치 미국의 사주를 받은 듯 군사정권을 벌주고 있었다. 1960년에 이어 62년에도 극심하게 가뭄이 들어 추수를 망쳤다. (1962년도 농업 생산은 6%나 뒷걸음질 쳤다.) 군사정권에 토라진 미국의 PL480[1]을 통한 식량 원조는 더욱 빠르게 줄어들고 있었다. 흉년과 원조 감소라는 양 펀치에 연초부터 오르기 시작한 쌀값은 가을이 되어서는 폭등세를 보였다.

곡물뿐 아니라 제조업 관련 원자재, 기계 등 모든 수입을 위한 달러는 터무니없이 부족했다. 물자도 부족했다. 유일하고도 믿을 만한 공급처는 미국이었다. 한국에서 미국의 자본과 식량 등의 물자는 더욱 절대적인 게 되어갔다.

군사정권은 경제가 부하처럼 그들의 명령에 고분고분 따를 것이라고 오판했다. 군사정권의 수뇌들이 비싼 값을 치르고 얻은 교훈은, 경제는 시장과 민간에 맡겨야 한다는 점이었다.

백약이 무효

총체적 부족 상황에 대한 한국 정부의 대응은 전형적인 땜질 처방이었다. 5개년 계획의 성장률과 투자율을 낮추어 정부 부문의 외자 소요(국제수지 적자 요인)를 줄이고, 극히 필수적인 상품(원자재 등) 외에는 수입 규제를 엄격히 하여 외자 소요를 줄이려고 했다. 물가에 관해서는 직접적인 통제를 동원했다. '5·15

1 미국의 농업 수출 진흥 및 원조법. 미국의 잉여 농산물을 원조물자로 활용하는 법적 근거였던 공법(Public Law) 480호를 줄여서 PL480이라고 했다. 한국은 이 법에 의한 원조를 1956년부터 1981년까지 받았는데, 처음에는 무상이었지만 경제개발이 진행된 1970년대 중반부터는 유상이었다.

선(線)'이라고 하여 쌀, 보리쌀, 연탄, 무연탄, 비료 등 물가 상승을 주도하는 주요 품목에 대해 1961년 5월 16일 이후의 가격 상승은 인정해주지 않았다.

부원장보(차관보) 시절부터 물가대책위원장으로 가격 동결 등 물가 통제를 지휘하였던 쓰루는 부원장(차관)이 되어서도 물가대책위원장으로서 종합 물가대책을 수립, 공표하는 역할을 맡았다. 가격 통제와 더불어 물가 상승을 억제하기 위해 자주 동원되는 수단은 매점매석 일제 단속, 가격 과다 인상 업자에 대한 중과세 등이었다. 당시의 행정 능력(인원과 체제)으로는 가격 통제 후 과다 인상에 대한 일벌백계 방식의 벌칙 부과가 유일한 방책이었을 것이다. 그러나 기획원이나 농림부 관료들은 다 알고 있듯이, 물자 부족으로 야기된 물가 상승이 정부의 억제만으로 해결될 수 있는 문제는 아니었다. 그럼에도 불구하고 무리한 물가 통제를 동원할 수밖에 없을 정도로 물자 부족과 인플레 기내심리가 심각했던 것이다. 1950년대 후반부터 한 자리로 안정되었던 물가상승률은 1963년, 1964년 두 해 연속 20%를 넘어 30%에 육박했다. '5·15선'을 기준으로 하는 가격 통제는 63년 1월엔 21개 품목으로 늘어나 64년까지 계속되었다.

솔직함으로
미국 관료들을 사로잡다

한국 정부 입장에서는 어쩔 수 없이 선택한 가격 통제였지만, 그것 또한 한미 협력관계를 흔들어놓는 또 하나의 요인이 되고 있었다. 미국이 보기에는, 한국 군사정권이 경제개발계획을 명분으로 자유시장경제 체제에서 벗어나려 하더니, 이제는 가격 통제로 드러내놓고 자유시장경제 체제를 무너뜨리고 있는 것이었다. 자유민주주의와 자유시장경제를 모토로 삼는 미국의 정책 노선과 근본적으로 어긋나는 일들이 미국 원조 제1의 수혜국 한국에서 벌어지고 있는 것이었다. 미국의 무상원조 삭감은 더욱 가속화되었다.

1950년대 한미는 미국 원조를 중심으로 환율, 물가, 재정 및 통화 등 다양한 경제정책 현안을 협의하는 CEB(Combined Economic Board · 한미합동경제위원회)라는 긴밀한 채널을 가지고 있었다. CEB를 통한 정책 협의는 원조를 해주는 미국의 입장에서는 정책 조언이었지만, 원조를 받는 한국의 입장에서는 내정간섭으로 느껴질 수밖에 없었다. 한국 군사정권 지원에 대한 미국의 부정적 인식과 미국 정부와의 협력관계를 껄끄럽게 생각하는 한국의 부정적 인식은 결국 '협의 이혼'으로 귀결되었다. 1961년 7월 22일 경제기획원 원장이 된 김유택 씨가 불과 보름 뒤(8월 8일) 모이어(Moyer) 유솜(USOM · 미국대외원조기관) 처장과 CEB를 통한 정책 협의를 더 이상 하지 않기로 '합의'했다. 그 후, 한국 경제정책에 왈가왈부할 수 없게 된 미국은 원조의 명맥을 유지하는 정도의 의례적인 협의 접촉에만 응했다.

송요찬 내각수반 겸 경제기획원 원장이 물러난 자리에 1962년 7월 9일 기획원 원장으로 컴백한 김유택 씨는 그날부로 쓰루를 기획 담당 부원장보(차관보)로 복귀시키고, 다시 2주 후 운영 담당 부원장보(차관보)로 전보 발령 냈다. 내자(예산)와 외자(원조 등)를 양손에 쥐고 있는 막

강한 직책이었다. 명실공히 나라 안에서든 나라 밖에서든 경제개발을 위한 재원 확보가 그의 최대 소임이 된 것이다. 자연히, 미국 원조 당국과 협의를 하는 것이 그의 주요 임무가 되었다. 그는 미국처럼 상거래나 정책 결정 과정이 투명한 사회일수록 개인적인 유대관계가 영향력을 발휘한다는 점을 체득하고 있었다. 그가 주목한 것은 미국인과의 관계를 결정하는 핵심적 요소가 솔직한 소통을 통한 신뢰 구축이라는 점이었다. '솔직'은 그의 제2의 이름(second name)이었다!

쓰루가 상대하는 USOM 등 미국 관료들에게 그는 새로운 한인류(韓人流)였다. 그들이 그동안 접해온 한국인들은 속으로 무슨 생각을 하는지, 사정이 바뀌면 언제 말을 뒤집을지 알 수 없는 사람들이었다. 그들에게 쓰루는 신선한 충격이었다. 유머가 가득 차고, 숨김이 없으며, 한번 정한 것에 두말하지 않는 그를 믿고 좋아했다. 그가 한번 입으로 뱉은 말은 보증수표였다.

•

백수의 화려한 컴백

5·16 쿠데타로 들어선 군사정권의 행정 체제는 좀처럼 정착되지 않았다. 군사정권의 기대와 민간 장관의 행정 수행 능력 간의 괴리 때문에 기획원 원장이 서너 달 만에 교체되는 일이 잦았다. 원장의 불안한 입지는 기획원 안에서 쓰루의 역할을 더 강하게 또 더 넓게 하는 결과를 가져왔다.

기획원 내 파벌이 무너지다

쓰루는 스스로를 '경제개발 5개년 계획의 아버지 또는 할아버지'라며 늘 경제개발계획 수립에 대한 자신의 역할을 자랑스럽게 생각했다. 그러나 1962년 후반에 시작된

제1차 경제개발 5개년 계획의 수정 작업에는 참여하지 않았던 것으로 보인다. 아니, 그 작업에 참여하고 싶지도 않았을 것이다.

1차 계획과는 처음부터 좋은 인연이 아니었다. 그는 그 계획을 '아무것도 모르는 것들이 큰소리만 땅땅 친, 허황한 계획'이라는 편견을 갖고 있었을 뿐만 아니라, 이미 수립된 계획이어서 그가 나서서 개선할 틈 자체가 없었다. 실제로 1차 계획 수정 작업은 본안의 큰 틀은 그대로 두고 성장, 투자, 수출 등 주요 목표를 하향 조정하는 수준에 그쳤다. (연평균 성장률 목표는 7.1%에서 5%로, 총투자율은 22.6%에서 17%로 낮추었다.) 이래저래 그에게 급선무는 경제개발계획 수정이 아니었다. 그에게 발등의 불은 국내외 재원 조달, 특히 무역 적자를 메우기 위한 외자 확보였다.

개발에 소요되는 자원은 날로 늘어나고 원조 등 외자는 줄어드는 가운데, 경제는 위기 상황으로 치닫고 있었다. 김유택 기획원 장관은 본인이 USOM 처장과 합의하여 폐지한 한미 간 정책 협의 채널을 복원해야 할 처지에 놓여 있었다. 한국의 정책 변화를 기대하고 있던 미국 당국은 김 원장의 제안을 긍정적으로 받아들였다.

그러나 1963년 2월, 쓰루에게 늘 기댈 언덕이었던 김 원장이 또다시 물러났다. 그리고 유창순 원장이 들어왔으나, 두 달 뒤 기획원은 원영석 씨를 새 원장으로 맞아들였다. 경제 상황처럼 기획원 원장의 명운도 바람 앞의 촛불이었던 거다. 원 원장은 취임 두 달 뒤 6월 28일, 쓰루를 부원장(차관)으로 임명했다. 부흥부가 아닌 부처 출신이 기획원 차관이 된 첫 케이스였다. 그날은 (부흥부, 재무부, 내무부 등) 출신 부처별로 형성되어 있던 기획원 내 파벌이 와해되고, 특히 부흥부 출신 관료들이 고난을 겪게 되는 첫날이었다.

다음 달 원 원장이 미국 원조 당국에 '간청'한 결과, 양국 간 정책 협의 채널이 7월 18일 ECC(Economic Cooperation Committee · 한미경제협력위원회)라는 새 간판을 달고 재가동되었다.

7월 30일 기획원에서 ECC 첫 회의가 열렸다. 한국 측에서는 기획원 원장과 부원장 그리고 재무, 상공, 농림 장관이, 미국 측에서는 USOM 처장과 기획국장, 투자재정국장 등이 참석했다. 그 후 경제기획원과 USOM 간의 모든 '고위 정책 협의'에서 '고위'는 쓰루를 의미했다. 그가 차관이 되었을 즈음에는 그의 개인적 정책 소통 상대가 USOM 처장급으로 올라가 있었다. USOM 처장은 한국에 대한 미국의 경제정책, 특히 미국 원조 및 차관의 '종결자'였다.

어설픈 경협 다변화로 미국의 신뢰 잃어

아무리 한미 간 경제 협의체가 제도적으로 복원되었다고 해도, 2년 동안 중단되었던 협의 체제가 하루아침에 협력 분위기로 복원될 수는 없었다. 처음에는 삐걱거릴 수밖에 없었다. 불씨는 미국 일변도의 경협 파트너를 다변화하려는 한국 정부의 시도가 제공했다. 그 불똥은 쓰루 부원장에게 튀었다.

1963년 9월 쓰루가 워싱턴에서 매년 개최되는 IMF(국제통화기금) 총회에 참석하였을 때였다. 공식적인 출장 목적은 IMF 총회에서 관계국들에 한국의 거시정책, 즉 재정과 금융정책 현황을 설명하는 것이었다. 하지만 실제로는 그해 미국의 추가 원조와 다음 해의 원조, 특히 무상

식량 원조 확대를 요청하는 것이었다. 그런데 쓰루 팀이 워싱턴에 도착한 날, 한국 신문에 '우리 정부가 캐나다에서 식량 원조를 받기로 했다'는 기사가 실리고 말았다.

뒤통수를 맞은 킬렌 USOM 처장이 즉각 워싱턴으로 불려왔다. 비상이 걸린 한국 정부가 미국 정부에 그런 사실이 없다고 거듭 해명을 하고, 워싱턴에 가 있던 쓰루 팀이 사실이 아니라고 백방으로 알렸지만, 아무 소용이 없었다. 한번 무너진 신뢰는 복원될 기미를 보이지 않았다.

한국 정부로서도 할 말은 있었다. 두 해 이어진 극심한 흉작으로 곡물 가격이 치솟고 있었고, 게다가 63년은 (민정 이양을 위한) 총선과 대선이 예정되어 있었다. 주곡인 쌀의 부족이나 쌀값 앙등으로 인한 악성 인플레 재현은 정치적으로도 허용할 수 없는 상황이었다. 미국 식량 원조만으로는 문제를 해결할 수 없어 여타 나라로부터 곡물 수입을 할 수밖에 없는 심각한 공급 부족 상태였던 것이다.

그러나 그건 한국 정부 사정일 뿐, 미국 정부로서는 배신도 그런 배신이 없었다. '우리는 공짜로 식량 주고, 돈(원조) 주고, 그것으로 부족하면 우대금리의 차관까지 주고 있는데, 우리한테 상의도 없이 우리가 준 돈으로 다른 나라에서 비싼 식량을 사들이고, 우리보다 고이자율의 차관 이자를 갚는 데에 쓴다니 그게 말이 되느냐'는 것이다. 한국 정부는 할 말이 없었다.

한바탕 해프닝 끝에 미국 관료들이 한국 기자들에게 "김 부원장과의 회담은 화기애애했다"라고 말해주는 선에서 해프닝을 마무리하기는 했다. 그러나 10월 28일 한 달 만에 귀국하는 쓰루는 빈털터리였다. 그 스스로 "우리의 재정안정계획[2]에 미국은 회의적인 태도를 표시하였고, 1500만 달러(1963년도) 추가 원조 문제는 킬렌 USOM 처장이 귀임한 다음 한국에서 결정하기로 했다"며 실패를 인정하지 않을 수 없었다.

이 일로 '거짓말하지 않는 한국 관료'라는 쓰루의 대외 이미지에 큰 손상이 가고 말았다. (그 명성은 쓰루가 부총리가 되고 나서야 완전 복원이 가능했다.) 그 뒤에도 USOM과의 협의는 여전히 쓰루가 맡았지만, ECC 공식 채널을 통한 협의는 지지부진을 면치 못하였다.

2 ECC와의 정책 협의 중 가장 핵심적 사항으로, 한국의 재정 지출 및 통화 확대에 관해 한미 양국이 분기별 또는 반기별로 합의한 한국의 거시정책 운용계획이다.

장관급
차관의 등장

1963년 10월 선거를 통한 민정 이양 후 그해 12월 김유택 씨가 초대 부총리 겸 경제기획원 장관으로 컴백했다. 그의 세 번째 기획원 장관 취임이었다. (2년 반 사이에 동일 인물이 동일 부처 장관을 세 번 취임할 정도로 당시 행정 체제, 특히 경제부처 간 팀워크가 정착되지 않은 상태였다.) 김 부총리는 자신을 내세우지 않고 아랫사람을 통해 조직의 권위를 세우는 것을 덕으로 삼는 스타일이었다. 그런 장관의 신임과 전폭적인 위임 아래 기획원 차관 쓰루에게 부여된 역할은 더욱 늘어났다. 그는 적어도 기획원의 영향력이 통하는 한, 자기가 바라는 대로 마음껏 나라 살림을 꾸려나갔다. 여느 장관 못지않게 그의 위상이 높아졌다. 그는 자신에게 맡겨진 더 큰 임무와 역할을 즐겼다. 기획원은 착착 '쓰루의 기획원'으로 변모하고 있었다. 더불어, 그의 안하무인도 장관급에 이르고 있었다.

어떤 장관이 예산 문제로 그를 만나고자 했다. 그가 탐탁잖게 생각하는 건이었다. 그래서 그 장관을 만나주지도 않는 등 대놓고 무시로 일관했다. 그런 차에 두 사람이 우연찮게 마주쳤다. 장관이 그에게 "이럴 수가 있느냐"고 볼멘소리를 했다. 쓰루의 대꾸는 쿨(cool)했다.

"장관께는 기분이 좋지 않아서 예산을 줄 수 없습니다."

어이가 없어진 장관이 "아니, 나라 예산을 당신 기분대로 책정하는 거요?"라고 항의했다. 쓰루는 바로 "내가 기분대로 판단해도 장관께서 수십 번 생각한 것보다 정확하니까요"라고 답했다고 한다.[3]

2년 반 만에 한미 경제 협력관계 복원

당시 경제 상황 때문에 기획원이 심혈을 기울이고 있던 것은, 첫째, 어떻게 하면 경제개발 추진에 필수적인 외자, 특히 미국 원조를 지속할 수 있느냐와 둘째, 고질적 물가 불안을 어떻게 잠재울 것인가였다. 두 가지 모두 미국의 도움 없이는 근원적으로 해결될 수 없는 과제였다. 문제는 미국이 쿠데타로 들어선 군사정권으로부터 거리를 두어왔다는 데에 있었다. 1963년 말 선거를 통해 명분상으로는 민정 이양이 되었지만, 손상된 한미 관계는 쉽게 복원되지 못하고 있었다. 그런 정치·경제적 제약 속에서 성장과 안정을 이루는 것이 '민정' 기획원에 맡겨진 일이고, 그 실무 총책이 쓰루였다.

김유택 부총리는 미국이 쿠데타 이후 줄기차게 요구해온 정책 전환을 실천에 옮기기 시작했다. 우선, 목표성장률을 대폭 하향 수정한 제1

3 육성으로 듣는 경제기적 편찬위원회, 『육성으로 듣는 경제기적 I: 코리안 미러클』, 나남, 2013, p.317

차 5개년 계획을 1964년 초에 발표하였다.

1월 31일 쓰루는 미국 당국에 그 취지와 핵심적 내용을 설명하면서, 1차 계획의 성공적 추진을 위해 외자 확보 등에 미국이 협조해줄 것을 요청했다. 연이어 2월 1일에는 '(한미가 합의한 대로) 성공적으로 집행'된 63년 재정안정계획 실적을 공개했다. 특히 연말 외환 보유고 1억 2900만 달러는 63년의 위기적 외환 사정을 감안하면 놀라운 실적이었다.

기획원은 2월 20일 9개 주요 품목에 대한 가격 통제 해제를 중심으로 하는 가격 자유화 조치를 발표했다. 그 정책 배경에 대해서는 '물가는 정상적인 시장가격 기능에 맡긴다는 제3공화국의 기본 방침에 입각한 것'으로 설명했다. 가격 자유화는 미국의 정책적 요구에 대한 전폭적인 수용을 의미했다.

당일에 개최된 한미고위경제회담(김유택 부총리, 쓰루 차관, USAID 기획처장보, 킬렌 USOM 처장 참석)에서, 미국 측은 재정안정계획의 성공적 집행에 만족감을 표하면서 "수정 5개년 계획의 5% 성장은 충분히 가능하다"며 그에 대한 지원을 약속했다. 2년 반 만에 미국이 드디어 종래의 한미 간 경제 협력관계를 복원시킬 의향을 공개적으로 드러낸 것이었다.

식구(食口)를 줄여라: 가족계획

1964년 들어 정부가 관심을 가지기 시작한 정책 중의 하나가 가족계획[4]이었다. 이 문제는 미국과의 경제정책 협의에서까지 논의되었고, 미국은 한국의 가족계획을 지원할 것을 약속하기도 했다. 가족계획정책은 기획원 차관으로서 쓰루가 예사롭지 않은 관심과 예산을 투입한 국가과제였다.

"우리나라엔 현재 아이를 밸 수 있는 여인층이 400만 내지 450만입니다."

25일 상오 국회 재경위에 나온 쓰루는 묘하게 생긴 몇 가지 플라스틱 제품을 손에 들고 열심히 '가족계획'에 관해 설명했다. 그해 예산 설명 도중 튀어나온 가족계획을 풀이하면서 "남자가 피임기구를 사용하면 연간 1인당 300개 또는 그 이상 들 것이고, 여자용 피임기구인 이것은 1년에 하나만 쓰면 족하며, 그 사용법은 이것을 여자 측에 이렇게 하고……"라며 기구 사용법을 손으로 연출(?)까지 하고 "값은 수입하면 한 개에 10원 선, 국내에서 생산하면 20원"이라고 국내외 가격 비교까지 했다. 사회를 맡은 김성곤 위원장은 콧수염을 만지며 빙그레 웃고 있었다. 그때 야당 이충환 의원이 "그것, 그 기구 말이요…… 한번 이쪽으로 돌려보쇼……" 하여 좌중의 폭소를 자아냈다.[5]

4 family planning. 한 가정이 그 소득 창출 능력 등을 감안할 때 '제대로' 키울 수 있는 자식의 수를 계획한다는 의미인데, 가난한 가계나 국가에서는 산아 제한의 의미로 쓰인다. 한국은 1962년 가족계획사업 10개년 계획을 수립하여 인구증가율을 제1차 경제개발 5개년 계획(1962~1966년)이 끝날 때까지 2.5%로, 제2차 5개년 계획(1967~1971년)이 끝날 때까지 2.0%로 내리겠다는 목표를 세웠다. 당시 인구증가율은 2.9%에 달했다.

5 『동아일보』 1964년 2월 25일 자

개발 지원 대상국의 가족계획에 대해 미국은 비상한 관심을 가지고 있었다. 1964년에 러스크 국무장관이 방한했을 때다. 버넷 국무차관보가 쓰루 차관을 방문해 한국 경제 설명을 듣고 나서 인구 문제와 가족계획에 대한 관심을 표명했다. 그러자 쓰루는 책상 속에서 여러 가지 피임기구가 든 상자를 꺼내놓고 그 사용법을 강의(?)하면서 그것을 전국 가정에 무료로 보급할 계획이라고 밝혔다. 이에 버넷 차관보는 "미국 정부가 그 계획에 대해 즉각 원조해줄 용의가 있다"고 화답했다.

"골치 아픈 숫자를 나열하는 것보다는 실물을 내놓고 이야기하는 것이 훨씬 효과적이었던 모양. 김 차관이 책상 속에 피임기구를 상비(?)하고 있는 것은 가족계획에 대해 우리 정부가 얼마나 관심을 갖고 있는가를 입증하는 것이 되었다."[6]

대일청구권:
"고개 빳빳이 세우고 돈 꿔봐라"

1964년 초 대일청구권자금[7] 협상이 시작되면서 심각한 국가 현안이 되었다. 정치권에서는 부문별 용처를 정부가 임의적으로 배분하는 것에 대해 우려를 표하기 시작했고, 특히 야당에서는 여야 모두가 참여하는 청구권자금 운영이어야 함을 역설하기 시작했다.

6 『경향신문』 1964년 2월 1일 자

7 일본이 식민지 시절에 한국에 투자한 자본과 일본인의 개별 재산 모두를 포기하고, 3억 달러의 무상자금과 2억 달러의 차관을 지원하기로 한 자금을 이른다. 이는 1964년 한국의 한 해 수출액 1억 2000만 달러의 4배에 해당하는 거액이었다. 박 정권은 이 청구권자금을 일제하에서 피해를 본 개인이나 기업에 배상하지 않고 국가의 산업화 자금으로 활용했다.

국회 외무위에 참석한 쓰루는 대일청구권자금 운영관리위원회를 초당적으로 구성하여 청구권자금을 관리하는 방안을 마련하고 있다고 해 야당의 협조를 이끌어냈다.

이어서 2월 24일 쓰루는 '한일회담 타결되면 일본에 수출사절단을 상주시켜 일체의 계약을 위임', '대일청구권자금 운영위원회 설치하여 장단기 실시계획 마련', '무상 3억 달러 중 7000만 달러는 자본재 도입에 활용', '청구권으로 가져오는 시설재 등을 매각하여 대충자금 계정에 편입' 등을 언급하여 청구권자금 관리 체제가 구체적으로 마련되고 있음을 시사했다.

1965년에 들어 한일회담 타결과 청구권자금 협상 마무리가 가시권에 들어오면서 쓰루는 더욱 바빠졌다. 우선, 정부가 1965년 2월 그를 한일회담 대표단의 청구권분과위 대표로 임명한 것이 그 첫 번째 이유였다. (이때부터 쓰루는 일본과 청구권 협의의 채널을 확보하기 시작했다. 이 협의 채널은 훗날 1969년 8월에 일본으로부터 종합제철소 건설의 지원을 약속받고, 종합제철소에 대한 일본 정부 측의 자금원을 청구권으로 하는 데에 많은 도움을 주었다.) 그가 바빠진 두 번째 이유는 한일 국교 정상화와 청구권자금에 관해 국내에 부정적인 여론이 들끓기 시작했기 때문이다. 몇 푼 안 되는 청구권자금을 받으려고 굴욕외교를 펼친다는 것과, 일본 청구권자금의 도입은 한국의 대일 경제적 예속을 가속화한다는 것이 이유였다. 청구권자금에 대한 정부 입장을 당당하게 설명할 수 있는 사람은 고위실무 책임자로 일해온 쓰루밖에 없었다.

1965년 4월 30일 박통을 위시하여 구태회 등 공화당 정책위 의원, 신현확 등 경제과학심의회의 위원, 쓰루 등이 참석한 정부-여당 합동

위원회는 '청구권 활용 5원칙'에 합의했다. 첫째, 청구권은 전체 국민에게 영구적 이익이 될 수 있는 각도로 사용한다(즉, 소비해버리지 않는다. 국가 기간시설에 투자한다). 둘째, 관민 공동 관리기구를 설치한다(민간의 목소리를 듣는다). 셋째, 투명계획, 투명관리, 투명사용의 원칙을 확립한다(밀실 타협하지 않는다). 넷째, 특별회계제도를 위시한 부수되는 제 입법 조치를 한다(국회의 목소리를 듣는다). 다섯째, 일체의 대일교섭에 있어 우리의 요구를 관철하는 외교적 노력을 경주한다(굴욕외교가 아니다) 등의 내용이었다. (당시 청구권자금을 일제에 피해를 본 개인들에 대한 보상금으로 쓰지 않고 산업화 자금으로 쓴 것은 지금까지도 양국 간 외교 마찰의 요인이 되고 있다. 그 자금으로 일본이 어디까지의 피해를 보상한 것이냐를 둘러싸고 서로 의견이 다르기 때문이다.)

1965년 5월 3일 고려대학교 강당에서 고대총학생회가 주최하는 '한일회담과 한국 경제'라는 세미나가 열렸다. 그 중심 의제는 청구권자금이었다. 일본과의 경협은 경제적 예속을 의미한다는 조동필 고려대 교수의 발언은 당시 세태, 특히 식민지 시대에 대한 피해의식과 대외적 패배주의가 팽배한 상아탑의 분위기를 잘 전하고 있었다.

"30억 달러의 미 경제 원조를 받고도 국민의 소비성향만 높아졌지 제대로의 생산시설은 하나도 없다. 청구권은 차라리 받지 않는 것이 좋을 것 같다. 한국과 일본은 대등한 위치가 아니기에 우리에게 항상 불리하다. 일본의 하청업자적 경제 구조로 전락할 위험성이 있다. 무엇보다도 잘살겠다는 각오에서 새로운 전기가 필요하다."[8]

이에 대해 쓰루는 대외경제 협력을 경제 식민주의냐 아니냐의 시각으로 볼 게 아니라 그것을 얼마나 슬기롭게 우리가 성장, 발전하는 데

8 『경향신문』 1965년 5월 5일 자

에 활용하느냐가 중요하다는 점을 역설했다. "우리를 너무 낮게 평가하는 자학적 태도는 좋지 못하다. 우리나라의 문맹률이 낮다든지, 대학생이 많다든지, 잘살 수 있는 밝은 소지는 많다. 사실 30억 달러가 넘는 미국의 원조로 이만큼이라도 산다. 또한 일부에서는 우리나라가 일본의 매판 자본화 내지는 식민지화되지 않을까 하는 소리도 있으나 이는 기우이다. 경제적 격차가 심한 일본과 대만이 경제 협력을 했다 해서 대만이 결코 일본의 매판 자본화가 되지는 않았다. 우리에게도 매판 자본화를 막을 방도가 있다."

어느 주말 낮이었다. 드물게도 그날은 쓰루가 집에 있었다. 당시 고등학교 1학년이던 필자(쓰루의 장자)에게 그가 지나가는 말처럼 "요즈음 학교 분위기가 어떠냐?"고 물었다. 이에 필자가 "뒤숭숭하다"고 전하였다. 이야기가 한일회담으로 간 김에 필자가 늘 궁금해하던 것 하나를 진지하게 물어보았다. "아버지, 굴욕외교 운운하는데 왜 정부에서 한일회담을 하는 거예요?" 아무리 호랑이 아비라 하더라도 부자간 대화를 욕으로 끝낼 수는 없었으리라. 화를 꾹꾹 눌러 참는 게 역력한 얼굴에 가라앉은 목소리로 "돈을 꾸는 놈이 어떻게 고개 빳빳이 세우고 돈을 꾸냐? 너 고개 세우고 당당하게 돈 한번 꿔봐!"라고 씹어내듯 토해냈다. 그것은 국가 현안에 관해 그가 아들과 진지하게 나눈 처음이자 마지막 대화였다.

제2차 경제개발 5개년 계획의 '아버지'

1차 경제개발 5개년 계획이 군사정권의 '소원 목록'이었다면, 2차 계획은 본격적인 '계획'이었다. 주먹구구와 과학 간의 차이라 할까, 두 계획 사이에는 접근 방식과 수준 등 여러 가지 점에서 하늘과 땅의 차이가 있었다. 2차 계획 수립 팀이 특히 신경을 썼던 것은 계획의 실행 가능성과 관련 정책 수단 및 부문 간 정합성 두 가지였다.

2차 계획 수립은 1차 계획이 아무 준비도 없이 서둘러 과욕을 부린 탓에 훗날 수정하고 늦추고 줄일 수밖에 없었다는 반성에서부터 시작되었다. 준비 기간부터 그랬다. 충분한 시간을 갖기 위해 2차 5개년 계획(1967~1971년)의 첫해를 2년도 넘게 앞둔 시점에서 계획 수립이 시작되었다.

5개월이라는 짧은 시간 안에 작업을 마무리해야 했던 1차 계획은 한편으로 경제 분석의 틀을 만들어가면서 다른 한편으로 계획을 수립하는 등 주먹구구식일 수밖에 없었다. 그나마 인재들이 모여 있던 한국은행 조사부와 부흥부 기획국 출신 인사들을 총동원하였기에 수립 작업을 진행할 수 있었다.

2차 계획은 처음부터 분석의 틀과 경제개발 모델 구축에 관해 세계 석학을 포함, 전문가를 최대한 활용했다. 그 주축인 총량 모형은 메릴랜드대 교수로서 세계은행 컨설턴트로 일하고 있던 아델만(Irma Adelman) 교수의 것이었다. 세계 석학들의 조언은 훗날 미국이나 세계은행 등 국제금융기구로부터 계획의 타당성을 '공인(公認)'받는 데 크게 일조했다.

2차 5개년 계획이 주먹구구에서 과학으로 도약하는 계기가 된 것은 컴퓨터(당시는 전자계산기라고 불렀다)의 도입이었다. 남보다 앞서가야 하고 또 정확해야 하는 쓰루와, 통계를 기반으로 한 과학적 전망이 가능한 컴퓨터는 서로를 위해서 태어난 듯했다. 당시 그가 정부 예산을 쥐락펴락하는 기획원 '슈퍼 차관'이었다는 것 또한 한국 경제정책의 선진화와 과학화에 소중한 기회를 마련해주었다.

2차 5개년 계획의 기본 골격을 갖추는 데에 필수적인 통계가 인구센서스였다. 인구센서스를 통해 인구 및 주택 상황을 파악해야 적확한 경제 분석과 계획 전망이 가능하기 때문이다. 그런데 1966년에 실시할 계획인 인구센서스 분석을 통계국 직원 450명이 수작업으로 하면 14년 반이 걸리는데, 컴퓨터를 쓰면 1년 반이면 충분하다는 추산이었다.

쓰루의 선택은 어렵지 않았다. 한국 최초의 컴퓨터 도입에 필이 꽂힌 쓰루는 스스로 도입추진위원회 위원장이 되었다. 정부 행정 서비스에 컴퓨터를 도입하면 국가 기밀이 누출될 수 있다는 등 지금 들으면

절로 웃게 되는 비판을 억누르고, 그는 기종 선정 등에 개입하면서 컴퓨터 도입을 밀어붙였다.

1967년 6월 24일 경제기획원 조사통계국(지금의 통계청)에서 '한국 도입 1호' IBM 1401 가동식이 열렸다. 그날 식전의 스포트라이트는 그토록 컴퓨터 도입을 위해 애쓴 쓰루가 아니라 부총리 왕초를 비추고 있었다. 그는 재무장관을 거쳐 경제수석으로 물러나 있었기 때문이다.

그렇다고 컴퓨터 시대의 개막, 특히 행정 서비스의 전산화에 대한 그의 기여가 역사의 그늘로 사라진 것은 아니었다. 그가 죽은 지 45년이 되던 2017년 10월, 후세들은 '전 기획원 차관 김학렬'을 '정부 최초의 컴퓨터 도입, 국내 최초로 행정 업무 정보화'를 이유로 '전자정부를 빛낸 인물 30선' 중의 한 사람으로 뽑아 그의 기여를 기렸다.

미국의 광범위한 지원

2차 계획을 성공적으로 수립하고 순조롭게 집행하게 된 가장 핵심적인 요소는 긴밀한 한미 협력관계의 복원이었다. 미국이 군사정권의 정당성(legitimacy)을 인정하지 않는 상태에서 마련된 1차 계획은 출범부터 이미 한계가 있는 일종의 '기형아'였다. 1차 계획 추진에 소요되는 투자 재원에 대한 미국의 공식적 지원은 제로였다.

최대 원조 및 경제 협력국 미국이 정당성을 공인한 정권이 수립하는 2차 계획은 그런 태생적 한계가 없는 '정상아'였다. 미국 정부(와 미국 정부의 부추김을 받은 세계은행 등 국제금융기구)는 계획 수립과 관련된 기술적 원조(해외 전문가들을 동원해 계획을 수립하는 비용을 원조해주는 것)에서부터 집행 단계의 차관 제공에 이르기까지 광범위한 지원을 제공했다.

한미 관계의 근원적 복원은 대통령과 장관 등 '윗선'의 몫이었고, 미국 정부와 국제금융기구로부터 제2차 경제개발 5개년 계획에 대한 재정적 지원을 이끌어내는 것은 실무 총책 쓰루의 몫이었다.

Ten Thirty 미팅은 쓰루의 독무대

1964년 5월, 한국일보 사주 장기영 씨가 부총리 겸 경제기획원장으로 취임했다. 장 씨는 마치 조직의 우두머리처럼 부하 직원을 불도저식으로 이끌었다. 그래서 그는 '왕초'라는 별칭으로 불리고 있었다.[9] 그런데 그 왕초 부총리는 쓰루 차관을 외자 도입 등 '영양가' 있는 업무에서 배제하고는 그에게 제2차 5개년 계획의 총괄 역할 등 별 영양가 없는 업무를 맡겼다. 그 일을 맡기는 왕초나 그 일을 떠안은 쓰루를 포함한 그 누구도 2차 계획의 수립과 성공적인 추진이 쓰루라는 부총리를 태어나게 하는 발판이 되리라고 상상조차 하지 못했다.

왕초에 의해 뒷방 마님 신세가 된 허전함을 잊으려는 듯, 쓰루는 새 임무를 향해 처음부터 전력 질주했다. 경제개발계획 수립의 총괄은 생소한 일은 아니었다. 비록 주먹구구, 맨땅에 헤딩 식이긴 했지만 그에

9 그의 입지전적인 출세와 경제기획원 부총리로서 이룩한 눈부신 업적에 관해서는『육성으로 듣는 경제기적 I: 코리안 미러클』pp.167~237 참조

게는 1차 5개년 계획 수립 시 사실상 총괄 역할을 해본 경험이 있었다.

새 임무의 첫걸음은 관련된 지식을 한국의 학자, 관료, 전문가 그 누구보다 더 많이, 깊고 넓게 쌓는 일이었다. (윗사람이 아랫사람보다 더 많이 알고 있어야 한다는 것은 그의 생활신조였다.) 광화문 네거리의 동과 서 양쪽에 있던 범문사 · 범한사 등 외국도서 전문서점, 대형 도서관 등지에서 구할 수 있는 관련 서적을 모조리 구해 읽기 시작했다. 그가 당시 전문서적으로 접한 세계 석학들은 래그나 넉시(Ragnar Nurkse)[10], 얀 틴베르헌(Jan Tinbergen)[11] 등이다.

어느 날, 그의 지식 욕구를 익히 알고 있는 젊은 직원이 해외출장 갔다 오는 길에 1965년에 출간된 '따끈따끈한' 책을 사 왔다. 스탠퍼드대학의 제럴드 마이어(Gerald Meier) 교수가 쓴 『Leading Issues in Economic Development』는 쓰루가 공부에 열을 올리고 있는 경제개발에 관한 책이었다. 밤새워 책을 훑고 난 그는 다음 날 출근하자마자 그 직원을 조용히 불렀다.

"자네, 그 책 몇 권 가지고 왔나?"

"한 권은 차관님 드리고 한 권 남았습니다."

"그래? 그러면 아무한테도 그 책 보여주지 마."[12]

남보다 앞서 알아야 하고, 가급적 그 자신만 알아야 한다는 새 지식에 대한 그 특유의 독점욕이 발동한 것이다.

그는 기획원 담당 관료들을 세계은행의 EDI(Economic Development

10 에스토니아 출신의 경제학자. 후진국이 선진국의 높은 생활 수준을 모방하여 격에 맞지 않게 소비하는 '과시 효과(demonstration effect)'로 인해 자본 축적 부족이 투자와 성장 부진으로 이어져 물가 앙등과 국제수지 적자를 야기한다는 주장을 폈다.

11 네덜란드의 경제학자로 계량경제학의 선구자다. 1969년 최초의 노벨 경제학상을 받았다.

12 주태산, 『경제 못 살리면 감방 간대이: 한국의 경제부총리, 그 인물과 정책』, 중앙M&B, 1998, p.64

Institute · 경제개발원) 등에 연수 보내는 등 부처 내 기획 능력 제고에도 애썼다. 이로써 쓰루 차관 이하 기획원 내 기획 요원들이 여타 부처들을 2차 5개년 계획으로 끌고 갈 준비는 마친 셈이었다. 이제 2차 계획은 쓰루의 지휘 아래 앞으로 내달리기만 하면 되었다.

관련 회의로 '제2차 경제개발 5개년 계획 작성 합동위원회'를 두었다. 공식적으로는 경제부처 장관, 공화당 대표, USOM, 그리고 외국 자문단 대표 등으로 구성되었으나 사실상 각 부처 차관들이 대참하였고, 경제부처 수석 차관인 쓰루가 회의를 주재했다. 처음에는 월 1~2회 정도 열렸으나, 계획 수립이 본격화됨에 따라 주 1~2회, 종반에 가서는 매일 열렸다.

이 회의를 거의 실황 중계하듯 묘사한 고 최우석 중앙일보 주필의 기록물이 있어 여기에 그대로 전한다.

"김 차관은 일을 대(竹)를 쪼개듯이 쫙 밀어붙였다. …… 2차 계획의 마무리 작업을 김 차관이 맡았다. …… 회의 개회시간이 아침 10시 30분이어서 'Ten Thirty Meeting'이라 불렀다. 때로는 외국인 고문들도 참석하여 동시통역으로 진행됐다.

숫자가 가득 쓰인 회의 자료를 넘기면서 김 차관이 회의를 주재하는데, 이론에 밝고 논리도 정연한 데다 독설로 소문이 널리 나 있는 터라 모두들 겁먹은 분위기였다. 준비도 많이 하고 나오므로 섣불리 이의를 제기했다간 타박을 맞기 일쑤였다.

회의는 김 차관 의도대로 빨리 돌아갔다. 한번은 안건 중에 통신시설 재원을 마련하기 위하여 '전화세 신설을 검토한다'는 구절이 있었다. 체신부 차관이 무슨 말을 하려 하자 김 차관이 전광석화처럼 '오늘

회의 안건 중에 전화세 조항은 프린트에서 삭제하겠습니다. 다음' 하고 말문을 막아버렸다.

매사 그런 식으로 회의를 신속하고 능률적으로 이끌어나갔다. 절대 구질구질한 이의를 못 달게 했다. 김 차관의 서슬 때문에 모두들 입을 다물고 있었지만 속으론 불만도 많았고 적도 많이 만들었다."[13]

2차 개발계획의 세일즈맨

2차 계획의 그 첫해(1967년)와 마지막 해(1971년)에는 대선과 총선이 기다리고 있었다. 그만큼 2차 계획은 박 정권의 안정적(장기적) 집권 여부가 걸린, 정치적으로 심대한 의미를 품고 있었다.

박통은 1965년 5월 방미 후 정부 여당 연석회의를 긴급 소집하여 1억 5000만 달러의 미국 차관, 5개년 계획에 대한 미국과 국제금융기구로부터의 지원 약속 등 방미 성과를 설명했다. 그 자리에서 그는 '향후 몇 해가 한국 경제가 재건되느냐 그대로 주저앉느냐를 결정할 중차대한 때인데, 2차 계획이 그 성공을 좌우할 것'이라며 계획에 대한 큰 기대를 내보였다.

민정 이양과 그 후 자유시장 경제화의 분위기를 타는 가운데, 2차 5개년 계획의 톤은 1차 계획에 비해 정부의 역할을 억제하고 시장과 민간기업의 역할을 강조하는 식으로 바뀌었다. 계획의 성격도 1차 계획

13 최우석, 「경제개발시대 EPB 취재기」, 『경제풍월』 2015년 9월호

이 '(정부에 의해) 지도되는 자본주의(guided capitalism)'였다면, 2차 계획은 '(정부가) 유도(하는) 계획(indicative plan)'으로 순화되었다.[14]

2차 계획은 '산업 구조를 근대화하고 자립경제의 확립을 더욱 촉진'하는 것을 기본 목표로 삼았다. 1차 계획에 비해 '자립'보다는 '산업 근대화'에 방점을 찍음으로써 (수입으로부터 국내 산업을 보호 육성하는 방식의) 대내지향적 개발 전략에서 벗어나 수출 주도의 대외지향적 산업화 전략[15]으로 일관했다.

2차 계획은 내수보다는 수출이, 농업보다는 제조업이, 소비보다는 투자가 산업화를 주도하는 것으로 큰 맥락을 잡았다. 균형 개발이나 근로자 임금, 복지, 주택 등은 후순위로 미뤘다. '일단 투자를 하자, 일자리를 늘리자, 만들어서 해외에 팔자. 그러고 나서 훗날에 소득 · 복지 등 성장의 과실을 나누자'라는 생각이 2차 계획 기조의 큰 흐름이었던 것이다. 상상도 할 수 없을 만큼 가난한 시절이었던 만큼 당장의 소득과 복지가 아쉽고 절실했지만, 그것은 투자-생산-수출-성장의 선순환이 구축되고 나면 누릴 수 있는 것이니 그때까지는 절약하고 참고 기다리자는 것이었다.

2차 계획의 목표는 계획 기간(1967~1971년) 중 연평균 7% 성장률, GNP 50% 증가, 1인당 GNP 31% 증가였다. 성장률은 한국 경제가 도약 단계에 진입한 65년 즈음에는 이미 10%에 육박하는 수준이었다. 그런데도 성장률을 그토록 낮게 잡은 것은, 목표성장률을 7.1%로 잡았다

14 위의 책, 2015년 9월호

15 수입에 대해서 문호를 개방하고 수출 주도로 산업화를 이룩하려는 전략. 반면 대내지향적(inward-oriented) 개발 전략은 수입을 제한해 국내 산업을 보호 육성하여 산업화를 이룩하고자 한다.

가 중도에 하향 수정해야 했던 1차 계획과 같은 수모를 미연에 방지하고 '목표를 낮게 잡아두었다가 실행으로 그 목표를 초과 달성하겠다'는 정치적 고려가 작용했기 때문이었다. (결과적으로 2차 계획의 성장률 실적은 연평균 8.3%로 개도국 가운데 최상위를 차지하는 것이었다.)

1차 5개년 계획을 수립할 때 연평균 성장률을 7.1%로 잡은 데에는 야담 같은 설명이 하나 있다. 당시 일본은 이케다 수상의 소득배증계획(10년 동안 경제 규모를 두 배로 늘린다는 경제발전계획)에 따라 연평균 7%의 성장을 목표로 하고 있었고, 당시 아시아 개도국의 총아 필리핀 역시 연 7% 성장률을 기본 전제로 하는 경제개발 5개년 계획을 채택한 상태였다. 그래서 그들보다는 한끝이라도 더 나아야 한다는 생각에 0.1%를 더했다는 얘기다.[16] 목표를 정해놓고 앞뒤 안 보고 조직원을 몰아치는 소위 군사문화가 사회 곳곳에 뿌리내리고 있었던 당시 분위기를 생각하면, 충분히 일리가 있는 해석이다.

2차 계획은 투자율도 1차 계획의 22.6%에서 19%로 낮추는 한편, 국내 저축률은 9.2%에서 11.6%로 높이고, 해외 저축률은 9%에서 7.4%로 낮추었다. 개발 소요 재원의 자립도를 높이겠다는 의지의 표명이었다. 또 2차 계획은 제조업 부문의 생산과 수출의 신장률을 크게 높여, 수출 주도의 성장 전략이라는 색깔을 분명히 했다.

그렇게 현실성을 감안해 작성했음에도 불구하고 1966년 2월 17일에 쓰루 차관이 2차 계획의 큰 가닥을 밝혔을 때, 국내외 전문가나 언론의 반응은 '달성 가능하다'(USOM의 견해)보다는 '너무 의욕적이며 실현 가능성이 희박하다'(세계은행), '내용이 엉성하다'(네이선 고문단)는 것이

16 위의 책, 2015년 9월호

주류였다. 7월 9일 관련 브리핑을 받은 경제과학심의회의의 반응도 일단 실현성에 대한 의구심이 지배적이었다.

쓰루는 스스로 '2차 계획의 아버지'라고 자처할 정도로 그 역할에 대해 자부심이 대단했다. 그래서 7월에 세계은행이 굴하티(Gulhati) 조사단의 보고서로 2차 계획에 대해 부정적 입장을 표명했을 때, 그는 바로 "세계은행의 권고를 수용하지 않겠다"는 입장을 밝혔다. 계획 관련 공공차관[17]을 받아내야 될 국제금융기구에 대해 매우 이례적인, 그렇지만 그의 성격을 그대로 드러내는 반응이었다. (그 발표 후 바로 해임 내지 좌천을 당하지 않은 걸 보면, 그가 당시 한국 정부의 입장을 대변하는 것이었다는 해석이 가능하다.)

17 public loan · 公共借款. 정부나 공공법인이 정부 보증으로 외국 정부 또는 국제기구 · 국제금융기관으로부터 들여오는 자금이나 물자. 상업차관(commercial loan · 商業借款)은 국가가 아닌 기업이나 개인이 자신의 신용으로 외국에서 차입의 형태로 들여오는 자금이다.

전대미문의 장차관: 불도저와 면도날[18]

왕초 장관과 쓰루 차관은 사이가 좋지 않았다. 쓰루는 공식 석상에서 대놓고 왕초에 대해 험한 표현을 서슴지 않았다. 부하들 앞에서 기회만 있으면 '무식한 ○', '돼지 같은 ○'이라는 표현을 쏟아냈다. 듣다못해 어떤 사람이 "장관과 차관은 한집안의 남편과 아내 같은데, 아내가 남편 욕을 그렇게 할 수 있느냐"고 타이르자, 쓰루는 대뜸 "남편이 남편 같아야 욕을 안 할 것 아니냐"고 했단다.[19] 장차관 관계가 왜 이렇게 비틀어졌을까?

첫 단추부터 잘못 끼워졌다

쓰루는 처음부터 왕초를 달갑

18 김흥기 편, 『비사 경제기획원 33년: 영욕의 한국 경제』, 매일경제신문사, 1999, pp.119~125
육성으로 듣는 경제기적 편찬위원회, 앞의 책, pp.325~332

19 신성순 외, 『한국의 경제관료』, 다락원, 1979, p.43

게 생각하지 않았다. 입지전적인 왕초의 성장과 출세 배경부터 마음에 들지 않았다. 왕초는 그가 그때까지 겪어온 좋지 않은 경험과 경원시하는 대상의 집합체였다.

그의 뚱뚱한 체구는 '잘 모르는구먼' 한마디로 자신을 보직해임한 '무식하고 뚱뚱한' 송요찬 내각수반을 연상시키고, 왕초가 한국은행 출신이라는 점은 자기를 재무부 이재국에서 물러나게 한 한국은행 출신 김정렴 이재국 국장을 상기시켰다. 맨손으로 한국일보라는 언론사를 일으켰다는 점은 외자구매처 등지에서 공무원과 결탁하여 이권을 따내는 '도둑놈 장사꾼'을 떠오르게 했다. 정통 엘리트 관료 제1호로서 경제기획원 일을 누구보다 잘 안다고 자부하고 있던 쓰루의 입장에서 왕초 장관의 등장은 기획원 일에 '무식'한, 전형적인 낙하산 인사였다.

왕초 입장에서는 한일 관계 정상화에 따른 청구권자금 협상 타결을 계기로 삼아 한일 간 경제 협력을 본궤도로 올리는 한편, 수출 주도 산업화 전략으로 한국 경제의 발전에 박차를 가하는 것이 급선무였다. 자기가 데리고 있는 차관의 심리 상태는 우선 관심 사안이 아니었다. 양자 간의 껄끄러운 관계는 거의 일방적으로 쓰루의 불만에서 야기된 것이었다.

왕초
스태미나의 비밀

왕초가 부총리로 들어와서 생긴 변화 중의 하나는 장차관 간의 기 싸움이었다. 그 예의 하나가 늦은 오후나 저녁 식사 직전에 소집되는 간부회의였다. 느지막하게 시작되는 회의는 좀처럼 끝나지 않았다. (몇십 년이 지난 지금도 조직의 장으로 새로 들어와 아랫사람들을 휘어잡기 위해 그런 유치한 수법을 활용하는 사람들이 있다.) 저녁을 거르며 하는 왕초의 회의는 몇 시간이고 이어지기 일쑤였다.

쓰루는 그런 회의가 질색이었다. 장광설을 싫어하는 그는 여러 부처와 기관이 걸린 2차 5개년 계획 같은 게 아니면 본인이 주재하는 회의는 짧게 하는 게 습관이었다. 게다가 그는 운동 등으로 체력 관리하는 것을 있는 자들의 부도덕한 사치와 낭비라고 생각하고 있었다. 그 때문에 쓰루는 왕초의 저녁 회의가 끝나면 진이 다 빠져 귀가하곤 했다.

신기한 것은 쓰루뿐 아니라 모든 간부들이 지쳐 늘어져도 그들보다 나이가 훨씬 많은 왕초는 끄떡없다는 것이었다. 아무리 왕초가 스태미나가 넘치는 인물이라 하더라도 며칠이고 그런 회의를 이어간다는 건 상식으로 이해가 되지 않았다. 뭔가 있다고 판단한 쓰루 차관은 자기 비서에게 왕초의 마르지 않는 스태미나의 샘물이 무엇인지 장관실 비서에게 넌지시 알아보도록 했다. (비서끼리는 통한다!) 그 결과는 역시나였다. 왕초는 늦은 오후에 냉면 등을 배달시켜 집무실에서 이른 저녁 식사를 하고 내실에 몰래 비치해둔 야전침대에서 한숨을 자고 난 후 저녁 시간 직전에 간부회의를 소집한다는 것이었다.

'그랬구나, 이 구렁이가!' 하고 무릎을 친 쓰루는 그날로 야전침대 하나를 구해 집에서 이불까지 챙겨 차관 집무실 내실에 비치해두었다. 그다음 날부터 아무리 왕초의 저녁 회의가 길게 이어져도 쓰루만은 쌩쌩했다. 며칠을 두고 '이쯤이면 지치겠지' 하고 회의를 끌고 가도 쓰루가 지치는 기색이 없자, 왕초가 은밀히 쓰루의 난데없는 스태미나의 비밀을 염탐한 것은 불문가지다. 그 후 왕초는 웬만해서는 저녁 회의를 소집하지 않았다고 한다. 지금 제3자 입장에서 생각하면 유치하기 그지없는 일이지만, 당시는 그런 것 가지고 상하 간에 기 싸움하기 일쑤였다.

막강 차관에서 뒷방 마님 신세로

쓰루가 왕초에 대해서 결정적으로 마음의 문을 닫게 된 것은 왕초가 기획원뿐만 아니라 전 경제부처를 손에 쥐고 앞으로 끌고 나아가면서부터였다. 왕초가 부총리로 오기 전에 쓰루는 이른바 '날리는 장관급 차관'이었다. 1961년 기획원 창설 멤버로서, 왕초 직전 김유택 부총리까지 7명의 장관 밑에서 초고속 승진을 거듭하여 6대 원용석 장관 때 차관이 될 수 있었다. 그리고 차관에게 거의 모든 것을 맡기는 원용석, 김유택 두 부총리 때는 실질적으로 (인사 등) 기획원 안살림과 (물가, 예산, 기획 등) 정책 수립 및 추진을 도맡아서 하고 있었다.

'날리는 차관'은 왕초가 부총리로 온 후 날개를 접어야 했다. 그때부터 쓰루의 역할은 의례적 행사나 2차 계획 작성, 예산 등 밖으로 별로 생색이 나지 않는 일에 국한되었다. 민간기업에 힘을 쓰거나 대통령 앞에서 근사해 보일 수 있는 기회는 오로지 왕초의 몫이었다. 왕초 장관의 등장은 곧 쓰루 차관의 퇴장이었다. 막강 차관은 졸지에 뒷방 마님 신세가 되었다.

기획원 관료 중에서 자신이 제일 똑똑하다고 생각하는 쓰루 입장에서 그런 대접은 어불성설을 넘어서 일종의 쇼크였을 것이다. 왕초에 대한 긍정적 평가는 처음부터 기대하기 어려웠던 것이다.

왕초는 자신에 대한 차관의 지나치고도 공개적인 힐난에 대해 철저한 무시로 일관했다. 때로는 차관이 아예 없는 듯 중요한 일도 그 밑의 직원과 직접 상의하거나 지시했다. 왕초는 업자들도 직접 만나 일을 해결해버렸고, 청와대와 직거래로 결정하고 밑에 바로 지시하곤 했다.

"정통 관료로서 자존심이 짓밟히고 깊은 소외감을 느꼈을 것이다. '내가 모든 걸 정리해서 올려야 하는데……'라는 심정이었을 텐데, 권력의 상실감도 컸을 것이다."[20]

왕초는 행여나 '국장, 차관 결재가 필요하다'며 늦어지는 서류가 있으면, "그 서류 바로 내 방에 가져와!" 해서는 서류 작성자와 왕초 사이의 결재란을 펜으로 쓱 긋고 자기가 사인해버리곤 했다. 왕초의 펜대 하나에 결재권이 없어져버린 쓰루는 모멸감을 느끼지 않을 수 없었고, 자신의 직책의 권위를 신성시하는 그로서는 앙심을 품는 게 당연했다.

너무 다른 정책 스타일

두 사람은 달라도 너무 달랐다. 성격, 일하는 스타일, 하다못해 체격, 식성까지 달랐다. 눈을 씻고 보아도 비슷한 점을 찾기 힘들었다.

체격은 하나는 뚱뚱이고 하나는 홀쭉이였고, 성격도 하나는 호탕하고 하나는 깐깐하기 짝이 없었다. 한쪽은 음식을 가리지 않는 대식가이고

20 당시 경제기획원 출입기자 증언

한쪽은 입이 짧은 소식가였다. 왕초는 쓰루가 말라서 신경질이 많다고 주장했고, 쓰루는 몸이 비대한 사람은 머리가 명석하지 못하다고 했다.

"왕초는 전형적인 보스 기질의 사나이였다. 왕초는 부하 조지는 일은 없었다. 자기가 다 결정해버리니까. 쓰루는 보스 기질이라기보다는 꼬장꼬장한 서당 훈장 스타일이었다."[21] 왕초의 눈에 쓰루는 '꽉 막힌 관료'였다.

두 사람 간의 차이는, 해방 · 한국전쟁 등 불투명한 무법시대를 각자 도생으로 살아남은 세대와, 4·19 혁명, 5·16 쿠데타를 거치면서 상대적으로 투명한 법치시대를 관료적 정석대로 살아가는 세대 간의 차이일지도 모른다.

일하는 스타일도 달랐다. 왕초는 철저하게 효율 기준이었다. 이유가 무엇이든, 법과 제도가 어떻든 알 바 아니었다. 그는 '뛰면서 생각한다'는 게 모토인, 돌진하는 불도저였다. 상의하달식으로 일 처리를 해나갔다.

"그는 일단 소신대로 밀어붙이고, 후에 생겨나는 후유증은 그것대로 치유해나가는 방식으로 경제정책을 집행해나갔다."[22]

관련 법이나 제도 때문에 추진하고자 하는 일을 멈추지는 않았다. 법과 제도가 없으면 만들고, 법과 제도가 장애가 되면 뜯어고쳐 가면서 일을 벌였다. 법과 제도에 목숨을 거는 관료들에게 쾌도난마의 돌파력은 새로운 스타일이었다.

쓰루는 "대가리 안 좋은 사람이 가만히 앉아 곰곰이 생각해도 모자랄 텐데 뛰면서 생각하니 이게 제대로 되겠느냐? 그러니까 나라를 망

21 최우석, 앞의 책, 2015년 9월호

22 김흥기 편, 앞의 책, p.121

쳐먹고 있다"며 빈정거렸다.[23]

저지르는 것은 쓰루의 스타일이 아니었다. 그는 관료의 전형이었다. 일을 벌이기 전에 사전 검토를 철저히 하여 문제 발생을 미연에 방지하고, 추진 과정에 문제가 생기면 이를 수습하고 일을 깔끔하게 마무리하는 데에 집중하는 스타일이었다. 그는 법과 절차를 지키는 것이 기본 전제였다. 관련 법이나 제도가 없으면, 법이나 제도부터 만든 후 일을 추진했다. 법이나 제도가 장애가 되면, 일을 벌이기 전에 법을 개정하거나 규제를 푸는 것부터 했다.

왕초가 국제수지 적자 대책, 수출 진흥 정책 등 특정 정책을 밀어붙이는 식이라면, 쓰루는 거시와 미시, 정부와 기업, 투자와 소비, 외자와 내자 등 관계 부문 정책을 총망라하는 종합 정책을 즐겨 내놓았다. 5개년 계획, 물가 종합 대책 등이 그 예다.[24]

뛰면서 생각하자 vs 돌다리도 두드리자[25]

왕초는 기발하고 과감한 아이디어로 기존 틀을 깨고 새로운 정책을 수립하는 데에 장기가 있었다. 1965년 9월의 (예금금리보다 대출금리를 낮게 하는) 금리 현실화 조치가 그 한 예다. 정책 기조를 수입 대체 산업화에서 수출 주도 산업화로 대전환하는 데 적임자였다.

23 당시 경제기획원 출입기자 증언

24 김흥기 편, 앞의 책, p.124

25 육성으로 듣는 경제기적 편찬위원회, 앞의 책, p.329

쓰루는 계량화와 강력한 조정 및 추진력에 강점이 있었다. 그의 정책적 업적은 대부분 정책 기획 단계가 아니라 정책 집행 단계에 확보되었다. 기존의 틀 속에서 최선의 결과를 도출해내는 행정가였던 것이다. '쓰루표' 국가사업인 포항제철소 건설이나 경부고속도로 건설뿐 아니라 심지어 그가 자랑하는 2차, 3차 경제개발 5개년 계획 수립도 이미 정해진 기본 방향에 따라 전임자나 대통령이 정한 추진 목표를 달성하는 데에 추진력과 수완을 보였다.

두 사람은 경제정책에 관한 생각도 많이 달랐다. '같은 부처, 같은 층에 장관과 차관으로 있으면서 어떻게 저렇게 다를 수 있을까' 싶을 정도였다.

당시로서는 드물게, 왕초는 '수출이든 투자든 경제를 활성화하고 일구는 것은 민간이다', '정부의 역할은 민간이 바람직한 방향으로 움직이도록 제도를 개선하고 유인을 제공하는 것이다'라는 생각이었다. 그는 수출 주도의 산업화를 본격적으로 출범시켰다. 정부가 시킨다고 민간기업이 수출을 하는 것은 아니라는 생각이었다. 수출이 돈벌이가 되면 정부가 하지 말라고 해도 민간기업이 수출하게 되어 있다고 생각했다. 취임하자마자 민간기업이 수출하는 데 절대적으로 유리하도록 관련 제도를 근원적으로 재편해나갔다. 이런 연유로 그가 주로 동원한 정책 수단은 환율 · 금리 등 금융정책이었다.

쓰루는 경제 발전을 위한 민간기업의 역할에 대한 믿음이 그다지 강하지 않았다. 사실 기업다운 기업이 없기도 했다. 그렇다 보니 그가 생각하는 경제개발정책은 정부가 주도할 수밖에 없는 것이었다.

(세수 등) 내자이든 (원조나 차관 등) 외자이든, 정부 신용으로 자본을 구

하여 민간기업으로 하여금 기간산업을 일으키고 사회간접자본 시설을 건설하도록 해서, 그것이 민간경제를 일으켜 경제 발전 기반을 구축하도록 한다는 것이 그의 정책관의 큰 흐름이었다. 그런 연유에서 그가 주로 동원한 정책 수단은 재정 투융자, 예산 등 재정이었고, 그가 추진에 집중한 국가과제도 포항제철소, 경부고속도로 등 국가 건설사업이었던 것이다.

외자:
다다익선 vs 의존 심화[26]

두 사람의 정책관이 가장 크게 달랐던 것은 외자, 특히 상업차관에 대한 입장이었다. 당시는 내자이건 외자이건 투자 재원 자체가 절대적으로 부족했다. 한일 국교 정상화로 물꼬를 튼 (상업차관 등) 외자 유입을 생산 기반 구축에 활용하게 된 것에 왕초의 공이 크다. 일본 자본에 대한 의존, 외채 누증, 외자 부실기업 발생 등 각종 병폐에 대한 비판에도 그는 "부채도 자산이다. 차관이든 뭐든 다다익선이다"라고 당당히 맞섰다.

반면 경제관료로서 줄곧 예산을 담당해왔던 쓰루에게 일본 자본 유입은 일본 경제에 대한 의존 심화를 의미했고, 현금차관 도입은 통화 유발로 인한 경제 안정 기반의 훼손이었다. 그리하여 그는 차관 등 외자는 선별적으로 조심스럽게 도입해야 한다는 생각이었다. 그도 외자의 필요성은 인정하고 있었다. 그러나 그는 안정적이고 외채 상환 부담이 덜한 공공차관을 선호했다. 반대로 불안정하고 이자율이 높은 상업

26 김흥기 편, 앞의 책, pp.124~125

차관은 경원시하였다. 상업차관 중에서도 일본의 상업차관, 특히 현금 차관을 극히 경계하였다.

성장 일변도 vs 성장 속의 안정

정책관에 공통점도 있었다. 초기 산업화 시대를 이끈 만큼, 두 사람 모두 성장을 우선시했다. 그러나 왕초는 상대적으로 '성장 일변도'였고, 쓰루는 '성장 속의 안정'을 꾀한 편이었다.

이 정책관의 차이 또한 두 사람의 다른 배경 때문인지 모른다. 왕초는 자기 혼자 일가를 이룬 자수성가형 인물이었다. 어려움이 있으면 이를 극복하고 앞으로 나아가는 것이 몸에 배어 있었다. 그에게 한국 경제의 급선무는 성장이었다. 안정은 성장을 이룩한 후에 따져볼 일이었다.

쓰루라고 성장을 바라지 않는 바는 아니었다. 그 정도가 문제였다. 1950년대 중반 이후 줄곧 물자 부족과 그에 따른 물가 불안은 경제정책에 가장 큰 골칫거리였고, 경제 안정은 미국 원조 당국이 가장 고집스럽게 강요해온 정책 기조였다. 그것이 '성장 속의 안정'이라는 정책 기조를 그가 굳히게 된 배경이었다. 왕초에게 성장, 외자, 건설, 민간 참여가 중요했던 만큼, 쓰루에게는 안정, 내자, 재정 건전성, 민간 통제가 중요했다. 따라서 쓰루의 눈에는 외자 도입, 산업화, 투자, 성장으로 내닫는 왕초의 경제정책은 불안한 구석투성이였다.

현실주의자
vs 원칙주의자

업계와의 관계도 두 사람이 근본적으로 달랐다. 왕초는 업계와의 의사소통 채널을 늘 열어놓고 있었다. 정부가 지급보증을 해주는 외자 도입뿐 아니라 정부가 관리하는 주요 물자의 가격 책정 등에서 업계의 의견을 들어주고 그들의 입장을 감안했다.

당시는 업자와의 유착이나 부패가 만연한 때였다. 왕초의 '긴밀한' 관민 협조관계는 정통 관료 쓰루의 눈에는 부적절 내지 불투명한 거래 관계로 비쳤을 것이다. '까마귀가 까마귀와 어울리는 것'으로 본 것이다. 쓰루는 '관료(백로)야, 업계(까마귀)를 멀리해라'는 결벽증이 심했다.

정치권과의 관계로 가면 왕초 장관과 쓰루 차관 간의 차이는 더 극명하게 드러났다. 왕초의 입장에서 정치권은 국정 추진을 위한 파트너였다. 현실주의자인 왕초는 필요하면 정치권과 언제든 타협하였다. 원칙주의자 쓰루는 그러지 못했다. 정치인과의 교분이나 타협은 그의 머릿속에 있지 않았다. 그가 어쩔 수 없이 국회에 간 것은 국회의 요구로 경제정책에 관해 설명하기 위해서거나 정기국회에서 예산을 설명할 때가 고작이었다. 적어도 기획원 차관 때까지는 그랬다.

왕초는 왜 쓰루를 안 잘랐을까[27]

왕초는 자기와 뜻이 맞지 않으면 경제부처 장관을 자주 교체했다. 특히 부총리 재임 3년 5개월 동안 재무장관을 5명이나 바꾸었다. 그런데도 쓰루가 재무장관으로 승진되어 나갈 때까지 2년 4개월 동안 그를 차관으로 계속 데리고 있었던 것을 보면, 왕초가 그릇이 커도 상당히 컸음이 분명하다.

"두 분이 갈라설 일이 몇 번 있었는데, 왕초가 포용력으로 이를 잘 넘겼다. 만일 입장이 바뀌어 쓰루가 부총리고 왕초가 차관이었다면 왕초는 벌써 쫓겨났을 것이다. 이것만 생각해봐도 왕초가 그릇이 큰 인물이었음을 알 수 있다."[28]

쓰루가 왕초 밑에서 최장수 차관을 지낼 수 있었던 데에는 주변 사람들의 충언도 한몫을 했다. 그들은 왕초의 인내심이 한계에 도달할 때는 "정통 관료 제1호를 품지 못하고 내보내면 부총리 자격이 있는 것인가"라며 왕초를 다독이고, 쓰루가 지나친 하극상을 벌일 때는 나무라듯 그를 달래곤 했다.

왕초가 '그릇이 크다'는 점은 쓰루도 인정하는 바였다. 한번은 당시 한국일보의 기획원 출입기자였던 엄일영 씨가 쓰루에게 물었다. "만약 차관께서 장관 자리에 있다면 욕하는 차관을 어떻게 하겠습니까"라고.

"그랬더니 쓰루는 '나 같으면 그런 녀석은 단칼에 잘라버리지'라고 해요. 그래서 내가 '그렇다면 누가 더 스케일이 큰 겁니까'라고 물으니

27 육성으로 듣는 경제기적 편찬위원회, 앞의 책, p.332

28 엄일영 증언

쓰루는 '그야 왕초지' 하고 웃어요. 그러면서도 쓰루는 토를 달더라고요. '우리는 머리와 손이 거꾸로 달려 있어. 내가 판단력이 좋으니 장관을 하고 왕초가 추진력이 좋으니 차관을 해야 하는데'라고요."

청와대 경제비서관(1967·1971년)과 8~10대 의원을 지낸 박명근 씨도 비슷한 기억 하나를 가지고 있다.

"67년 10월 부총리를 그만두면서 왕초는 박 대통령에게 인사드리고 경제수석이던 쓰루 방에 들렀어요. 왕초는 '내가 경제수석 방에 들른 것은 이번이 처음'이라며 '내가 부총리로 있을 때 당신을 재무장관으로 컴백시키려고 했는데 못 해서 유감'이라며 미안하다는 말을 했지요. 왕초가 나가자 쓰루는 나한테 '내가 다른 건 다 자신 있어도 저 양반의 저런 처세술에는 못 당하겠어. 왕초는 역시 오야붕 기질이 있어'라고 하더군요."[29]

기획원의 황금기를 이끈 쌍두마차

속을 들여다보면, 왕초와 쓰루 간에 유사한 점도 많았다. 일에 대한 성과로 자신을 내보이려는, 과시욕이라고까지 할 수 있는, 일에 대한 열정 또는 헌신에 관한 한 두 사람은 우열을 가리기 힘들었다. 정책관은 달라도 '밀어붙이기'식의 정책 추진이나 부처 장악 스타일도 비슷했다.

특별한 배경이 없다는 이유 때문인지 학연 · 지연 등 '관계'보다는

29 『중앙일보』 1991년 8월 23일 자

'능력' 위주로 인물을 판단했고, 정책을 추진함에 있어 효율을 최고의 판단 기준으로 삼았으며, 논리와 주장보다는 사실과 현장을 중시했다는 점 등에서도 두 사람은 같았다.

기획원이라는 조직에 대한 애착 또한 비슷했다. 기획원과 그 장관은 능력에 있어서나 업무 지식에 있어서 여느 부처보다 앞서야 한다는 자부심 또한 두 사람 공히 극단적으로 강했다. 그래서 쓰루를 포함해 훗날의 부총리 겸 경제기획원 장관들은 왕초가 남긴 ('기획원은 최고의 부처여야 한다'는) 유산 덕을 많이 보았다. 그 유산의 대부분은 '경제팀장' 부총리와 '최고 최강의 부처' 기획원의 위상을 높인 점과 관련이 있었다. 왕초가 없었다면 쓰루 부총리도 없었을 것이다.

장기영: '왕초', '개발 불도저', '외자 도입의 선봉장', '뛰면서 생각한다'

김학렬: '인간컴퓨터', '추진력 갖춘 안정론자', '경제기획 풍토의 조성자', '서기형 행정가'

말도 많고 탈도 많았던 두 사람. 그래서 갈등과 격돌도 잦았던 두 사람에 대한 세간의 평은 이처럼 다양하다. 그렇지만 두 사람이 경제기획원의 황금기를 구가했고, 경제기획원의 위상을 최고로 높였다는 점에 대해서 이의를 제기할 사람은 아무도 없을 것이다.[30]

30 김흥기 편, 앞의 책, pp.119~120

세 달짜리 재무장관

뜻밖의 입각

1966년 9월 한국비료 밀수 사건이 터졌다. 한국비료가 (관세품인) 사카린을 (면세품인) 공장 건설자재라면서 관세를 물지 않고 밀수한 사건이었다. 한국비료는 한국 최대 규모의 비료 공장으로, 현금차관을 받아온 대형 외자기업이었다. 한국비료는 정경유착, 부실 경영, 외채 상환 불능 등 현금차관 업체가 안고 있는 거의 모든 문제를 가지고 있다고 의심받고 있는 터였다. 거기에 밀수까지 저질렀으니 정부로서는 희생양을 빨리 찾아내어 언론의 주목을 피해야 했다. 마침 1967년 선거의 해를 앞두고 박통이 밀수 등 5대 사회악을 쓸어내겠다는 공약을 내세워 정권의 깨끗함을 강조할 때였다. 당시 분위기로는 사태를 빨리 수습하지 않으면 정권의 부패와 비리 문제로 번질 기세였다. 9월 22일에는 야당 한국독립당(한독당) 김두한 의원이 국회 본회의 대정부 질문 도중에 국무위원석을 향해 사카린이 섞인 똥물을 뿌리는 일까지 벌어졌다.

9월 26일 전격적으로 족집게 개각이 단행됐다. 박통의 선택은 관세 행정 부처인 재무부 장관을 교체하는 것이었다. 김정렴 재무장관이 물러난 자리는 쓰루가 이어받았다.

그날의 개각에서 언론이 관심을 가진 것은 쓰루가 최연소 재무장관으로 영전했다는 사실이 아니었다. 마음에 들지 않는 재무장관을 4명씩이나 갈아치우면서까지 '장기영 팀'의 팀워크를 중요시하는 왕초가, 왜 가장 불편하게 생각하는 쓰루를 재무장관으로 받아들였냐 하는 게 궁금하기 그지없었다.[31]

수석차관이자 최장수(3년 3개월) 차관으로 그의 입각이 어느 정도 점쳐지기는 했지만, 재무장관 자리는 쓰루 자신도 뜻밖이었다. 그의 재무장관 입각에 관한 여러 가지 짐작 중에 가장 설득력 있는 것은, 당시 왕초가 자기 바람대로 재무장관을 임명할 처지가 아니었다는 것이다. 여러 가지 비리로 많은 비판을 받던 한국비료에 처음 현금차관을 허가해준 장본인이 왕초 자신이었다. 왕초 입장에서는 하마터면 자신이 한국비료 사건 처리의 물살에 휩쓸려 물러날 수도 있는 상황이었다. 여느 때처럼 후임 재무장관에 관해 박통에게 '누가 좋다, 누구는 안 된다'는 식으로 자기 의향을 내비칠 상황이 아니었다는 얘기다. 또 다른 분석은 장기영 씨가 정치적으로 너무 커지는 데에 대한 주변, 특히 정일권 총리의 견제구라는 것이다. 정일권 총리는 쓰루를 좋게 보고 아끼는 사람 중의 한 사람이었다.

31 육성으로 듣는 경제기적 편찬위원회, 앞의 책, pp.254~255

튀는 장관,
튀는 기자회견

장관 취임 첫 기자회견부터 쓰루는 여느 장관과 많이 달랐다. 회견은 별로 특이한 점 없이 시작되었다. 한국비료 사건 후속 조치로 재무장관이 된 사람답게 "밀수는 후진 경제 발전에 암적 존재이다. 앞으로 밀수 행위를 방지하는 데에 전력을 기울이겠다"며, 관세 업무를 책임지는 신임 장관으로서 의례적인 포부를 밝혔다. (그가 재무장관으로서 밀수와 탈세를 근절하는 것보다 더 심중한 포부를 품고 있었다는 게 드러난 것은 그 며칠 후였다.)

그다음부터 기자회견이 특이해지기 시작했다. 밀수 근절 발언 후 쓰루는 생뚱맞게 바로 자기의 자랑으로 넘어갔다. 그는 기자들에게 "2차 5개년 계획 수립에 대한 공으로 재무장관이 되었다"고 자신의 재무장관 발탁 배경을 설명했다. (새로 장관이 된 사람이 '내가 그동안 잘해서 장관이 되었다'며 자랑삼아 자신의 입각 배경을 기자들에게 설명하는 경우는, 적어도 필자가 알기로는 전무후무하다.) 그러고는 대뜸 아무도 묻지도 않았는데 "재무장관 중책을 업적으로 쌓아 올려 최장수 장관 기록을 세우겠다"고 가슴을 펴며 말하였다.

왕초 휘하에서 재무장관은 파리 목숨이었다. 왕초는 자신에 대한 순종은 기본으로 여겼고, 성에 차지 않으면 재깍재깍 갈아치웠다. 장기영 팀 재무장관의 평균 임기는 7개월이 되지 않았다. 그런 사실 앞에서 재무장관으로 장수하겠다는 포부 표명은 왕초하고 잘 지내겠다는 게 아니었다. 왕초와 자기 중에 '누가 먼저 자리를 내놓나 보자'는 공개적 도전이었던 거다.

왕초가 부총리로 온 뒤 뒷방 마님으로 밀려난 2년여 동안 차관 행세를 제대로 못 하면서 쓰루가 얼마나 와신상담했는지, 또한 왕초 험담을 얼마나 많이 하고 다녔는지 세상이 다 알고 있었다. 언론은 두 사람 공히 기억하고 싶지 않은 과거(?)를 즐겨 들먹이며 둘의 기 싸움에 부채질을 했다. 그래서 그의 '재무장관 장수하겠다'는 말은 이제 왕초의 그늘에서 벗어나 어엿한 재무장관이 되었으니, 업적으로 다시 한번 날려보겠다는 공개적 포부이기도 했다.

이어서 쓰루는 "나에게 돈을 가져오는 사람은 그다음 날로 파면될 것이다"라는 말을 던졌다. 어느 기자도 인사 원칙 등에 관해 묻지 않았는데 갑자기 툭 나온 그 발언은, 듣는 사람에 따라 다양한 해석과 그 진의에 관한 궁금증을 불러일으켰다. 그중 가장 유력한 해석은, '다른 사람은 뇌물을 받고 인사를 했는지 모르지만, 자기에게 그런 뇌물은 인사에 도움은커녕 패가망신을 초래하게 될 거라는 겁박'이었다는 것이다. 관료이건 기자이건 기획원 일에 익숙한 사람이면 누구나 그의 묘한 인사 발언이 누구에 관한, 무슨 얘기를 하고자 하는 것인지 충분히 짐작하고도 남았다.

여전히 2차 경제개발계획 세일즈맨

취임 다음 날 그는 워싱턴으로 날아갔다. IMF 총회에 참석하기 위해서였다. 당시 한국은 통화 팽창, 평가절하, 물가 앙등을 고질병처럼 달고 있었다. IMF는 2대 통화가

치의 안정, 즉 환율과 물가의 안정을 기조로 삼고 있었다. 따라서 IMF 총회에서 재무부 장관의 주 임무는 '한국은 나름대로 환율을 안정적으로 관리하고 있다', '물가 안정 기조를 유지 가능한 수준에서 통화 공급을 하고 있다'는 것을 이해시키는 것이었다. 그러나 쓰루의 안중에는 미국 원조 당국과 세계은행 등 국제금융기구를 상대로 한 2차 계획 세일즈밖에 없었다. 자기가 봄에 마련한 2차 계획에는 막대한 외자가 필요했고, 그 재원의 확보에는 미국과 세계은행 등의 지원이 성패의 열쇠를 쥐고 있었다.

신문은 무언가 튀는 쓰루의 활약상을 열심히 국내로 타전했다. 첫 번째 소식은 쓰루가 미국 정부나 국제금융기구로부터 "2차 계획에 필요한 외자(차관, 원조) 확보를 도와주겠다"는 약속을 받아냈다는 것이었다. 가우드 USAID 처장은 쓰루에게 "미국 정부가 모든 가능한 수단을 다해서 한국의 2차 계획을 도울 것"이며 같은 맥락에서 "대한국제경제협의체(IECOK)[32] 구성을 지원할 것"이라는 점을 한국 정부에 전하라고까지 해 그의 기를 북돋웠다. 당연히 그는 그 소식을 언론에 크게 전했다.

사실 쓰루가 워싱턴에서 벌인 일은 재무부가 아닌 기획원의 소관 업무였다. IECOK 구성도 그렇고, 2차 계획의 수립과 집행에 관련된 일들은 모두 기획원의 일이었다. 그런데도 그가 특히 미국과 국제금융기구 등의 '장기' 공공차관 제공을 강조한 것은 '단기' 민간 상업차관에 몰두하는 왕초가 공공차관을 상대적으로 소홀히 하고 있었기 때문이다.

32 International Economic Consultative Organization for Korea. 세계은행의 주도로 1966년에 출범한 대(對)한국 차관국 협의체. 설립 당시 회원국은 미국, 프랑스, 이탈리아, 캐나다, 오스트레일리아, 타이완, 독일, 일본 등 8개 국가였으나, 영국과 네덜란드, 벨기에 등이 추가로 가입해 모두 11개 나라가 회원국이 됐다. 한국의 경제 및 사회 발전에 필요한 외자 조달 창구 역할을 했다.

왕초더러 자기 하는 걸 보라는 일종의 시위이기도 했던 것이다.

해외에선 극찬
국내에선 비난

쓰루가 무엇보다 공을 들여 기자들에게 전한 또 다른 소식은, (그의 작품으로 자다가 인식하고 있는) 2차 계획에 대해 미국 정부와 국제금융기구가 거의 극찬에 가까운 평가를 하고 있다는 점이었다.

재무장관 쓰루는 미국 정부기관 또는 IMF 등 그가 만난 워싱턴의 경제 협력 커뮤니티 사람들 모두가 한국의 눈부신 경제 발전에 감탄하고 있고, 특히 그들이 2차 경제개발 5개년 계획을 실현 가능성이 높은 우수한 계획으로 평가하고 있다는 사실에 한껏 고무되어 있었다.

1966년 10월에 나온 세계은행 굴하티 조사단의 보고서는 '(2차 계획이) 가치 있고 잘 입안되었으며, 실현 가능성이 있는 것'으로 결론을 내리고 있다. 이에 기세가 오른 쓰루의 '자화자찬'은 더욱 노골적이 되어갔다. 급기야는 신문 가십에까지 그의 거센 자랑이 등장하게 된다.

"제2차 5개년 계획이 한국 경제사상 최고의 걸작품이라고 기회 있을 때마다 PR해왔고, 재무부 장관의 영광을 차지하게 된 것도 천하일품인 5개년 계획 때문이었다고 김학렬 재무장관은 입에 침이 마르도록 자가선전을 하고 있다. …… '로스토' 박사도 이번에 마련된 5개년 계획은 빈틈없이 잘 짜인 것이라고 감탄하더라고 자랑을 한 김 장관…… 진정한 평가는 집행 결과를 봐야 할 텐데, 김 장관의 자가도취는 아무래도 시기상조라는 것이 중론."[33]

2차 5개년 계획에 대한 국내의 평가는 여전히 부정과 긍정이 50 대 50이었다. 10월 27일 중앙대에서 개최된 2차 계획에 관한 심포지엄을 보면, 당시 한국의 식자들이 얼마나 우물 안 개구리였는지, 그래서 왜 쓰루 같은 경제관료가 식자들의 의견에 귀를 기울이지 않았는지 등을 짐작할 수 있다.

(주요한 경제과학심의회의 위원) "세계 어느 나라치고 경제계획이 숫자 그대로 달성된 예는 없다. 계획의 모든 목표가 비록 과도하더라도 하나의 성책 목표로 보는 전진적 자세가 필요하다."

(이열모 조선일보 논설위원) "2차 5개년 계획에는 목표가 없다. 그렇게 밝지도 않은 미래를 위해서 국민들에게 너무나 가혹한 인내를 요구하고 있다. 계획 하나하나는 잘되었고 논리적이지만 전체적으로는 초라한 모습의 계획이다."

(황병준 서울대 교수) "화학 및 자동차 공업의 발전이 오히려 국민경제의 소비성을 높이는 결과가 될지도 모른다."

(유인호 중앙대 교수) "높은 조세부담률(1971년도 14.2%)과 많은 해외 저축(13억 8000만 달러) 때문에 자칫 잘못하면 발전은커녕 국민경제의 악화와 대외 의존도를 높이는 결과를 초래할지 모른다."[34]

자신이 '아버지'라고 생각하는 2차 계획에 대해 이런 수박 겉 핥기 식의, 근거가 희박한 지적과 탁상공론에 쓰루가 조용히 넘어갈 리 없었다. 그는 외국 경제 전문가들의 한국 경제 발전에 대한 찬사를 장황하

33 『경향신문』 1966년 11월 5일 자

34 『경향신문』 1966년 10월 29일 자

게 늘어놓은 다음, 국내 전문가의 비판을 하나하나 반박했다. 그러고는 "2차 계획의 성공을 위해서는 첫째 현명한 정치적 지도, 둘째 교육, 셋째 사회정의의 확립, 넷째 국민의 협조가 절대적 조건이다"라고 역설했다. 한마디로 '당신네들보다 똑똑한 국제금융기구까지 칭송해 마지않을 정도로 잘 수립된 계획이니 허튼소리 하지 말고 따르거나 받아들이라'는 얘기였다.

박통은 2차 계획이 성공적으로 추진되어야 정권이 순조롭게 유지될 수 있다고 보고 있었다. 그래서 1966년 11월 초 존슨 미 대통령의 방한을 2차 계획에 대한 미국의 공개적 지원 약속을 받아내는 자리로 삼고자 했다. 정상회담에서 한국의 베트남 참전 합의를 받아낸 미국은 2차 계획에 대해 지원을 아끼지 않을 것임을 공식적으로 약속했다. 이는 바로 박통의 '군사정권'에 대한 미국의 지지로 나라 안팎에 널리 이해되었다. 대통령까지 나선 2차 계획 세일즈와 1965~1966년의 고도성장 앞에서 한국의 경제 발전과 그 정책에 대한 국내외의 부정적 평가는 수그러들 수밖에 없었다.

“재무부의 영광 되찾겠다” 독립을 선언하다

IMF 총회에 참석해 큰 ‘업적 꾸러미’를 안고 10월 9일 귀국한 쓰루는 바로 다음 날 기자회견을 열어 의미심장한 한마디를 던졌다. “재무부의 영광을 되찾겠다”는 것이었다. 그 말의 진의가 ‘더 이상 왕초(기획원)에게 눌려 지내지 않겠다’는 데에 있다는 걸 모두가 알고 있었다. 재무부는 그동안 왕초와 기획원에 휘둘려 ‘기획원 재무국’으로 불리고 있었다. 그동안 재무부가 잃고 이제 쓰루가 되찾겠다는 ‘재무부의 영광’이 구체적으로 무엇인지는 그 후 한 달을 두고 차례차례 모습을 드러냈다.

독립 선언 I : 역금리 시정

첫 번째 ‘재무부 영광 되찾

기' 시도는 그 사흘 뒤에 있었다. 10월 13일 쓰루는 "역금리 체계를 시정하겠다"고 선언했다. 역금리는 1965년 9월 30일의 '금리 현실화' 조치로 대출금리(26%)보다 예금금리(30%)가 높아진 비정상적 금리 체계를 말한다. 역금리를 도입한 장본인은 왕초였다. 쓰루의 역금리 시정 선언은 왕초로부터의 독립 선언이었다. 역금리 시정 발언은 현금차관의 경우처럼 쓰루 혼자 속으로 품어온 생각은 아니었다. 언론을 통해 오랫동안 빈번히 제기되어온 정책 제안을 그가 판단하기에 적절한 시기에 자기의 정책으로 채택한 것이었다.

역금리는 정기예금만 420억 원이 늘어나는 등 기대하던 내자 동원에는 매우 성공적이었다. 그러나 폐해도 만만치 않았다. 대출에 대한 가수요가 늘어나면서 심지어 대출을 받아 예금을 하는 예까지 발생하고 있었다. 가장 심각한 폐해는 은행 경영수지 악화였다. 은행이 울며 겨자 먹기로 떠안은 '제도적' 손해를 보전해주느라, 한국은행이 일반은행으로부터 받아두는 지급준비금에 이자를 쳐주고 있었다. 결국 역금리의 부담을 직접적으로는 일반은행이, 결국은 한국은행과 정부가 지고 있는 구조였다. 여러 가지 여건과 그 변화를 고려할 때, 이제는 금리를 정상화(예금금리를 대출금리보다 낮게 조정하는 것)할 때라는 것에 대해 관계인들 사이에 어느 정도 공감대가 조성되어 있었다. 문제는 그 방법에 의견이 갈린다는 데에 있었다.

금융계가 바라는 금리 정상화는 대출금리를 예금금리보다 높은 수준으로 올리는 것, 즉 상향 조정이었다. 쓰루나 민간기업의 생각은 달랐다. 당시 대출금리 수준이 기업, 특히 중소기업에는 너무 높은 벽이라고 인식하고 있었다. 대출금리를 올려 금리를 정상화해야 한다는 주장은 은행 수지 개선에 치우친 발상이라고 생각했다. 쓰루와 기업에 금리 정상화는 예금금리를 대출금리보다 낮추는 것, 즉 하향 조정이었다.

젊은 시절 은행 대출의 쓰라린 경험이 얼마나 그의 뇌리에 남아 있었는지는 알 수 없다. 그러나 그에게 은행과 대출 고객 중에 한쪽 편을 들라고 하면, 서슴지 않고 대출 고객의 손을 들어줄 사람이었음은 분명하다. 한국은행을 포함한 금융계는 그가 예금금리를 낮추는 선택을 하도록 손 놓고 있을 수는 없었다.

쓰루가 나서기 전에 금융권이 선수를 쳤다. 10월 18일 문상철 은행감독원장이 호기롭게 총대를 메고 나섰다. (당시 은행감독원은 한국은행 산하기관이었다. 그래서 한국은행 임원이 돌아가며 그 원장이 되었다.) 그는 "(30%의 높은 금리에) 눈덩이처럼 불어난 예금은 비곗살"이라면서, "금리를 정상화하기 위해서는 예금금리를 낮출 게 아니라 대출금리를 높여야 한다"고 주장했다. 그리고 "예금금리를 낮춰서 금리 정상화를 추진한다 하더라도, 그에 따른 시중은행 수익 악화를 감안할 때 일정 기간 동안에 대출금리를 인상할 필요가 있다"는 말까지 보탰다. 그러면서 자기주장이 (한국은행 부총재 출신의) 왕초의 경제기획원, 한국은행, 시중은행의 입장을 대변하고 있다는 점을 은근히 과시했다. 그것이 쓰루가 재무장관을 그만둘 때까지 문 원장이 공식적으로 정책과 관련해 마지막으로 내놓은 입장이었다.

바로 다음 날 은행감독원장이 재무장관실에 호출되었다. "도대체 은행감독원이 어디 소속이냐"로 포문을 연 쓰루는 문 원장에게 지나칠 정도의 기합을 넣었다. 보다 못한 왕초가 "금리를 재조정할 필요가 있다"고 거들고 나섰다. 그러나 쓰루는 "금리 문제는 내가 결정하는 것이다"라는 한마디로 기자들 앞에서 공개적으로 왕초를 무시해버렸다. 쓰루라는 비(非)은행 출신, 아니 반(反)은행 인사가 재무부 장관이 되었을 때, 금융계에서 우려했던 바로 그 일이 벌어지고 있는 것이었다. 은행감독원을 포함해 한국은행까지 '입 다물고' 쓰루의 금리 체계 개편안을 기다려야만 했다.

언론은 쓰루가 얼마나 재무부 장관을 할 것인지 본격적으로 점치기 시작했다. (쓰루는 역금리 시정 조치를 취하지 못했다. 그 전에 재무장관에서 해임되었기 때문이다. 역금리 시정도 1968년 4월 1일 박충훈 부총리 때 시발하여 쓰루가 부총리가 되기 직전인 1969년 6월 1일, 정기예금금리를 일반대출금리 밑으로 끌어내리면서 실현되었다. 지나치게 말이 앞서 결국 빈말이 되어버린, 쓰루의 많은 발언 중의 하나로 기록된다.)

독립 선언 II:
현금차관 금지[35]

역금리 시정을 선언하고 1주일 뒤인 10월 20일, 쓰루는 기자들 앞에서 "현금차관, 특히 내자를 동원하기 위한 목적의 현금차관에 문제가 많다"는 지적을 했다. 즉, '공장을 돌리는 데 필요한 물자를 수입하기 위한 달러'라며 차관을 들여와서는, 그 달러를 수입대금으로 쓰지 않고 원화로 바꾸어 회사 운영자금으로 쓰는 것은 문제가 많다는 얘기였다. 같은 금액이라도 국내 은행에서 빌리면 26%라는 높은 금리를 내야 하지만, 차관으로 빌리면 낮은 국제금

35 육성으로 듣는 경제기적 편찬위원회, 앞의 책, pp.256~257

리만 내면 되기 때문에 당시 그런 편법이 성행하고 있었다.

그 언급에 놀란 언론인이나 기획원 관료는 많지 않았다. 왕초의 현금차관 정책관에 대해 평소 쓰루가 어떤 생각을 가지고 있는지에 대해 잘 알고 있고, 그들도 그와 같은 생각이었기 때문이다.

주요 외자 공급원으로서 현금차관은 나라경제에 도움이 되었으면 되었지 해가 될 일은 없었다. 문제는 현금차관이 들어오면서 통화량을 늘리게 된다는 데서 생겨났다. 외환집중제에 의해 모든 외환은 국내에 들어오는 즉시 한국은행에 넣고 그 대금을 원화로 받아야 했다. 외환이 들어오는 만큼 원화를 발행하는 효과가 발생하는 것이다.

당시는 미국 원조 당국과 경제기획원 사이에 합의된 재정안정계획이 있어서, 한 해에 한국 정부가 얼마의 예산을 쓸지, 통화량을 얼마나 늘릴지를 엄격하게 통제하고 있을 때였다. 이처럼 통화 공급 상한선이 미리 정해져 있어서 수출이나 현금차관 도입 등으로 통화량이 늘어나면 그만큼 국내 부문에 공급할 수 있는 통화량은 줄어들게 된다. 그래서 현금차관은 차관을 얻어온 대기업만의 문제가 아니라 차관과 무관한 (국내 은행에서 돈을 꿔야 하는) 국내 중소기업이나 가계와 직결되는 문제인 것이었다.

그 후 며칠 동안 장안의 신문들은, 추곡[36] 매입자금 방출 등 국내적 요인에 더해 현금차관 유입의 급등 등 해외 요인까지 겹쳐져서 통화량이 너무 늘어났고, 그 결과 재정안정계획의 통화량 상한을 지키기 힘들 것 같다는 전망을 확산시키기에 여념이 없었다. 현금차관 때문에 통화

36 당시 정부는 추곡의 수급 조절을 통해 농가의 소득을 보장하고 소비자가격을 안정시키기 위해 일정량의 벼를 사들이는 추곡수매제 또는 2중(重)곡가제를 운용했다. 쌀 공급이 많은 가을에는 시장가격보다 높은 가격으로 매입한 후, 쌀이 모자라는 봄 등에 시장가격보다 낮은 가격으로 방출한다. 추곡을 매입하면 시중에 돈이 풀려나가고, 봄철에 정부미를 팔면 시중에서 돈이 줄어들게 된다.

량을 더 이상 늘릴 수가 없어 가뜩이나 자금 수요가 많은 연말도 되기 전에 자금 경색이 도래하고, 특히 중소기업 부문이 어려움에 처할 것이라는 불길한 얘기였다.

10월 말에는 통화량이 663억 원으로 늘어나 재정안정계획의 통화량 상한선인 650억 원을 초과했다는 통계가 공표되었다. 그날로 쓰루는 재무부뿐 아니라 기획원, 한국은행, 국세청 등 전 경제부처를 동원하여 비상대책위를 구성하고, 통화량을 포함한 재정안정계획의 전년 검토에 들어갔다. USOM 처장과 왕초 두 사람 간의 합의로 정하는 재정안정계획을 전면 검토하겠다는 것은 왕초의 거시정책, 특히 통화정책을 검토하겠다는 것이고, 더 구체적으로는 왕초더러 통화정책을 재무장관인 쓰루 자신에게 돌려달라는 공개적인 요구인 것이다.

그러나 큰 몸짓으로 큰소리친 것에 비하면, 10월 28일에 쓰루가 제시한 '재정안정계획 유지를 위한 방안'은 명백한 용두사미였다. 거기에는 그 방안의 핵심이라 할 수 있는 외환 관리가 빠져 있었다. 실망스럽다는 기자들의 지적에 쓰루는 "남녀의 구별은 기대와 실망을 쉽게 하지 않는 게 제일 중요한 것"이라고 전제하며, "나는 신중을 기하기 위하여 핵심을 뺀 것"이라는 말로 외환 관련 조치가 곧 취해질 것임을 시사했다.

11월 2일 존슨 대통령의 방한을 수행한 로스토(Rostow) 특별보좌관은 쓰루와의 단독회담에서 "한국 정부는 재정안정계획 유지에 노력해 달라"며 통화량 상한을 지켜줄 것을 공식 요청했다. 은근한 그 압박은 바로 그가 바라는 바였을지도 모른다. 당시 상황에서 통화량 증가 억제를 기할 수 있는 핵심적인 방법은 현금차관 도입 억제뿐이었기 때문이다.

이즈음 쓰루는 국회에서 '역대 재무장관 중 가장 재치 있는 장관'으로 알려지고 있었다. 국회의원의 질문에 마치 컴퓨터처럼 관련 통계를 재깍재깍 내놓았고, '속사포 장관'이라는 별명을 얻을 정도로 국회 발언이 초고속이었다. 1분에 420여 자라는 그의 국회 발언 기록은 윤치영 전 국회의장이 보유하고 있던 1분에 360여 자 기록을 훨씬 능가하는 수준이었다.

11월 8일 국회 재경위 국정감사에서 통화량이 연말 상한을 23억 원이나 초과한 것을 놓고 여당 야당 할 것 없이 들고일어났다. 흥분한 의원들은 정부가 앞으로 벌어질 일(금융경색)을 어떻게 감당하려고 통화팽창을 방치했느냐며 "만약의 경우 김 장관이 물러날 각오를 하고 있느냐"고 쓰루를 몰아붙였다. 그러나 그가 "이것저것 잘못을 전임 김 장관이 책임지고 물러나지 않았습니까" 하고 눈웃음을 치고 애교를 부리는 바람에 모두가 그만 웃고 말았다.[37] 「과거를 묻지 마세요」라는 당시의 유행가를 연상시키는 그의 조크(?)는 김정렴 전 재무부 장관과 왕초를 싸잡아 지칭하고 있었다. (전임 장관이 한국비료 밀수 사건으로 물러났는데, 한국비료는 대표적인 현금차관 업체였다.)

정치적으로 여건이 마련되었다고 판단한 쓰루는 11월 11일 "내자용 현금차관을 전면 중지한다"고 선언했다. 그리고 그 배경으로 첫째, 차관을 은행이나 정부가 지급보증해주기 때문에 제 돈 한 푼 들이지 않고도 공장을 세울 수 있다는 것은 '사회정의에 명백히 위배'되고, 둘째, 현금차관 때문에 통화가 너무 늘어나 '재정안정계획을 위협'하고 있으며, 셋째, 국내 금리와 해외 금리 간의 격차가 너무 크다 보니 '외국의 악질 자본이 들어와 장난칠 소지가 있다'는 등을 지적했다.

37 『매일경제』 1966년 11월 8일 자

현금차관의 내밀한 속사정

그의 말대로라면, 현금차관은 '악질 자본'이고 차관 업체는 현금차관을 들여와 '장난을 치고' 있는데, 이같이 '사회정의에 명백히 위배'되는 짓을 (왕초가 장관인) 기획원이 그동안 허용해온 셈이다.

배경 설명이 끝나자 바로 기자들로부터 "이 결정은 관계 장관과 협의한 것이냐?"는 질문이 터져 나왔다. 기다리고 있었다는 듯 그는 "현금차관은 재무부 장관의 전권 사안이다. 다른 부처와 협의할 필요가 없다"고 잘라 말했다. 그러고는 "오래오래 생각해왔다. 어떤 문제보다 심각하므로 여하한 압력이 있다 하더라도 현금차관을 허용치 않겠으며 이 문제로 재무부 장관을 그만두게 될지 모르나 자리를 걸고 막겠다"[38] 면서, 비장한 어투로 "어제 집사람하고는 상의를 했다"는 말까지 덧붙였다. 현금차관 규제로 자신의 관직을 걸고 왕초와 정면 승부를 벌이려는 것이었다.

(사실 현금차관이 재무부 장관 전권 사안이라는 그의 단언은 100% 맞는 얘기는 아니었다. 엄격히 따지자면 현금차관 중 3년 이내에 원금을 상환해야 하는 '단기 차관'만 재무장관 소관이고, 장기의 현금차관은 기획원 장관의 소관이었다. 통화량에 문제가 되는 현금차관의 대부분이 단기 차관이긴 했다.)

왕초의 '차관 다다익선(多多益善)' 주장이 줄기찬 만큼 쓰루의 차관 경계론 내지 현금차관 반대론 또한 끈질겼다. 그런 정책 이견에는 그와 왕초 간의 불편한 관계가 상당 부분 작용하고 있었다. 관청과 언론사가

38 『조선일보』 1966년 11월 12일 자

몰려 있던 광화문 주변에 이를 모르는 사람은 아무도 없었다. 언론은 왕초 부총리와 쓰루 재무장관 간의 이견과 다툼을 즐기면서 둘 사이의 정책 마찰을 개인 간의 이전투구로 부추기기에 바빴다.

"김 재무와 장 기획의 정책적인 대립은 김 재무가 자기 소관인 단기 현금차관을 일절 허용하지 않겠다고 선언한 것을 계기로 점입가경…… 김 재무 왈, 지금까지 내자용 현금차관을 허락한 것은 원칙에 어긋난 시책이라고 못을 박고 내자용 현금차관을 꾀한 자들을 무일푼으로 거부를 노리는 봉이 김선달에 비유했는데…… 장 기획은 장기 현금차관이 조건이 좋아 계속하겠다고 밝히고 있으니…… 장 기획은 경제 이론에 어긋나고 원칙에 위배되는 일을 계속하겠다는 것과 마찬가지로 해석되어…… 앞으로 누구 이론이 옳은 것으로 판정될 것인지 궁금한 일이거니와 판정 내용에 따라 감투 자체에까지도 영향을 주게 될 것 같아 주목되는 일……."[39]

그때까지 쓰루는 현금차관이 박 정권의 주요한 정치자금줄이라는 사실을 모르고 있었다. 외자 도입은 허가 절차가 밀실에서 이뤄지고, 들여오기만 하면 막대한 차익을 취할 수 있는 속성상 정치자금줄이 될 수밖에 없었다. 특히 내자 동원용 현금차관일수록 검은 거래는 더했다.(상세 후술)

정치에 무지한 그는 그런 내밀한 속사정을 모르고 있었다. 하룻강아지 범 무서운 줄 모르고 날뛰었던 것이다. 그의 현금차관 금지 발언은, 날짜만 정해지지 않았을 뿐 자신의 퇴임을 재촉하고 있었다.

39 『매일경제』 1966년 11월 14일 자

일본 주최 국제회의에 한복을 입고 가다[40]

11월 24일부터 도쿄에서 ADB(아시아개발은행)[41]의 창립총회가 예정되어 있었다. ADB는 매년 막대한 국제수지 흑자를 기록하고 있는 '뜨는 해' 일본이 주도하여 만들고 있었다. 쓰루가 이사국(정부) 대표 자격으로 참석하게 되었다. 국내 지식인과 청년들이 전국적으로 들고일어난 반대운동을 투옥 등으로 무자비하게 억누르는 등 천신만고 끝에 한일 국교를 정상화한 지 1년 반도 되지 않는 시점이었다.

40 육성으로 듣는 경제기적 편찬위원회, 앞의 책, pp.257~258

41 아시아 · 태평양 지역의 개발과 협력을 위해 1966년 창설된 국제은행. 아시아 개도국에 대한 개발차관을 주 업무로 한다.

진땀 흘린 외무부

쓰루가 도쿄로 출국한 23일 밤, 외무부와 주일 한국대사관에 작지 않은 소란이 일었다. 쓰루가 다음 날 총회에서 읽을 연설문을 외무부가 입수했는데, 거기에 '문제적 발언'이 포함되어 있었던 것이다. 문제의 대목은 이랬다. "본인은 학창 시절에 A 학점을 좋아했고 F 학점을 싫어했습니다. 그러나 오늘 본인은 F를 좋아하고 A를 싫어하게 됐습니다. 이는 F가 자유(Freedom)의 첫 자이고, 반면 A는 침략(Aggression)의 첫 자인 까닭입니다. 또한 본인이 젊었을 때 P자는 플레이보이나 포커게임을 뜻하는 말이었으나, 본인이 정치가가 된 뒤 P는 평화(Peace), 번영(Prosperity), 발전(Progress)을 의미하는 말이 됐습니다. 이 3P야말로 아시아인이 오랫동안 희구하던 염원이었습니다."[42]

일본이 아시아의 경제개발을 위한다며 벌이는 돈 잔치에서 일본의 침략을 연상시키는 멘트를 하겠다는 것이었다. 도발은 그의 또 다른 닉네임이었다!

외무부와 주일 대사관 사이에 밤새 전문이 오간 끝에 '대한민국 정부 훈령'으로 문제의 대목을 삭제하라는 지시가 떨어졌다. 다음 날 연설에서 그 문제적 대목은 빠졌다. 쓰루는 다른 이들에게 "그것이 꼭 들어갔어야 하는 건데, 참 모두들 유머를 모른다 말이야……"라며 서운해 했다고 한다.

연설문 불 끄기로 외무부나 주일 대사관이 안도의 숨을 내쉴 수는

42 『동아일보』 1966년 11월 25일 자

없었다. 그들이 해결해야 할 또 하나의 '큰일 날 일'이 기다리고 있었다. 쓰루의 한복 출국이 그것이었다. 한복 차림의 쓰루에게 기자가 "왜 한복을 입고 일본에 가느냐"고 묻자 "때와 장소가 일본이니만큼 민족의식을 높이는 데 목적이 있을 뿐 아니라, 우리나라 국위 선양의 일환이다"라고 자랑스레 설명했다. 그리고 "내일 일본 천황 주최의 파티에도 한복 차림으로 갈 것"이라는 말까지 덧붙였다. 재무부 대변인에게는 김수환 추기경과 같이 학병에 끌려갔던 얘기를 하면서 "이제 내가 한국의 재무장관이 되었으니 뭔가 보여주고 싶어. 한복을 입고 한민족의 얼을 과시하고 싶단 말이야"라고 배경 설명을 했다.[43]

이 또한 ADB 창립총회의 잔치 분위기를 흐리고, 한일 국교 정상화로 어렵사리 마련한 양국 간 협력 모멘텀을 떨어뜨릴 수 있는 행동이었다. 외무부 본부가 서둘러 마련한 '한복을 입지 말라'는 정부 훈령이 쓰루에게 제시간에 전달되었는지 여부는 알 수 없으나, 24일 도쿄 프린스 호텔에서 32개국 대표 520명이 참석한 가운데 개최된 ADB 총회에서 쓰루는 한복 차림으로 연설을 했다. 그 총회 한복 사진은 그날 일간지 1면을 장식했다.

쓰루의 한복에 관해 여야는 각각 다른 반응을 보였다. 여당은 '한 해 전 한일 국교 정상화로 일본으로부터의 투자와 자금 도입이 겨우 활성화되려는 판국에 왜 양국 관계에 찬물을 끼얹는 짓을 하느냐'는 것이고, 야당은 '일본 한복판에서 한국인의 기개를 보여주다니, 거참 잘했다'며 불난 집에 부채질이었다.

43 『중앙일보』 1991년 8월 16일 자

세 번째 좌절에 '세라비'

일본에서 튄 쓰루의 언행은 역금리 시정이니 현금차관 금지니 하며 자신의 코털을 건드려도 꾹 참고 있던 왕초에게 그를 경제팀에서 내칠 좋은 빌미가 되었다. 그의 기세에 눌려 있던 금융계도 불만을 쏟아냈다.

왕초와 쓰루가 장차관일 때부터 그들 간의 불화는 대통령도 익히 알고 있던 사실이었다. 그러나 그 불화가 경제팀장인 부총리와 재무부 장관 사이의 것이면 그건 전혀 다른 차원의 문제였다. 더구나 당시 한국경제는 겨우 성장세에 속도가 붙어 고도성장의 런웨이를 막 뜨려고 하는 매우 민감한 상황에 처해 있었다. 한일경협과 일본 투자자금은 한국경제의 비상(飛上)에 절실히 필요한 '비행 연료'였다. 그런 중차대한 국면에 경제개발정책의 첫 번째와 두 번째 책임자가 나라 살림 꾸려가기를 두고 공개적으로 싸움질을 벌인다는 것은, 자칫 도약하려는 한국 경제를 주저앉히거나 추락시킬 수도 있는 위험천만한 일이었다.

박통의 결정은 어렵지 않았다. 1966년 12월 26일에 단행된 '선거 관리 개각'에는 쓰루 이름이 빠져 있었다. (1967년에는 대선과 총선 두 선거를 치르게 되어 있었다.) 1959년 재무부 이재국 관리과장에서의 퇴출, 1962년 경제기획원 기획조정관 때의 보직해임에 이어 그의 세 번째 좌절이었다.

왕초는 '앓던 이'를 뽑았고, 경제팀은 다시 일사불란해졌다. 경제는 고도성장을 이어갔고, 역금리 해소와 현금차관 억제 등 쓰루의 '경제 정상화' 조치들은 몇 년 후를 기약해야 했다.

정확히 석 달(9월 26일~12월 25일) 동안 머물던 재무장관 자리를 떠나면서 그가 남긴 마지막 한마디는 '세라비(C'est la vie · 그게 인생이다)'였다. 나중에 기자들이 "최장수 장관이 된다고 호언장담하더니 왜 최단명이 됐느냐?"고 물었더니, 그는 "내가 대통령, 총리, 부총리 밑에 랭킹 4위는 되는 줄 알았는데, 더 무서운 사람들이 많아서 그렇게 됐다"며 씩 웃었다.[44]

하룻강아지 쓰루가 무서운 줄 알게 된 '더 무서운 사람들'은 과연 누구였을까? 정치자금을 모금하고 관리한 '정치자금 4인방'(청와대 비서실장, 중앙정보부장, 공화당 재경위원장, 그리고 부총리)이 아니었을까.

1959년부터 1966년까지 7년 동안 도입된 외자는 총 3억 2500만 달러였다. 그러나 쓰루가 재무장관 자리에서 물러난 후 외자 도입은 고삐 풀린 말 같았다. 67년 2억 3000만 달러, 68년 3억 3860만 달러, 69년 5억 5000만 달러……. 외자가 봇물 터진 듯 밀려들어 왔다.

44 육성으로 듣는 경제기적 편찬위원회, 앞의 책, p.258

대통령의 경제 아바타, 경제수석

재무장관 자리에서 물러나는 쓰루에게 정일권 총리가 다음 일자리로 영국 대사와 청와대 정무수석의 두 가지 대안을 제시했다. 영국 대사 자리는 가문의 영광이었다. 그러나 경제관료로서는 커리어를 마감하는 것이었다. 청와대 정무수석 자리는 차관급 자리였을 뿐 아니라, 그의 생리에 맞지 않는 '비서' 자리였다. 그러나 경제정책을 계속 다룰 수 있는 자리였다. 그는 청와대를 선택했다. 그 선택에는 "그래도 대통령 곁에서 국정의 큰 경험을 쌓는 것이 낫다"는 정 총리의 권유도 작용했다.

그전에는 장관을 했던 사람이 청와대 수석으로 들어간 전례가 없었다. 당시 청와대는 비서실장 밑에 수석이라고는 차관급인 정무수석뿐이었다. 그가 정무수석으로 청와대에 들어가면서 그 자리는 장관급으로 올려졌다. 그 후 청와대 수석의 직급은 차관급이든 장관급이든 사전에 정해놓지 않고 대통령의 의향과 새 수석이 청와대에 들어가기 직전

직급을 고려하여 정했다.

쓰루는 정무수석이 된 후 평생 다니지 않던 가족여행을 하는 등 마치 모든 것을 내려놓은, 명예퇴직을 앞둔 사람처럼 행동했다. 이때의 좌절이 오히려 훗날 더 큰 도약의 발판이 될 줄은 그 자신도 몰랐던 것이다.

1967년 양대 선거가 치러진 후, 쓰루는 청와대가 확대 개편되면서 신설된 경제수석으로 자리를 옮겼다. 당시 수석의 역할은 지금과는 천양지차였다. 수석은 대통령의 수족일 뿐이었다. 대통령의 지시나 관심 사안을 챙겨주는 것에 그쳤다. 자기 생각이 있어도 대외적으로 자기 의견을 밝히면 안 되었다. 자신이 무슨 거물인 양 나대는 것은 더더욱 금기였다. 박통이 수석에게 깊은 신임을 주지도 않았지만, 설령 그렇다 하더라도 국정에 관해서는 특히 대외적으로는 함구가 기본이었다. 기자들도 청와대 수석에게 정책이나 권부의 내밀한 일 등을 묻지 않았다.

그도 수석을 하는 동안 대외적으로 발언을 자제했다. 그는 단순히 박통의 수족 역할에 그치지 않았다. 때로는 박통의 머리 역할을 했다. 그전까지 보지 못했던 새로운 수석의 역할이었다. 그에 대한 박통의 신임과 더불어 수석의 역할은 커지고 위상은 높아져갔다.

쓰루가 상정한 수석의 역할은, 대통령이 '사실에 입각한 올바른 결정(informed decision making)'을 내릴 수 있도록 국내외의 관련 자료와 전문가들의 의견을 집대성하여 대통령에게 적시에 정책 자료와 대안을 제공하는 것이었다. 이런 식으로 그가 박통을 도운 대표적인 국정과제가 경부고속도로와 소양강댐 사업이었다.[45]

45 위의 책, p.259

"제대로 된 고속도로를 만들자"[46]

쓰루가 청와대에 들어가고 4개월 뒤, 1967년 4월 대통령 선거 유세 중 박 대통령이 "2차 5개년 계획 기간 동안 대(大)국토 건설계획을 발전시켜 고속도로와 항만 건설 및 4대강 유역의 종합 개발을 추진하겠다. 서울을 중심으로 인천, 강릉, 부산, 목포를 잇는 기간고속도로를 건설하겠다"고 선언했다.

세 가지 사업 모두 훗날 '부총리 쓰루'와 관련이 있게 된다. 우연의 일치는 아니다. 청와대 수석으로 있으면서 그들 국가과제가 어떻게 발상되어 씨앗이 뿌려지고, 어떻게 그 건설의 토대가 마련되었으며, 특히 박통이 그들 사업에 얼마나 애착을 가지고 있는지 지켜보았기 때문이다.

경부고속도로는 쓰루가 부총리 2년 차인 1970년에 완공이 되었고, 항만 건설과 4대강 유역 개발사업은 1971년, 즉 부총리 3년 차에 총선과 대선을 유리하게 이끌어내려는 노력의 일환으로 그 건설계획들이 확정되거나 그 첫 삽이 떠지게 된다.

경부고속도로 공약은 기본 구상이나 비용 추산도 없이 선거용으로 내세운 것이었다. 대부분의 사람들도, 언론도 경부고속도로 공약을 선거가 끝나면 도로 책상 속에 들어가고 말게 될 공약(空約)으로 간주하고 있었다.

입 다물고 있으면 고속도로가 정말로 지어질지 모른다고 생각한 사람들은 경제성을 들어 반대하기 일쑤였다. 건설 재원 마련의 총책인 장기영 부총리조차 탐탁지 않게 생각하고 있었다. 학계나 언론계의 반응

46 위의 책, pp.262~263

은 더 좋지 않았다. '차가 몇 대 되지도 않는데 엄청난 비용을 들여 고속도로를 만들어봤자, 부자들 놀러 다니는 데에나 쓰일 것이다', '빈곤한 지방에까지 과소비를 조장할 것이다'라는 얘기였다. 그들 표현을 빌리면 '돈도 없는 집구석에 누구 좋아하라고 그 돈을 들여 고속도로를 만드느냐'는 것이었다.

그러나 박통 자신은 경부고속도로 건설을 필생의 과업으로 생각하고 있었다. 그는 기획원, 건설부, 재무부, 서울시, 육군 등에 고속도로 건설비를 개략적으로 계산해 제출하도록 지시했다. 민간기업 중에는 태국에 진출해 고속도로를 건설해본 경험이 있는 현대건설에 공사비 추정 요청을 했다. 공사비 추계는 180억 원에서 650억 원까지 고무줄이었다. 얼마나 제대로 된 고속도로를 건설할 것인지에 따라 건설비가 크게 춤을 출 수밖에 없었다. 기획원은 아예 건설비 추계를 제출하지 않았다. (그것이 그해 10월 부총리 교체에 얼마나 영향을 끼쳤는지는 박통만이 알고 있었다.)

박통도 건설비 추정치가 너무 엄청나게 나오자 '기존의 국도를 좀 넓히고, 구부러진 것은 좀 펴고 해서 간단하게 고속도로를 건설하는 게 어떨까?' 하는 생각이었다. 비용과 건설 의지 사이에서 박통이 고민을 거듭하고 있던 중에 쓰루가 나섰다.

그는 스스로 고속도로에 관해 기본 지식을 넓히고 있었다. 일본에서 고속도로에 대한 전문서적을 공수해 와서 읽어본 바로는, 제대로 기능을 하는 고속도로를 건설하려면 단순히 국도를 재포장하는 정도로는 될 수가 없었다. 도로 폭을 일정 수준 이상으로 확장하고 직선 도로를 만들어 속도를 지속적으로 높일 수 있어야 하며, 사고를 방지하기 위해 중앙분리대를 엄격하게 설치하는 등 반드시 갖춰야 할 국제적 기준들이 있었던 것이다.

그는 자신이 연구한 내용을 자세히 보고서로 제출했고, 이 정보를 기초로 박 대통령은 왕초를 내보낸 다음 달인 1967년 11월 경부고속도로 건설을 지시했다. 그리고 전 부처의 예산을 일괄적으로 5%씩 줄여 그 건설 재원으로 사용하라는 지시도 같이 내렸다. 쾌도난마식의 예산 조치에 쓰루의 입김이 느껴진다. (경부고속도로 건설에는 430억 원의 공사비가 들어갔다. 1967년 예산의 24%에 해당하는 금액이었다.[47]) 고속도로 건설에 대한 그의 열의에는 왕초의 '남의 집 불 보듯' 하는 태도에 대한 반발심도 작용했을 것이다.

1968년 2월에 착공된 경부고속도로 418㎞는 쓰루 부총리 2년 차였던 1970년 7월 완공된다. 세계 어느 고속도로 건설 현장에서도 본 적이 없는 최단기, 최저 비용(1㎞당 1억 원)으로 일궈낸 '단군 이래의 대역사(大役事)'였다.

소양강댐은
다목적댐으로

1960년대 중반, 경제가 9%를 넘나드는 높은 성장률을 보이면서 정부는 경제개발 추진에 자신감을 갖게 된다. 그 무렵부터 정부의 투자 우선순위가 점차 도로와 상하수도, 댐 등 사회 인프라에 집중되기 시작했다. 그런 고양된 분위기를 타

47 위의 책, p.279

고 건설부(주원 장관)가 소양강댐[48] 건설계획을 내놓았다.

건설부 안은, 북한강 합류 지점에서 소양강 물줄기를 가로막아 25억 톤 이상의 강물을 가두어 담는 다목적 고(高)댐[49]을 건설하는 것이었다. 단순히 전력 공급만을 위한 댐이라면 저(低)댐으로도 충분했다. 그러나 건설부는 홍수 조절 등 다목적에 활용할 수 있는 다목적 고댐을 지어야 한다는 생각이었다.

다목적댐 건설에 소요되는 엄청난 비용도 문제였지만, 그보다 더 큰 장애 요인은 고댐 건설에 관한 정부 내의 강한 반대 의견들이었다. 일부 정권 실세와 한국전력은 일본 미쓰비시의 차관과 기술을 받아들이자면서 저댐을 주장하고 나섰고, 왕초 부총리도 저댐을 밀고 있었다.

소양강댐에 관한 정부 안에서의 논란은 다시 쓰루의 열공 모드를 작동시켰다. 댐에 관한 국내외 자료 수집, 전문가와 정책 담당자 등과의 대면 의견 청취 등을 거친 그의 결론은 고댐이었다. 그는 "댐을 만드는 데는 공업용수, 생활용수, 홍수 조절, 발전 등 다양한 목적이 있는데, 소양감댐을 저댐으로 하면 홍수 조절에 아무 도움이 안 됩니다. 비용이 훨씬 더 들더라도 고댐으로 가야 합니다"라고 대통령에게 건의했다. (그의 고댐 건설 건의에 왕초의 저댐 입장이 얼마나 작용했는지는 알 수 없다. 어쨌든 두 사람은 경부고속도로에 이어 소양강댐 건설에 관해서도 입장을 달리했다.) 그리고 최종성 당시 건설부 차관이 대통령에게 단독 브리핑할 기회를 만들어줘, 박통이 기획원-청와대 비서실-중앙정보부 등 실세 라인 외의 다

48 1967년 4월에 착공하여 총공사비 318억 원을 들여 1973년 10월에 완공하였다. 경부고속도로 건설비의 약 4분의 3이 댐 하나 건설에 들어간 셈이다.

49 이전까지는 생활용수, 공업용수 및 농업용수의 확보 또는 수력발전 등 특정 목적에 부응하는 각종 단일 목적 저댐을 건설하여왔으나, 1965년 우리나라 최초의 다목적댐인 섬진강댐을 건설하였다.

른 목소리를 듣게 했다. 어느 정도 나름의 생각을 정리한 박통은 고위 장관들을 모두 불러 소양강댐 회의를 열었다. 박통의 지시로 그 회의에는 기획원 황병태 경제협력국장도 참석하고 있었다.[50]

잠시 부처들의 입장을 듣고 있던 박통은 황 국장의 의견을 물었다. 고댐 건설에는 외자와 그에 동반하는 선진 기술 도입이 필수였고, 그 경우 실무 책임자는 황 국장이었다. 자기가 모시고 있는 왕초가 저댐을 선호하는 걸 알면서도, 황 국장은 자신의 소신대로 "홍수와 가뭄 등 종합적 관리를 위해서는 고댐이 좋겠다"고 의견을 냈다. 평소 고댐을 주장해온 쓰루가 그 말을 받아서 "고댐을 짓는 것이 올바른 선택인 것 같다"며 거들고 나섰다.

두 사람 사이에는 무언의 반(反)왕초 전선이 형성되어 있었을지도 모른다. 황 국장이 왕초 면전에서 그와 반대되는 의견을 개진한 데에는, 경부고속도로에 이어 소양강댐에 관해서도 박통과 '시는 해' 왕초 간의 근본적인 이견을 감지한 것도 일부 작용했음 직하다.

왕초가 뭐라고 의견을 내려고 하자 박통은 "일본 상업차관 업자들이 들락거리면서 바람을 불어넣은 것 같은데, 원래 건설부 방안대로 고댐으로 가는 것이 좋겠다. 더 이상 재론하지 말기 바란다"며 그의 입을 막아버렸다.

빈약했던 정부 재정에 큰 주름살을 줄 만큼 건설 비용이 많이 들기는 했지만, 소양강댐은 훗날 건설된 팔당댐과 의왕댐 등 수많은 고댐의 건설을 이끌어 4대강 유역 개발의 핵심적 상징이 되었다. 소양강댐은 홍수 조절로도 훌륭하게 제 몫을 다해 '개발연대에 건설된 명품' 가운

50 육성으로 듣는 경제기적 편찬위원회, 앞의 책, pp.263~265

데 하나로 남아 있다.

쓰루는 (기획원 차관에서 재무부 장관으로 자리를 옮기는 바람에) 2차 계획 집행이 발걸음을 떼는 것을 보지도 못하고 행정 일선에서 물러나야 했다. 그러나 경제수석이 됨으로써, 대통령이 심혈을 기울이고 있는 자신의 '아들' 2차 계획의 성장을 간접적으로나마 챙겨야 할 입장이 되었다.

1967년에는 민정 이양(1963년) 후 두 번째 대선과 총선이 기다리고 있었다. 그해 선거는 1963년보다 더 어렵게 치러지고 있었다. 박정희 정권은 경제성장 실적으로 정치적 지지 기반을 굳히려고 했다. 그래서 2차 계획(1967~1971년)의 신속 추진을 '성공적 정권'의 상징으로 삼고자 했다. 안성맞춤으로 실제 계획보다 더 잰걸음으로 추진되고 있었다. 그 속도로 가면 계획 목표 조기 달성은 따놓은 당상이었다. 박통은 서슴지 않고 선거 유세 중에 "2차 계획을 3년 반 안에 완료하겠다"는 공약을 내걸었다.

선거가 끝난 이후 언론은 '2차 계획 3년 반 완료'를 박 정권의 성공과 실패를 가늠하는 중요한 공약으로 집요하게 물고 늘어졌다. 그 공약을 한 것은 박통이지만, '1.5년 단축'의 총대는 부총리인 왕초가 짊어졌다. 만일 2차 계획 목표를 조기에 달성할 수 있다면 그것은 박 정권뿐 아니라 자신의 업적 내지 정치적 자산이 될 수 있었다.

그러나 박통은 이미 '목표의 조기 달성'으로부터 발을 빼고 있었다. 이왕에 계획보다 빨리 경제 발전이 진행되고 있으니, 1년 반 앞당겨 '목표 조기 달성'으로 할 게 아니라 그것을 계획 말년, 즉 다음 양대 선거가 있는 1971년에 가서 '목표 초과 달성'이라는 정치적 자산으로 활용할 생각을 하고 있었던 것이다. 경제수석으로 옮겨 앉은 쓰루도 자기가 아버지로 불리는 2차 계획이 남의 성과, 더구나 왕초의 성과로 인식되는 것은 바라지 않았을 것이다. 그도 '2차 계획 1.5년 조기 달성'에 반대하고 있었다. '3.5개년 계획'을 둘러싼 논란은 박통이 공식 석상에서 "무리하지 마라"고 말하여 브레이크를 걸 때까지 계속되었다.

경제수석은 더 큰 쓰임새로의 디딤돌[51]

관료로서 16년 동안 숨 가쁘게 달려온 쓰루에게 경제수석 기간은 스스로를 돌아볼 수 있는 소중한 기회였다. 배우면서 자신의 비고 모자란 부분을 채워간 기간이라고 할까. 그것은 또 개안(開眼)의 기간이었다. 번데기가 허물을 벗고 나비가 되듯 훗날의 도약을 준비하는 기간이기도 했다.

재정 운영에서 국가 운영으로: 훗날의 그와 비교할 때, 그가 그때까지 해온 일들은 매우 제한적이었다. 기획, 예산, 외자(원조 · 차관 등) 등 나라 살림이 전부라 해도 과언이 아니었다. 경제관료로서 국가 운영을 다루었다고는 하나, 그것도 대통령이 다뤄야 하는 것과는 비교도 할 수 없이 제한된 범위의 것이었다. 청와대에 들어가서야 비로소 국가 전체를 다루는 일, 경제뿐 아니라 경제에 절대적인 영향을 끼치는 정치 및 사회의 다양한 사안을 경험하게 되었다.

성장 일변도에서 성장과 균형으로: 청와대에 들어가기 전 그가 생각한 국가 번영의 길은 정부 주도와 성장 일변도의 산업화였다. 그가 지

51 위의 책, p.265

켜본 초기 산업화에 민간의 역할은 전무하다시피 했다. 기업, 가계, 제조업, 금융 등 모든 민간 부문이 정부의 지원과 보호 없이는 한 해를 넘길 수 없는 상태였다.

청와대에 들어가서, 그는 한국과 같은 개도국에서는 정부가 경제성장을 주도해야겠지만, 아무리 민간 부문이 취약한 개도국이라 할지라도 '정부 혼자서는 지속 가능한 경제적 번영을 이룩할 수는 없다'는 점을 새삼스럽게 깨닫게 되었다. 또한 성장과 발전이 여전히 지상과제이긴 하지만, 앞뒤 가리지 않는 양적 고도성장이 가져올 수 있는 불안정과 불균형 등 부정적 파급 효과를 전과 다르게 인식하게 되었다. 수출, 제조업, 대기업 등 성장과 발전을 주도하는 부문 이외에 농업과 농촌, 중소기업 등 경쟁력 취약 부문의 사정도 돌아보는 더 넓은 시야를 갖게 된 것이다.

경제수석이 되고 난 이후의 그런 새로운 인식은 공업, 도시, 그리고 대기업이 주도하는 경제성장이어야 한다는 종래의 정책관에서, 농촌개발이나 중소기업 지원에 대한 강한 입장 또는 3차 5개년 계획의 '성장과 안정과 균형'의 조화라는 새로운 정책 감각을 이끌어내었다.

경제 지상에서 정치 포용으로: 경제수석으로 자리를 옮기기 전 그의 관심은 온통 경제에 집중되어 있었다. 정치는 경원시 내지 멸시의 대상일 뿐이었다. 그러던 그가 2년 반을 청와대 수석으로 지내면서 정치 포용이라고 할 만큼 국가 운영의 정치적 측면에 대한 인식이 넓어지고 깊어졌다. 행정부 혼자 모든 걸 이룩할 수 없다는 생각이 전에 없이 강해졌다. 정치를 경제 발전으로 나아가는 길의 파트너로 생각하기 시작한 것이다.

예를 들어 수석이 되기 전 국회에 대한 그의 인식은 좋게 말해 '필요 없다'는 것이고, 사실상 국회와 그 정치 프로세스에 대해 '낭비'라는 편견을 가지고 있었다. 국회의원에 대한 인식은 더 나빴다. 기껏해야 '무식하다'는 것이고, 아니면 '부정부패만 저지른다'는 것이었다. 예전의 그가 그들의 요구를 마구 가위질하기 바빴던 게 당연했다. 그런 그의 정치 혐오는 특별한 게 아니었다. 지금은 더하지만 당시도 성인 대부분은 국회에 대한 신뢰가 없었다.

그러던 그가 수석이 되면서부터 국회와 국회의원이 개도국 한국에서 갖는 의미에 대한 '깨달음'이 생겼다. 국회의원은 '국민의 대표'로서 '삶의 현장'에서 그 목소리를 대변한다는 생각을 갖게 된 것이다. 국회는 이제 더 이상 고도성장으로 나아가는 길을 방해하는 거추장스러운 존재가 아니었다. 국회를 '국정의 파트너'로 인식하기 시작한 것이다. 여당이든 야당이든 국회가 요구하는 예산 등의 요구에 귀를 기울이고 수용하는 식으로 그는 자연스럽게 바뀌어갔다.

쓰루가 국가 경영과 관련해 갖게 된 또 다른 중요한 인식 변화는 종교계 등 사회집단 또한 국정 운영의 중요한 파트너로 보게 된 점이었다. 그는 청와대에 있는 동안 종교계와 청와대 간 소통 채널로서 작으나마 나름대로 역할을 하기도 했다. 청담스님과의 교류는 도선사 주지 시절부터 본격적으로 시작되어 조계종 종정 때까지 이어졌고(쓰루의 어머니는 장손이 태어나자 청담스님이 주지였던 고성의 한 절에 장손의 이름을 올려놓기도 했다), 학병을 통해 맺게 된 김수환 추기경과의 관계는 해방 후 끊어지지 않고 계속 이어졌다. 1968년 5월 김수환 대주교가 서울대교구장으로 착좌하는 의식에 쓰루 부부가 초대되었다. 쓰루는 단상에서, 부인은 단하에서 감개무량해하며 김 대주교의 착좌식을 지켜보았다.

1969년 3월 집에서 신문을 보던 쓰루가 "야, 가네마츠 아냐?!" 하고 소리쳤다. 그것은 김 대주교가 대주교가 된 지 1년도 되지 않아 추기경이 되었다는 기사였다.[52] 쓰루는 그의 추기경 임명을 자기 일처럼 기뻐했다. 청와대에 있는 동안 그는, 김 추기경과 박통을 직접 대면하게 하는 등 집권 세력과 종교계의 두 거두 간의 다리 역할을 마다하지 않았다.[53]

52 손광식, 『대기자 취재파일: 한국의 이너서클』, 중심, 2002, p.18

53 이충렬, 『아, 김수환 추기경: 신을 향하여』, 김영사, 2016

청와대에서 눈뜬 통치 메커니즘[54]

청와대 수석 자리는 쓰루에게 사실상 첫 보좌역이었다. 하위직에 있을 때도 관료로서는 뭔가 자신의 이름으로 결정하는 자리에만 있어온 그였다. 정무(경제)수석이 된 그는 수석의 역할과 그 한계를 스스로 만들어갔다. 청와대에 들어가기 전의 그는 기획원이라는 상하조직 속에서 경제정책을 상의하달식으로 밀어붙이는 것에 익숙해 있었다. 청와대에 들어가 박통 옆에서 주요 국가과제가 어떻게 구체적인 정책으로 추진되는지를 지켜보면서 그는 정책 결정 메커니즘의 핵심적 요소를 파악하게 되었다. 즉, 주요 국가과제가 어떻게 (대통령 등에 의해) 발상되고, 이를 위한 정책이 어떤 과정을 거쳐 다양한 주체들 간에 조정되고 수립되며, 그 집행 과정을 어떻게 감독 내지 통제해야 하는지 등을 일상적으로 관찰하며 머리와 몸으로 배우게 된 것이다.

54 육성으로 듣는 경제기적 편찬위원회, 앞의 책, p.265

물론 그가 가장 관심을 두었던 것은 박통이라는 최고 통치자의 역할이었다. 통치권의 성공적이고 순탄한 행사를 위해 경제수석실이 어떤 역할을 해내야 하는지를 파악하기 위해서였다. 그가 수석으로 청와대에 들어갔을 때는 마침 박통이 국가 경영에 자신감을 갖고 주요 국가과제를 직접 발상하고 그 관련 정책 수행을 직접 챙기려 할 때였다. 경제부처에서 수행하고 있는 주요 정책의 진행 상황을 정리하여 대통령에게 보고하는 것이 주(主) 임무였던 경제수석실이 바빠질 수박에 없는 상황이었다.

(그때까지 쓰루는 40평 남짓한, 골목길 모서리에 자리 잡은 일제강점기에 지어진 집에 살고 있었다. 청와대 수석 자리에 어느 정도 안착하자 그의 부인은 바로 옆의 60평 넘는 한옥을 사들였다. 그리고 1년여 지났을 즈음에 두 집을 헐어 양옥 한 채를 짓기 시작했다. 그 집은 '폭탄이 떨어져도 끄떡없다'고 할 정도로 레미콘 시멘트를 두껍게 부어서 지어 올린 2층 저택이었다. 당시는 1967년 양대 선거를 앞두고 박통이 부패 척결에 날을 세우고 대통령 자신부터 검약을 실천하고 있던 때였다. 그런 정권에서 녹을 먹는 사람이, 그것도 청와대에서 일하는 자가 만인의 비난을 받을 수도 있는 '호화 주택'을 짓는다는 것은 둘 중 하나였다. 정신줄을 놓았거나 아니면 만용을 부렸거나. 그런데도 박통의 코앞에서 그런 일을 벌인다는 것은 아마도 자신의 청렴함과 관료로서의 능력을 박통이 알아주고 있다는 그의 자신감을 반영하는 것이 아니었을까 짐작해볼 수 있다.)

사실상 부총리 역할까지

청와대 안에서 쓰루의 역할에 변화가 일어나는 동안, 청와대 밖에서는 경제기획원과 그 장관의 위상이 달라지고 있었다. 왕초에 이어 부임한 박충훈 부총리는 '기획원은 경제부처 위에 군림하는 부처가 아니다', '경제정책은 순리에 따라 추진되어야 한다'는 소신을 갖고 있었다. 이 때문에 부총리와 경제기획원의 위상이나 경제정책 전반에 대한 영향력은 급격히 감소할 수밖에 없었다. "일부에서는 지금까지도 박충훈 씨를 자기 철학이 없는 부총리였다고 혹평하는 사람들이 있다."[55]

부총리가 되기 전에 상공부 장관이었던 박 부총리는 종합제철소 건설사업을 제외한 석유화학단지 조성 등 중공업 육성 업무를 상공부로 넘겨주었고, 정치자금과 관련한 종래의 4인방 협의체로부터 스스로 물러났다. 또 왕초 부총리 때부터 있던 B미팅(은행장회의)도 폐지하는 등 민간 부문에 대한 정부 개입의 폭도 대폭 줄여갔다. 좋게 보면 부처와 민간 부문의 자율권이 강화된 것이고, 나쁘게 보면 기획원의 총괄 조정권을 스스로 놓아버린 것이라서 기획원 관료들의 불만은 고조되고 있었다. 박 부총리의 '선진적' 조직 운영은 경제정책 결정 권한의 빈 공간을 남겼다. 그 공간은 곧 쓰루의 수석 역할 확대로 채워져갔다.

일부 인사의 관찰로는, 박 부총리 시절 사실상 부총리 역할을 한 것은 쓰루였다. 기획원 일에 대한 그의 간섭과 개입은 지나칠 정도였다. 기획원 관료들을 청와대 수석실로 불러들여 주요 정책 추진을 다그치기 일쑤였고, 자기가 특별히 관심을 두고 있는 경부고속도로, 가족계획 등 주요 정책과제와 관련해 예산 증액 배정과 그 조속한 집행을 독려하곤 했다. 대통령의 신임이 있었기에 (또는 그와 주변 인물들이 그가 대통령의 신임을 받고 있다고 믿고 있었기에) 가능한 일이었다.

55 신성순 외, 앞의 책, pp.41~42

"김학렬 씨는 스케줄까지 짜놓고 오늘은 내무부 예산, 내일은 재무부 예산 하는 식으로 기획원 예산국 관계자들을 청와대로 불러들여 직접 작업을 지시했으며 사무관, 주사까지도 불려 다녔다. 이런 사태에 기획원 관리들이 불평을 터뜨리고 반발했으나, 박 부총리는 '신사답게' 모른 체하고 지냈다."[56]

경제수석실에 대한 박통의 기대는 높아지고, 경제기획원의 정책 총괄 기능은 약화되는 가운데, 쓰루의 경제정책 추진에 대한 의욕은 날로 강해지고 그에 대한 대통령의 신임은 달로 깊어져갔다. 경제수석실의 위상은 한껏 올라갔고, 경제수석의 '권력'은 전무후무하게 강해졌다.

수석 말년에 즈음하여서는 박통의 신임을 확신하게 된 그는, 박 부총리 아래서 기획원의 위상이 떨어지는 것을 걱정하는 옛 부하 관료들에게 "내가 곧 (부총리로) 갈 테니, 기획원 일 잘 챙기고 있어라"는 말까지 서슴지 않게 되었다.

한국판 메이지유신을 꿈꾸며

청와대 수석 자리는 정치와 권력의 속성, 특히 무엇이 최고 권력자 박통을 결단과 행동으로 옮기게 하는지를 유심히 관찰할 수 있는 소중한 기회가 되었다. 무엇보다 박통의 '중진국 한국'을 위한 염원이 무엇인지를 깊이 인식할 수 있게 되었다. 그러면서 쓰루는 박통의 장기 집권을 통한 정치 안정이 한국이 경

56 위의 책, p.42

제뿐 아니라 정치 · 사회 등 총체적 개혁을 통해 중진국으로 나아가는 데에 필수 불가결하다는 확신을 가지게 되었다. 그 확신 또한 박통이 그에 대해 '무한'한 신뢰를 갖게 되는 바탕이 되었다.

박통이나 쓰루가 성인으로 커갈 당시, 일본은 메이지유신이라는 총체적 국가 개혁을 통해 동양에서는 유일하게 부국강병으로 제국의 대열에 낄 수 있었다. 당시 의식 있는 한국의 젊은이들이 듣고 보고 깨달은 것은,

첫째, 엘리트(출신 지역이나 배경과 무관한 엘리트)가 주도하는 총체적 개혁이어야 한다. '대동아 공영권' 구축을 내걸고 군사화를 추진하던 일본은 중국 침략으로 명실공히 '제국'으로서 동아시아의 맹주 자리를 차지했다.

둘째, 관민 일체의 (중공업 중심의) 산업화는 정부가 주도해야 한다.

셋째, 관민 일체의 국가 개혁에는 정치적 안정, 즉 집권 체제의 안정이 필수적이다. 그래야 속전속결식의 일사불란한 경제 발전 전략 추진이 가능하다 등이다.

8·15 광복 이후와 4·19 혁명 이후의 정치 · 사회적 혼란과 불안 등을 지켜본 쓰루 세대는, 정경 일체로 일사불란하게 국가의 모든 자원을 부국강병에 모아야 한다고 생각했다. 그들의 눈에는, 이의 전제가 되는 정치적 안정은 당시 같은 빈곤과 저개발 상황에서는 곧 정권의 안정을 의미했다. 늦은 밤까지 통음하며 두 사람이 자연스레 이른 결론은 정치 안정 속에 정부 주도로 산업화 추진에 매진해야 한다는 것이었다. 그러나 민주화 세력이나 언론의 눈으로 보면, 박 정권은 산업화를 빙자한 개발독재에 지나지 않았다.

두 사람이 서로 얼마나 통치철학을 공유하고 있었는지는, 그가 대통령 특사로 엘살바도르 등 중남미를 공식 방문하였을 때의 발언 등에서

잘 드러난다. 당시 페루는 그 전해(1968년)에 박통처럼 쿠데타로 집권한 후안 벨라스코알바라도라는 인물이 대통령을 하고 있었다. 대통령 특사 쓰루에게 그가 "한국 경제가 13.1%나 고도성장한 비결이 무엇이냐"고 묻자, 쓰루는 "혁명 후에는 정치적 안정과 경제 발전이 무엇보다 중요하다"면서 (이를 위해) "5개년 계획처럼 정부 주도의 경제개발계획을 강력히 추진"할 것을 강권하는 것으로 답변을 대신했다. 타인의 눈에는 지나친 용비어천가로 비칠지 모르지만, 박통과 쓰루 두 사람 간의 국가 비전 공유는 제3자가 짐작할 수 있는 수준을 넘고 있었다. 그 후 쓰루가 부총리가 되어 청와대를 떠난 후에도 박통이 쓰루에게 더 이상 '이거 해라 저거 해라' 지시할 필요가 없었다.

두 명의 반면교사(反面教師)

그에게는 두 명의 '선생'이 있었다. 왕초와 박충훈이었다. 둘 다 반면교사로서 추후 그의 성공적인 부총리직 수행에 결정적으로 도움을 주었다. 그는 청와대에 있으면서 그들이 어떻게 부총리 겸 기획원 장관 자리를 차지하게 되었는지, 또 왜 그 자리를 내놓아야 했는지 관찰할 수 있었다.

부총리가 될 수 있었던 두 사람의 공통점은 일에 대한 헌신과 추진력이었다. 차이가 있다면 왕초는 부총리 입각 전에 보여준 추진력이 입각 후에 더욱 그 힘을 발휘했다는 점이다. 반면 박 부총리는 상공부 장관 시절에 (수출 진흥에서) 보여준 추진력이 부총리가 된 후부터는 약해졌다는 평가다.

부총리에서 물러난 이유도 두 사람은 많이 달랐다. 왕초는 크게 두 가지 점에서 대통령의 눈 밖에 났다. 하나는 부총리로서의 업적이 쌓이면서 '너무 (정치적으로) 홀로서기'를 한 것이다. 임기 후반에 가서는 대통령의 의중이나 (심하게는) 지시에 반하는 의사 결정을 하거나 정책을 추진하려고 했다. 험담가들은 왕초가 정치적으로 야심이 생긴 징표로 인식하기도 했다. 박통의 눈 밖에 난 왕초의 또 다른 '결격 사유'는 임기 후반으로 갈수록 대통령이 애지중지하는 국가사업에 대해 소극적 내지 부정적 입장을 자주 보였다는 점이다. 박통의 의지를 정책으로 실현해야 할 부총리이면서 "그 사업은 우리 능력을 벗어난다", "사업을 추진할 재원이 없다"는 얘기를 너무 자주 했던 것이다. 경부고속도로와 소양강댐이 그 예였다. 박통이 제1차 경제개발 5개년 계획 때부터 추진하고파 했던 종합제철소 건설 사업으로부터도 발을 빼는 것이 눈에 띌 정도였다. 박충훈 부총리의 경우는 경제정책 총괄(경제팀장) 역할을 스스로 방기하는 듯한 모습을 보였을 뿐 아니라, 박통의 필생사업인 종합제철소 건설 추진에 별 열의나 성과를 보이지 않았던 것으로 그의 퇴임을 설명할 수 있었다.

두 반면교사가 쓰루에게 남긴 가르침은 첫째, '정치에 욕심을 내지 말라'는 것이다. 그것은 왕초의 행동으로부터 깨친 것이다. 그렇다고 '정치라는 물에 손을 담그기를 피하라'는 맥락은 아니었다. 그것은 박 부총리의 교훈이었다. 대통령의 통치를 돕기 위한 최소한의 정치, 손에 최소한의 물 묻히기는 해야 한다는 것이다.

두 선임 부총리의 두 번째 가르침은 대통령의 통치를 성공적으로 이끌기 위해 진력해야 한다는 것이다. 특히 경부고속도로, 종합제철소, 농촌개발 등 박통이 애지중지하는 사업이라면 하루라도 빨리 깔끔하게 완수하는 것이 기본이자 필수였다. 그것에 온몸을 던질 마음의 준비가 되어 있지 않으면 스스로 물러나야 한다는 것이 그 나름의 공직관이었다.

이들 사업은 지금의 눈에는 유치한 전시(展示)통치의 산물처럼 보일 수도 있다. 그러나 정권과 국가 미래에 대한 불안이 잠재적으로 확산해 있던 당시에는 (이들 사업처럼) 무언가 괄목할 만한, 구체적이고 손에 잡히는 통치의 성과를 내는 것이 정권 안정과 대외 신인도 제고에 필수적이었다.

청와대에서 '부총리 연수'

쓰루가 청와대 비서실에서 깨달은 것이 있다면 첫째, 리더는 어젠다(agenda · 국가과제)를 선점하고 그 논의를 주도해야 한다는 것이다. 청와대에서 경제수석을 하는 동안 그는 박통이 경부고속도로, 포항제철소, 중화학공업 등을 그 기본 아이디어 발상에서부터 정책 수립, 추진, 마무리까지 전 과정을 얼마나 굳은 결의를 가지고 어떻게 행정부와 여당을 이끌어가는지를 지켜볼 수 있었다.

둘째, 리더의 통치이념을 정책으로 실현하기 위해서는 청와대 비서실과 관계 부처가 몇 걸음 앞선 국가과제를 대통령에게 제시해야 한다는 점이다. 대통령이 판단할 수 있는 기본 자료를 가감이나 왜곡 없이 제공하되, 여러 선택지 중 자신의 의견은 무엇인지 확실히 밝혀두어야 하는 것이다. 이 점은 박통이 경부고속도로나 소양강댐 건설을 두고 다양한 기관과 주체들이 올린 의견 가운데서 바른 선택을 위해 고민에 고민을 거듭할 때 느낄 수 있었던 것이다.

셋째, 대통령의 신임을 얻기 위해서는 대통령보다 더 많이, 더 깊이 알고 있어야 하고, 대통령이 정책관을 수립하도록 지원해야 하며, 대통령이 진정으로 원하는 것이 무엇인가에 관해 늘 눈과 귀를 열어두어야 한다는 점이다. 이 점은 포항제철소, 울산 석유화학단지 추진 과정에서 관찰할 수 있었다.

넷째, 청와대 비서실이나 관계 부처는 대통령이 '제대로 통치하도록 도와주는 역할'에 그쳐야 한다는 점이다. 소속기관에 부여된 권한을 자신의 권력으로 착각하거나, 자신에게 굽실대는 것을 자신의 리더십에 대한 인정이나 존중으로 여겨 '자신이 직접 정치하려 하는 것'만큼 위험한 일은 없다. 최고 통치자를 보좌하는 것에 그치지 않고 자신이 지도자인 것처럼 나대는 것은, 단일 절대권력을 기본 전제로 하는 권력자 앞에서는 자살행위와 다름없었다.

쓰루는 이러한 '고위 관직 직무 수칙'을 왕초나 박충훈, 김성곤이나 김종필 등 대통령의 신임을 받았던 권력자들이 이러저러한 이유로 내침을 당하는 것을 지켜보면서 깨달았다. 그가 정치에는 전혀 관심이 없고 대통령이 원하는 것을 하루속히 이루는 것이 자신의 바람이자 출세하는 길로 여긴다는 점은 두루두루, 특히 박통에게 대낮처럼 알려져 있었다.

2년 반 동안 청와대 경제수석으로 일하면서 그는 박통의 통치이념과 철학이 무엇인지를 정확히 알게 되었다. 무엇보다 박통의 깊은 신뢰를 누리게 되었다. 박통이 어떤 국가과제를 어떤 우선순위로 실현해야 한다고 생각하는지 잘 알고 있다고 자신하고 있었다. 쓰루는 '준비된 부총리'였다.

3부 40대 부총리 태풍을 몰고 오다

•

1969년 6월, 김학렬은 부총리 겸 경제기획원 장관에 임명된다. 만 46세의 부총리는 취임 첫날부터 종합제철 건설에 팔을 걷어붙인다. 종합제철은 이승만 정권부터 한국 정부의 숙원사업이었고, 박정희 정권에서 두 명의 부총리를 주저앉힌 사업이었다. 쓰루는 철저한 관민 양동작전을 펼친 끝에 그해 8월 일본 정부의 지원 약속을 받아낸다. 덕분에 수십 년 동안 지지부진했던 종합제철소 건설사업은 일사천리로 달려 나가기 시작한다. 그 모멘텀을 타고 그해 10월, 진짜 '쓰루 경제팀'이 꾸려진다. '쓰루의, 쓰루에 의한, 쓰루를 위한 경제팀'이었다.

모두가 놀란 부총리 임명

그는 오뚝이 인생을 살았다. 좌절 후에는 늘 전보다 더 높이 튀어 올랐다. 관료 쓰루에게 세 번의 강등이 있었는데, 모두 얼마 가지 않아 더 높이 승진하곤 했다. 첫 강등은 1961년 군사정권 초기에 사세국장에서 예산국장으로 자리를 바꾼 경우다. 부처를 바꾼 지 두 달 만에 그는 기획원의 1급 자리인 초대 기획조정관이 되어 기획원 안에서 초고속 승진의 첫걸음을 내디뎠다. 두 번째 강등은 기획조정관에서 무보직으로 사실상 기획원에서 쫓겨났을 때였다. 깐깐한 기획예산 업무로 군부에 밉보인 탓이었다. 그 마찰로 김유택 경제기획원 원장까지 물러났으나, 두 달 뒤 송요찬 내각수반이 물러나고 김 원장이 돌아오면서 쓰루는 운영차관보라는 실세 보직으로 승진 컴백했다. 세 번째는 왕초 부총리와의 불화로 재무부 장관 자리를 100일도 못 채우고 청와대 정무수석으로 물러앉았을 때였다. 거기서 대통령의 두터운 신임을 얻은 그는 2년 반

뒤 부총리 겸 경제기획원 장관으로 금의환향한다.

1969년 5월 어느 날, 그가 상기된 얼굴로 퇴근해 부인에게 말했다.

"박 대통령이 (나더러) 부총리 하라는데."

부인이 물었다.

"그래 어이 대답했노?"

"집사람하고 의논 좀 해보겠습니다고 켔지."

"니 빙신이구나. 후딱 네, 하겠습니다고 케야제."

다음 날 그가 청와대에 들어갔더니 박통이 "부인 허가 받으신 모양이지" 하며 웃었다고 한다.[1]

46세 부총리 등장에 우려 섞인 기대

1969년 6월 3일, 쓰루는 부총리 겸 경제기획원 장관에 임명되었다. 대한민국 정부 수립 후 정통 관료 1호가 임명직 최고위의 자리를 차지하게 된 것이다. 박통과 쓰루를 제외하고는 모두가 놀랐다. 물론 걸핏하면 청와대에 불려가 그로부터 정책 지시를 받아온 기획원 관료들에게는 놀라운 일이 아니었다. 그러나 아무리 혁명으로 집권한 젊은 대통령 아래 있다 하더라도, 아무리 시절이 하 수상하여 별일이 다 있다 하더라도, 만 46세의 경제수석이 부총리 겸 경제기획원 장관이 된다는 것은 이례 중의 이례인 건 분명했다.

부총리 쓰루의 등장은 그를 잘 안다고 자부하던 이들, 특히 기획원

1 손광식, 『대기자 취재파일: 한국의 이너서클』, 중심, 2002, pp.18~19(부인 김옥남 증언)

출입기자들의 예상마저 뛰어넘는 것이었다. 언론은 놀라움과 더불어 향후 경제행정이 조용하지는 않을 것이라는 우려 섞인 기대를 표했다.

"재무장관 3개월 만에 물러나 2년여 동안 청와대 비서관으로 은인자중 칼을 갈던 김 부총리의 등장은 심상치 않은 폭풍을 예고했다. …… 그의 특별한 성격을 잘 아는 기획원 사람들은 '이제 우리는 죽었다'고 미리 비명을 지르기도 했다."[2]

취임 후 며칠 되지 않아 그는 『이런 간부는 사표를 써라』라는 제목의 일본 책을 여러 권 사서 간부 직원들에게 돌렸다. 각자가 몸담고 있는 조직과 자신의 발전을 위해 스스로 끊임없이 자기 계발을 해야 한다는 내용을 담고 있는 책이었다. 그의 컴백에 대한 기획원 관료들의 우려는 더욱 깊어졌다.

죽었다고 복창한 것은 그들만이 아니었다. 군림하기를 꺼려 했던 박충훈 부총리 아래 자유를 구가하며 따로따로 놀았던 경제부처들도 쓰루라는 인물의 등장으로 초긴장 모드에 빠져든 것은 마찬가지였다.

그가 부총리로 등장하는 첫 장면부터 심상치 않았다. 개각이 발표된 6월 3일, 그는 기다리고 있었다는 듯이 청와대에서 기획원으로 갔다. (길거리에 승용차가 성기었던 때라, 청와대에서 기획원은 부총리 관용차로 5분도 걸리지 않았다.) 익숙한 현관에 들어서자마자 바로 낯익은 4층 기자실로 직행했다. 기자들에게 취임 인사를 하는 둥 마는 둥, 그는 '우리 역사상의 황금기'를 열거하기 시작했다. 첫 번째는 신라시대, 두 번째는 세종대왕 때, 세 번째는 대원군 시대가 될 뻔하다가 실패했다면서, 자신은 지금 네 번째 황금기에 도전하는 중이라는 것이었다. 그러고는 '동방의

2 최우석, 「경제개발시대 EPB 취재기」, 『경제풍월』 2015년 12월호

등불이 다시 빛나리라……'는 '타고르'[3]의 시를 영어로 낭송했다.

어리벙벙해진 어느 기자가 "전임 박 장관은 '조용한 전진'을 내걸었는데, 김 장관께서는 '시끄러운 전진'을 계획하는 것 아닙니까?" 하고 묻자, 그는 두 손을 크게 저으며 기자회견 자리를 떴다. 스스럼없이 자신을 한국의 황금기를 이룩하려는 주도 세력의 일원으로 자리매김하는 그와 그의 경제팀이 조용하지 않을 것임은 분명했다. 전임 박 부총리가 '무난 장관'이었다면, 신임 부총리 쓰루는 '돌풍 장관'이었다.

쓰루의 부총리 취임은 말도 많고 탈도 많았던 '왕초와 쓰루' 간의 관계를 화해 모드로 바꾸는 전기를 마련했다. 물론 그 화해의 악수는 통이 큰 왕초가 먼저 내밀었다. 당시 IOC(국제올림픽위원회) 총회에 참석차 공산권이었던 폴란드 바르샤바에 가 있었던 왕초가 파리 대사관 경유로 축전을 보낸 것이다. '김학렬 부총리를 누구보다도 열렬히 환영하고 축하한다'는 내용이었다. 쓰루도 역시 파리 대사관을 통해 '축전 감사. 장 위원의 IOC 직무 수행에 성공과 영광이 있길 빈다'는 답장을 보내 마음의 부담을 덜었다.[4]

3 라빈드라나트 타고르(Rabīndranāth Tagore). 인도 시인으로 1913년 노벨 문학상을 받았다. 한국을 소재로 한 두 편의 시 「동방의 등불」과 「패자(敗者)의 노래」를 남겼다. 「동방의 등불」은 1929년 타고르가 일본에 들렀을 때, 동아일보 기자가 한국 방문을 요청하자 이에 응하지 못함을 미안하게 여기며 동아일보에 기고한 작품이라고 한다.

4 육성으로 듣는 경제기적 편찬위원회, 『육성으로 듣는 경제기적 I: 코리안 미러클』, 나남, 2013, p.330

누가 그를 밀었나

그 인사는 부총리만 교체한 족집게 단독 인사였던지라 '박충훈 씨의 사표가 갑작스러워 쓰루로 부총리 자리만 채웠다. 여타 경제부처 장관에 대한 인사는 준비되는 대로 실시할 것이다', '후속 장관 인사가 있어야 하지만, 쓰루가 팀을 구성할 시간적 여유를 주느라 당장의 여타 장관 인사를 안 했다' 등등 해석이 분분했다.

그 후 진행된 일로 봐서는 박 부총리의 사임으로 새 경제팀을 만들 필요가 있긴 한데, 새 부총리가 자기 나름의 경제팀을 꾸릴 여유가 없었다는 분석이 제일 일리가 있다. (이후 10월 개각을 통해 그가 부담스러워하거나 마음에 들어 하지 않는 인물들은 대부분 경제팀에서 물러나고, 상대적으로 젊고 박진감 넘치는 인물들이 들어왔다. 새 쓰루 팀은 대부분 그의 의향을 반영한 것이었다.)

그의 부총리 취임에 관해 여러 설이 있다. 박통이 늘 그를 부총릿감으로 생각하고 있던 차에 마침 박충훈 부총리가 사임해 그가 부총리가 되었다는 설이 있는가 하면, 부총리 결원이 생겼을 때 정일권 국무총리가 그를 적극 추천하였고 이후락 대통령 비서실장이 거들었다는 얘기도 있었다.

쓰루가 명석하고 소신이 뚜렷하며 추진력이 있는 점을 높이 사고 있던 박통도 그의 모난 점이 마음 한구석의 걱정이었다고 한다. 과연 그가 부총리로서 경제팀을 '조화롭게' 끌고 갈 수 있을까에 대한 걱정이었다. 그래서 이 비서실장에게 "그 사람을 부총리 시켜도 괜찮겠냐"고 물으니, "청와대에 들어와 수양을 많이 쌓아 달라졌다"는 말로 박통을 안심시켰다는 야담 같은 얘기가 전해진다. 쓰루 자신은 재무부 장관 천거 때부터 자기를 알아주고 밀어준 인물은 정 총리라고 믿고 있었다.

신현확 씨가 자기 대신 쓰루를 추천했다는 얘기도 있다. 신 씨가 그 때는 쌍용양회 사장을 하고 있었는데, 원래 자신이 부총리로 내정되고 그 사실까지 통보받았다는 것이다. 그런데 쌍용양회의 오너이자 공화당 재정위원장이었던 김성곤 씨가 자기 회사의 경영 쇄신에 신 씨가 꼭 필요하다고 하여 그 인사가 물림을 당했다는 것이다. 김정렴 대통령 비서실장이 내정 철회 소식을 전하고는 신 씨에게 "내일 조각 발표를 해야 한다. 누가 좋겠느냐"고 묻기에 쓰루를 추천하였는데, 다음 날 보니 자기가 추천한 대로 그가 부총리가 되었다는 것이다.[5]

신현확 씨 추천설은 다른 회고[6]에도 가끔 나온다. 그러나 그런 전언들대로라면 석연치 않은 점이 몇 가지 있다. 첫째, 6월 2일 부총리 교체 발표가 있기 며칠 전에 쓰루의 부총리 영전은 정해져 있었다. 그가 박통으로부터 부총리 영전에 관해 귀띔을 받은 것은 5월 말이었고, 적어도 부총리 임명 발표가 나기 하루 이상 전에 대통령에게 그 직의 수락 의사를 밝혔다는 게 이를 증명한다. 둘째, 김정렴 비서실장이 신 씨에게 그 대신 임명할 부총릿감을 물었다는 것도 사실이기 힘들다. 쓰루가 부총리로 임명되었던 1969년 6월에 김정렴 씨는 개각 관리를 하는 비서실장이 아니라 상공부 장관이었다. 김정렴 씨가 대통령 비서실장이 된 것은 쓰루가 부총리가 된 넉 달 반 뒤인 10월 22일 개각 때였다. 셋째, 당시 인사는 부총리를 박충훈 씨로부터 쓰루로 교체하는 '각료 1

5 신철식, 『신현확의 증언』, 메디치, 2017, pp.205~207

6 주태산, 『경제 못 살리면 감방 간대이: 한국의 경제부총리, 그 인물과 정책』, 중앙M&B, 1998, p.141

인 교체'였고, 복수 각료가 교체되는 '개각'은 아니었다. 따라서 개각을 발표해야 되는데, 부총리로 임명할 사람이 없어서 개각을 못 할 상황이 아니었다는 얘기다. 어쨌든 그가, 박통의 귀를 붙잡고 있는 많은 윗사람들 사이에서 '부총릿감'으로 여겨진 것만은 분명한 것 같다.

파격 부총리의 파격 인사

쓰루는 언론에 관한 한 다른 장관보다 유리한 입지에서 부총리에 취임하였다. 당시는 언론사 기자들이 다분히 지사적(志士的)일 때였다. 정부에든 기업에든 매사에 공분(公憤) 수준으로 비판적이어야 언론인 행세를 할 수 있었다. 기껏 오래간만에 긍정적으로 쓰는 기사도 그 끄트머리에 '물음표' 멘트를 붙이는 것이 관행이었다.

그에 관한 기사는 그런 식으로 구태의연하지 않았다. 그가 구태의연하지 않았기 때문이다. 언론은 당시 기준으로도 과도하게 튀는 그의 언행을 늘 좋게 보도했다. 매사에 비판적인 언론이 그를 곱게 (요새 젊은이들 표현으로, '귀엽게') 본 것에는, 명쾌한 성격, '면도날 차관'이라는 별명을 무색게 하는 유머 감각, 국회나 특히 왕초와의 관계에서 보인 공직자로서의 소신 등이 작용하였을 것이다. 아니면, '꼰대스러운' 기존의 관료 체제 또는 상하로 움직이는 사회 체제에 대한 그의 해학으로부터 기자들이 대리 만족이랄까 어떤 카타르시스를 느꼈기 때문은 아닐까 싶다. 게다가 그는 차관 때부터 익살과 기행으로 많은 기삿거리를 제공해왔다. 기자들은 밥 사고 술 사며 자기네한테 잘해주는 취재 대상보다 자기네를 거칠게 대하더라도 기삿거리를 자주 제공해주는 취재원을 더 좋아한다!

45년 넘는 시간이 흐른 지금도 당시의 기획원 출입기자들은 애정을 가지고 '그때의 기획원과 쓰루'를 회고하면서, "아까운 사람이 너무 젊은 나이에 갔다"는 말을 하고 있다. 일찍 돌아간 때문이라 해도, 기자들의 이런 긍정적 평가가 이토록 오래가는 것은 드문 예이리라.

언론을 응원군으로 산뜻한 출발

2년 9개월 만에 다시 돌아온 기획원에는 그가 차관일 때 출입하던 각 언론사의 기자들이 많이 남아 있었고, 차관 때의 출입기자 중에는 본사에 돌아가 경제부장을 하고 있는 사람들도 있었다. 이계익, 최우석, 김진현, 엄일영 등이 그들이다. 그들은 기자 사회에서 내로라하는, 나름대로 언론계에서 일가를 이룬 중견 이상의 기자들이었다. 그런 위치의 기자나 언론계 중진이 그에 대해 비교적 좋은 인상을 가진 상태에서 기획원에 '금의환향'했다는 것은 그의 전형적인 관운이었다.

자신이 부총리가 되면서, 그토록 싫어하던 부총리 왕초로부터 한 가지 배워보려고 의식적으로 애쓴 것이 있다면, 그것은 대(對)언론 관계였다. 바쁜 중에도 기자실에 자주 들러 가급적 기자들과 허심탄회한 시간을 가지려고 했고, 사적인 교분을 쌓으려고 노력했다.

어느 정도 가까워진 기자에겐 속 깊은 이야기도 털어놓곤 했다. "내가 말이야, 재무장관에서 떨어져 경부선 야간열차를 타고 부산으로 내려갈 때 칼을 갈았지. 이번에 장난친 놈들 절대 가만두지 않겠다고. 그러나 이젠 다 용서하기로 했어. 이만하면 이 김학렬이도 대인(大人)이지. 허허허"[7] 자신이 이전과는 달라졌다는 이야기이자 대화 상대와 더 친해지고 싶다는 마음의 표현이었다.

그는 현안에 대해서 복안을 툭 털어놓으면서 기자들의 반응도 청취하고, 또한 정책에 대한 그들의 이해와 공감을 높이려고 애썼다. 박통 밑에서 2년 반 동안 경제수석으로 지내면서 국민의 지지를 얻지 않으면 나라 정책을 아무것도 이룰 수 없다는 것, 그리고 언론을 통해서만 국민과 소통할 수 있다는 것을 너무나 자주 보고 익히 알게 되었기 때문이다.

"그가 언론관계를 중시한 데에는 왕초를 지켜보며 또 청와대에서의 경험을 통해 '나도 정치를 할 필요가 있다'는 자각도 작용했을 것이다."[8]

기자를 비서실장으로

그로 하여금 언론과 '편한 관계'를 가질 수 있게 한 '신의 한 수'는, 기자 출신의 언론인을 비서실장

7 최우석, 앞의 책, 2016년 2월호

8 엄일영 증언

으로 영입한 것이었다. 당시 기준으로는 파격 중의 파격이었다. 당시 최대 발행 부수를 자랑하던 한국일보의 계열사 서울경제신문 경제부장을 박봉의 경제기획원 비서실장으로 '모셔' 오는 것은 쉽지 않은 일이었다. 그 뒷얘기는 이렇다.

엄일영 부장은 쓰루가 경제기획원 차관이었을 때 한국일보의 기획원 출입기자였다. 처음부터 두 사람 사이가 좋았던 것은 아니다. 엄 기자가 쓰루에 대해 좋은 인상을 가지게 된 것은 둘 사이의 가벼운 다툼이 계기가 되었다고 한다. 유창순 부총리 때였다. 차관 쓰루가 뭔가를 기자단에게 설명했는데, 엄 기자가 "이거 맞느냐"고 확인차 물었다. 그랬더니 대뜸 "나 거짓말하는 사람 아니다. 내가 거짓말하는 것 봤냐?"고 버럭 화를 내더란다. 그래서 엄 기자가 "그래요, 알았어요. 두고 봅시다. 사람이 거짓말 안 하고 살 수 있는지" 하고 넘겼다. 그렇게 기분이 틀어져 있는 상태였는데, 며칠 후 복도에서 둘이 마주쳤다. 그때 쓰루가 "저번에 미안했어" 하고 먼저 사과를 건넸다. 엄 기자의 기분이 풀어지지 않을 수 없었다.

왕초가 사주인 한국일보의 기자였지만, 엄 기자는 장관 왕초와 차관 쓰루 간의 관계를 부드럽게 하려고 많은 애를 썼다. 특히 쓰루의 공개적인 험담을 참지 못한 왕초가 쓰루를 내치려 할 때마다, 이를 극구 말린 당사자가 바로 엄 기자였다. 이 사실을 알고 있던 쓰루로서는 그에게 늘 마음의 빚이 있었다.

게다가 엄 기자는 듣기 거북한 충언을 쓰루에게 해줄 수 있는 몇 안 되는 사람 중의 한 명이었다. 엄일영 기자(와 그 가족)는, 쓰루가 그의 공직자 생애를 통해 자신의 가족과 함께 공휴일에 서울 근교로 나가 하루를 같이 즐긴 유일한 언론인이었다. 되돌아보면 그 가족 모임은 아마도 왕초와의 사이를 중재해주는 등 자신을 위해 애쓰는 엄 기자에게 그 나름대로 고마움을 표시하는 무언의 방법이었던 것 같다.

쓰루가 부총리로 컴백한다는 소문은 인사 발표 며칠 전부터 나 있었다. 이에 엄 부장이 그에게 사실 확인차 청와대로 전화를 걸었다. 그는 소문일 뿐이라며 딱 잡아뗐다. 두 사람 간의 오랜, 각별한 관계를 생각할 때, 그가 부인하면 더 물어볼 필요도 없는 것이었다.

그 며칠 후 그가 부총리가 되었다는 뉴스가 터지는 게 아닌가! '大한국일보'의 경제부장이란 사람이 부총리 인사 사실을 모르고 있었다는 것(기자들 용어로 '물먹었다'는 것)은 그것 자체가 창피한 노릇일 뿐 아니라, 다른 사람도 아닌 쓰루가 자기에게 '배신을 때렸다'는 사실에 엄 부장이 화가 난 것도 무리는 아니었다.

엄 부장은 바로 쓰루의 자택으로 전화를 걸었다. 전화를 받은 쓰루가 엄 부장이 뭐라고 하기도 전에 "아, 엄 부장이야? 다른 사람들은 축하해준다고 다들 와 있어. 당신은 안 올 거야?" 하는 것이었다. 기가 막히고 늦은 시간이었지만, 혜화동 쓰루 집으로 가지 않을 도리가 없었다.

통행금지 시간이 가까워져 다들 일어나는 분위기가 되었을 때, 쓰루 부인 김 여사가 엄 부장에게 다가와 "가시지 말고 잠시 남아 계시지요. 2층 서재에서 뵈었으면 합니다"라고 조용히 말했다.

몇 분 뒤 서재에서 엄 부장과 마주한 쓰루는 불쑥 "나 좀 도와달라. 내 비서실장을 해줘야겠다"고 말을 꺼내는 것이었다. 엄 부장이 펄쩍 뛰며 극구 사양하자, 이번에는 김 여사까지 나서서 간곡한 부탁을 계속했다.

쓰루가 어떻게 오늘까지 오게 되었나? 몇 번이고 왕초가 쓰루를 기획원에서 내치려 할 때마다 왕초를 설득하여 끌어안도록 한 게 당신 아니냐? 엄 부장 당신이 그토록 애쓰지 않았다면, 쓰루 부총리는 처음부터 없었을 게 아닌가? …… 비서실장을 맡아달라는 그의 간청을 더 이상 사양할 수 없었다.

"김 부총리가 처음에는 언론 플레이에 굉장히 서툴렀어요. 성질은 급하고 선후가 분명한 관료 출신이라서 말을 대강 둘러서 할 줄도 모르고. 재무부 장관 시절 기자회견 때 잘못 말려들어서 초단명으로 끝난 경험도 있고. 신문과 기자에 대한 공포증 비슷한 게 있었어요. 그래서 그 양반이 부총리가 된 후 발언 실수 안 하려고 발표문을 만들어서 줄줄이 읽어 내려갔어요. 그러다가 대답하기 난처한 질문이 나오면 '이것은 내가 쓴 것이 아니고 미스터 엄이 썼으니까, 미스터 엄한테 질문하시오' 이런 식으로 비켜 갔어요."[9]

언론계 대선배에게 기획원 출입기자들이 함부로 할 수는 없었다. 언론인 출신이 비서실장으로 오면서 기획원의 정책은 언론용으로 잘 포장돼서 신문에 크게 실리곤 했다. 언론과 기자를 무엇으로 춤추게 할 수 있는지, 엄 비서실장은 너무나 잘 알고 있었다.

9 육성으로 듣는 경제기적 편찬위원회, 앞의 책, p.310 (엄일영 증언)

•

터줏대감 장관들을 어떻게 이끌고 갈 것인가

패기가 넘치는 신임 부총리에 대한 언론의 관심은 경제팀의 리더십과 조화에 모아졌다. 쓰루의 취임의 변(辯) 역시 "앞으로의 경제정책은 산만한 불합리성을 배제하고, 종합적이고 조화된 시책을 집행하겠다", "(경제부처들이) 단결해야 한다"는 것이었다. 이 취임 일성으로 그는 경제부처들에 '경제팀장인 나를 따르라', '각 부처별로 중구난방으로 정책을 펴지 마라', '경제정책은 전체로 일관성이 있어야 한다'는 것을 말하고 있었다.

기다렸다는 듯이 그날 각 언론사들도 일제히 바람직한 경제팀의 리더십에 관한 주문을 쏟아내었다. 요지는 '박 부총리를 반면교사 삼아, 경제팀장으로서 리더십을 잘 발휘하라'는 것이었다.

"당시에 언론들이 구태여 쓰루라는 40대 부총리에게 리더십을 주문한 데에는, 과연 그가 경제팀장으로서 기존의 경제부처 장관들을 이끌고 나갈 수 있을까 하는 의구심도 한몫을 하고 있다. 언론의 리더십 운운은, 패기 넘치고 면도날 같은 강한 성격의 그가 호락호락하지 않은 장관들, 특히 노련한 경제부처 장관들을 다독이며 원만히 이끌고 나갈 수 있을까 하는 우려가 대종을 이루고 있었다."[10]

수출 주도 산업화의 정책 총책인 상공부 김정렴 장관은 쓰루가 재무부 이재국 관리과장이었을 때 '모시던' 이재국장이었고, 그 밖에 재무부 황종률 장관, 건설부 이한림 장관, 농림부 조시형 장관, 문교부 민관식 장관, 교통부 백선엽 장관 등 연배로 보나, 군사정권(특히 박통)과의 인연으로 보나, 각 분야에서의 경륜으로 보나, 면면이 그가 함부로 할 수 없는 쟁쟁한 인사들이었다.

"당시 경제팀은 47세의 젊은 김 부총리가 이끌기에는 다소 무거웠다."[11]

쓰루에게도 터줏대감 경제부처 장관들이 부담스러울 수 있었다. 그러나 그의 리더십에 대한 우려는 기우에 지나지 않았다. 무엇보다, 대통령의 신임을 등에 업은 그를 감히 흔들 인물이 없었다. 그가 생각하는 팀워크는 리더가 이끄는 대로 가는 것이었다. 당시 정치 · 경제적 상황에서, 팀이 나아갈 방향을 팀원 개개인의 의견을 듣고 조정해가며 정하는 것은 사치일 뿐이었다.

"김 부총리는 경제기획원 장관이 어떤 배경을 가졌든 경제팀장으로서의 지휘권과 권한을 확실히 챙기는 성격이었다. 이미 청와대에 있으면서 경제 문제를 속속들이 파악했고 박 대통령이 무엇을 원하는지 잘

10 위의 책, p.266

11 최우석, 앞의 책, 2015년 12월호

알았다. 명석한 두뇌에다 풍부한 행정 경험, 또 무엇보다 대통령의 두터운 신임을 안고 부임했으니 두려울 게 없었다."[12]

성장과 안정의 조화

쓰루가 부총리 겸 기획원 장관으로 취임한 1969년의 한국 경제는 그가 예산국장으로 기획원의 출범에 참여했던 1961년과는 질적으로 전혀 다른 문제들을 안고 있었다.

"신임 김 장관은 양적 성장에 비례해서 심화된 질적 모순에 차원 높은 대책을 강구해주기 바란다. 농공 간의 격차 확대, 지역 간의 격차 확대, 근로소득층과 재산소득층의 괴리 등 질적 모순에 눈을 돌릴 단계에 우리는 처해 있다는 것이다."[13]

"지나친 고도성장과 이를 위한 고율투자, 또 이를 위한 무리한 외자도입정책이 결국 오늘날과 같은 고율소비, 저율국민저축, 수입 촉진과 무역적자의 확대, 부실기업의 속출, 외채 상환 전망의 어려움, 물가 및 경제 불안 등을 가져온 것이다. …… 종래와 같은 무리한 팽창정책은 삼가야 하고 적정성장률 정책으로 전환해야 할 것이다."[14]

쓰루는 언론이 지적하는 우려와 그들이 주문하는 정책 전환에 대해서 익히 알고 있었고, 누구보다 공감하고 있었다. 그는 취임 열흘 만에 소위 '3원칙 5대 시책' 패키지로 '준비된 부총리'의 정책 기조를 밝혔

12 위의 책, 2015년 12월호

13 『중앙일보』 1969년 6월 3일 자

14 『동아일보』 1969년 6월 4일 자

다. 그것은 성장과 안성의 조화를 중심으로 하는 가운데 첫째, 수출 주도 산업화 기조를 유지하면서 농촌 부문의 진흥을 꾀하고, 둘째, 기간산업을 적극 추진하되 우선순위 기준으로 투자를 신중히 하며, 셋째, 적정성장률 조정으로 안정을 기하겠다는 내용이었다. 기자회견 직후 국회 본회의에서 행한 취임 인사에서도 "경제 안정과 고도성장의 기조 유지에 성심껏 임하겠다"며 안정 기조 강화를 다짐했다.

그러나 '종합', '조화' 등 새로운 색깔을 띤 쓰루의 정책 기조는 획일성에 익숙한 당시 언론의 귀에는 앞뒤가 맞지 않는 이야기로 들리기 십상이었다. 마치 '좌회전 깜빡이를 켜고 우회전하는 것'처럼 들렸던 거다. 성장이면 성장, 안정이면 안정이어야지, 양자 간의 조화를 추구하겠다는 것은 둘 다 안 하겠다는 얘기나 마찬가지라는 것이다. 첫 작품에 대한 언론의 혹평은, 막연하게나마 그가 품고 있던, '언론이 나에게는 호의적이겠지'라는 환상에 찬물을 끼얹었다.

"투자율을 유지하기 위해 외자 도입을 적극화하되 투자 우선순위를 엄격히 지키겠다는 생각은 곧 고율외자 도입에 의한 고도성장정책을 후퇴시킬 뜻이 없음을 말하는 것으로 현재까지의 정책 기조와 조금도 다른 것을 발견할 수 없다. …… 요컨대 김 기획의 첫 회견 내용은 원칙적으로 타당한 듯하면서도 기실 자기모순에 빠진 것이다. 누적된 불안요소를 정리하고 넘어가기 위한 체계화된 정책의 제시를 다시 한번 기대하는 바이다."[15]

쓰루가 어떻게 성장과 안정 간의 조화를 기하겠다는 것인지, 농공간 또는 지역 간 균형 발전을 어떻게 추진하겠다는 것인지를 언론이 알

15 『중앙일보』 1969년 6월 12일 자

게 되는 데는 그 후 몇 개월이 채 걸리지 않았다.

돌아온 친정

부총리 쓰루가 접수한 기획원은, 그가 차관이었다가 떠났을 때의 그 기획원과 적어도 겉으로는 크게 달라진 것은 없었다. 법과 제도가 안겨준 부처의 권능은 예전과 별다른 게 없었다. 문세는 기획원을 끌고 가는 사람들의 마음가짐이었다. '자율성'을 중시하는 박 부총리를 거치면서 기획원은 총괄부처로서 여타 경제부처를 통솔하겠다는 의지도, 또 그 경제부처들이 인정해주는 권위도 크게 쇠잔해 있었다.

그래서 언론은 쓰루가 (왕초에 이어) '기획원의 제2의 전성시대'를 열 것인가 여부에 관심을 가졌다. 그는 그런 것에 구애받지 않았다. 기획원은 이제 자신의 기획원이기 때문이었다. 그에게는 '친정' 기획원은 마음만 먹으면 언제든 최고 최강의 경제부처로 바로 세울 수 있다는 자신감이 있었다.

6월 3일 취임식에서 마주한 기획원 '식구'의 면면은 그의 그런 기대와 자신감을 한껏 부풀게 했다. 그들의 눈빛은 막강 부총리 쓰루에 대한 기대, 다시 한번 기획원을 최고 최강의 부처로 우뚝 서게 하겠다는 열의로 가득 차 있었다.

기획 사이드에는 우용해 기획차관보(훗날 쌍용그룹 회장) 밑에 이희일 경제기획국장(훗날 동력자원부 장관)과 김주남 예산국장(훗날 건설부 장관)

이, 운영 사이드에는 정문도 운영차관보(훗날 벽산건설 회장) 밑에 최창락 경제협력국장(훗날 한국은행 총재)과 양윤세 투자진흥관(훗날 동력자원부 장관)이 버티고 있었다. 기획원을 이끌고 가는 명실공히 기라성 같은 인재들이었다. 그들은 쓰루가 (1961년 기획원 초창기에 예산국장으로 시작해 1966년에 차관 자리를 뜰 때까지) 직접 발탁하거나 담금질을 해온 엘리트 중의 엘리트 관료였다.

그는 기획원이라는 조직의 권능과 작동 원리, 그걸 끌고 가는 인물 개개인의 능력과 성격, 그리고 때로는 가족사까지, 모든 것을 속속들이 알고 있었다. (개중에는 쓰루 부부가 중매를 서 결혼에 이른 후배 관료들도 있었다.) 비범한 일을 비범한 속도와 방법으로 벌이려는 그에게는 더 이상 바랄 수 없는 보도(寶刀)였다. 2년 반 넘게 녹슬고 있던 그 보도는 이제, 휘두르는 데에 아무런 거리낌이 없는 쓰루의 두 손에 쥐어졌다. 그러나 그 보도를 휘두르고 나서기 전에 당장 꺼야 할 발등의 불이 있었다. 포항종합제철소(포철) 건설사업을 발진시키는 것이 바로 그것이었다.

포철 건설사업 하나로 그는 두 마리 토끼를 잡고 싶어 했다. 하나는 박통 마음 한구석에 남아 있을지 모르는 자신의 능력에 대한 의구심을 말끔히 떨쳐내고, 자신의 부총리 임명이 바른 선택이었음을 보여주는 것이었다. 그리고 또 하나는, 정부 안팎의 다른 이들에게도 그가 어떤 인물인지 '본때'를 보여주는 것이었다.

퇴로는 없다:
포항종합제철 건설

1969년 6월 3일, 쓰루는 부총리 취임식을 마치고 곧장 집무실로 향했다. 방에 들어서자 바로 벽에 걸린 칠판 앞으로 다가서더니, 단숨에 '綜合製鐵(종합제철)' 네 글자를 휘갈겨 썼다. 그러곤 비서에게 "종합제철이 완공되거나 내가 부총리 목이 날아갈 때까지는 절대 지우지 마라!"고 일러두었다.[16]

취임 5일 후 쓰루는 정문도 운영차관보(쓰루의 부산상고 후배였다)를 단장으로 상공부, 건설부, 포항제철 등의 14명으로 구성된 '종합제철건설사업 계획연구위원회'(종합제철건설전담반)를 설치했다. 그 TF팀을 사무실로 불러 한 줄로 세워놓고 일갈했다.

"네놈들의 선조나 자손 대대로 이와 같이 민족적이고 국가적으로 중

16 주태산, 앞의 책, p.65
손광식, 앞의 책, p.15

차대한 사업을 맡아서 하는 일은 없을 것이다. 기획원엔 출근할 필요가 없다. 오로지 종합제철에만 매달려라. 이 사업은 어떤 일이 있어도 꼭 성취해야 한다."

그러고는 "느그들이 그 책임을 다해야 한다. 만약 다하지 못한다면 살아남을 자격이 없다. 버스값은 내가 줄 테니 한강에 가서 빠져 죽어라"라는 으름장으로 그들의 퇴로를 불태워버렸다.[17]

6번의 좌절 '부총리의 무덤'

그는 종합제철소에 대한 박통의 집념을 잘 알고 있었다. 쓰루는 경제수석으로서 대통령 옆에서 어떻게 왕초와 박충훈 부총리가 물러나게 되었는지를 지켜보았다. 어느새 포철은 '부총리의 무덤'으로 불리고 있었다.[18]

종합제철은 1950년대 이승만 정권에서부터 한국 정부의 숙원사업이었다. 그것은 공업 강국의 상징이었다. 종합제철('산업의 쌀')은 경부고속도로('산업의 대동맥'), 울산 석유화학단지와 더불어 2차 계획의 3대 중점사업 중 하나였다.

당시 한국의 제철산업은 걸음도 제대로 떼지 못하는 영세업체가 태반이었다. 공급은 수요에 턱없이 모자랐고, 기술 수준은 형편없었다. 기술이라고 해봐야 전쟁이 남기거나 해외에서 수입한 고철을 녹이는

17 김흥기 편, 『비사 경제기획원 33년: 영욕의 한국 경제』, 매일경제신문사, 1999, pp.170~171

18 주태산, 앞의 책, pp.72~73

김흥기 편, 앞의 책, pp.148~149

것이 고작이었다. 연평균 10%에 육박하는 경제성장, 특히 건설 붐으로 인해 철강 수요가 폭발적으로 늘어나고 있었다. 그 수요의 대부분을 수입(75%)이 채워갈 수밖에 없었다.

종합제철소 건설은 1969년까지 총 6차례 시도가 있었다. 그러나 선진국 또는 국제금융기구의 차관 제공 거부로 번번이 무산되었다. 그럼에도 불구하고 박통은 1968년에 종합제철소를 추진할 법인으로 포항제철을 설립하여 종합제철소 건설 의지를 국내외로 내보였다.

쓰루가 부총리가 되기 직전 1969년 봄에는 선진국 철강업체 8개 사로 구성된 KISA(Korca International Steel Associates · 대한국제제철차관단)가 경제성을 이유로 차관 제공을 공식적으로 거절했다. 당시는 브라질 등 잠재적 내수시장이 어마어마한 개도국이 엄청난 차관 지원에도 불구하고 종합제철 건설사업에 실패해 세계은행이 골머리를 앓고 있었다. 블랙(Black) 세계은행 총재는 "개도국에 세 가지 신화가 있다. 그 첫 번째는 고속도로 건설이고, 두 번째는 종합제철소 건설이며, 세 번째는 국가원수 기념비 건립이다"라고 말할 정도로 개도국의 무모한 국가 건설사업이라면 치를 떠는 인물이었다. 그런 세계은행에 그런 총재였으니, 규모의 경제를 기대할 수 없는 작디작은 한국이 종합제철소를 건설하겠다고 나섰을 때 차관을 줄 리가 없었다.

일본을 잡아라[19]

선진국들이 모두 손을 든 마당에 한국이 자본과 기술을 구할 수 있는 곳은 한국의 최대 철강 수입국인 일본밖에 없었다. 당시 한국이 수입하는 철강의 80%는 일본 제품이었다. 국교를 정상화한 지 4년밖에 되지 않은 일본에서 포철 건설에 필요한 자본(차관)을 들여올 구석은 대일청구권자금뿐이었다.

그러나 청구권자금은 1965년 이후 10년 동안 어느 부문에 얼마가 쓰일지 이미 한일 간에 공식적으로 합의해놓은 바 있었다. 그 용처에는 포철 같은 사업은 포함되지 않았다. 그 자금을 포철 건설에 돌린다는 것은 바로 농어촌개발(이나 중소기업 육성)의 지연을 의미했다.

박통에게 농촌에 쓰일 청구권자금을 종합제철소 건설사업으로 돌려야 한다는 건의를 한 것은 쓰루였다. 박통의 농촌에 대한 각별한 애정은 모두가 알고 있었다. 아무도 감히 그에게 청구권자금 전용 얘기를 꺼내지 못했다. 결국 박통의 마음을 움직인 것은 쓰루의 나라경제를 위한 충정 어린 진언이었다. 처음에는 "말도 안 된다. 그게 무슨 소리냐?"며 펄쩍 뛰었지만, 며칠을 두고 두 번, 세 번 진언하는 쓰루의 충정을 마냥 무시할 수는 없었다. 이제 막 부총리로 임명한 쓰루, 박통 자신이 포철 건설을 제대로 추진하라고 청와대에서 내보낸 그가 자신의 명운을 걸고 덤버드는 일을 못 하게 할 수는 없었다.

일본 정부로부터 받은 청구권자금 5억 달러의 약 4분의 1(1억 2000만 달러)이 포철 건설 한 사업에 투입되었다. 아무리 그가 애지중지하는 국

19 육성으로 듣는 경제기적 편찬위원회, 앞의 책, pp.267~272

책사업이라고 하더라도 그토록 많은 달러를 모두가 안 된다고 아우성인 단일 건설사업에 투입하기로 한 것은 박통으로서는 자신의 명운을 건 결단이었으리라.

국제철강 커뮤니티와 일본이 한국의 종합제철소 건설을 반대하는 요지는 '경제성이 없다'는 것이었다. 사업의 규모(철강 생산 60만 톤)로 보나, 사업에 따르는 비용(금리 등 경영 여건, 사회간접자본 건설과 유지 등)으로 보나, '처음부터 적자가 나고 적자의 늪에서 헤어날 수 없어서 결국 빚만 쌓이게 된다'는 판단이었다. 게다가 일본 정부는 '종합제철소 건설에 필수적인 기술 협력은 민간 철강회사가 결정할 사항이지, 정부가 이래라저래라 할 것이 아니다'는 입장이었다.

쓰루는 일본 비협조의 그 두 가지 핑계를 해소하기 위해 관민 양동작전을 폈다. 정부(포철 TF팀)는 경제성을 확보하는 데 집중토록 했다. 제철 규모를 늘려 규모의 경제를 갖게 하고, 도로 · 항만 등의 건설 지원을 확대하여 포철 제품의 경제성을 높이는 데에 주력하도록 했다. 민간(박태준 등 포항제철팀)은 일본 철강회사들로부터 기술 협력을 받아내는 데 집중하게 했다. 쓰루는 8월 말 도쿄에서 열릴 예정인 한일각료회담을 승부처로 삼았다.

명동의 YWCA 사무실을 빌려 철야 작업을 밥 먹듯이 하는 전담반은 적어도 1주일에 한 번은 기획원 장관실에 들러 경과보고를 해야 했다. 한일각료회담이 다가오면서 쓰루가 밤을 지새우는 날이 잦아졌고, 실무팀 보고의 빈도도 높아져갔다.

그는 '종합제철소가 경제성이 있으려면 최소한 103만 톤 규모가 되어야 한다는데, 그러려면 돈이 얼마나 드는가? 그 돈으로 103만 톤을 만들었을 때 가격 등에서 국제 경쟁력이 있는가? 만약 경쟁력이 확보되지 않는 경우, 국제 경쟁력이 있도록 하는 방법은 무엇인가? 제철 수요는 어떻게 담보할 것인가?' 하는 원론적인 문제서부터 '공장 건설을 하는 데 장애가 무엇인가? 원료 확보는 어떻게 하는가? 건축자재 수송에 문제는 없는가?' 등등의 실무적인 사항까지 철저하게 보고를 받고 검토하고 해결책을 고민했다.

보고받는 그가 어찌나 날카롭게 허점을 집어내는지 모두들 지옥 훈련하는 기분이었다고 술회한다. 한 달 동안 TF팀으로 일하고 기획원으로 돌아온 노인환(훗날 전경련 부회장, 국회의원) 공공차관과장은 "정말 죽을 고생을 했다"면서 외국 책을 갖다 놓고 최신 제철 공장이 어떻게 생겼으며 어떻게 철이 만들어져 나오는지부터 철저하게 공부했다고 TF팀 생활을 전했다.[20]

한 달간의 철야 작업으로 TF팀은 1969년 7월 말, 포철신사업계획서('종합제철공장 건설을 중심으로 하는 한국제철공업개발에 관한 보고서')를 그에게 제출했다. 그는 이를 정부의 계획으로 확정 공표했다. '철강 생산 규모는 100만 톤으로 한다', '건설과 그 후 경제성 확보를 위해 정부가 지원에 만전을 기한다'는 것이 주 내용이었다. 신사업계획 확정 후 포철 TF팀은 바로 일본으로 파견되었다. 한일각료회담이 열리기 전에 일본의 관계자들을 상대로 로비에 집중하기 위해서였다.

20 최우석, 앞의 책, 2015년 12월호

두 완벽주의자가 만날 때

포철 신사업계획을 공표하는 자리에서 쓰루는 '일본 정부에 협력을 요청했다'는 사실도 밝혔다. 일본을 향해 '4주 뒤 있을 한일각료회담에서 한국 정부가 종합제철 건설사업에 청구권자금 사용을 요청할 것이다'라는 도전적 메시지를 보낸 것이었다. 하루가 아쉬운 마당에 서로 눈치 보느라 아까운 시간 낭비하지 말고 서로 카드를 다 까놓고 판을 벌이자는 얘기였다.

한일 양국 모두 8월 26일로 예정된 한일각료회담에서 종합제철소 건설이 핵심 주제가 될 것으로 예상하고 있었다. 양국은 상대편이 무엇을 원하는지, 무슨 생각을 하고 있는지, 심지어 무슨 협상 카드를 동원하려는지까지 짐작하고 있었다. 일본은 한국의 협상 포지션이 무엇인지 알고 있다는 시그널을 『니혼게이자이신문』 등을 통해 계속 내보내고 있었다. 한국도 일본 정부의 입장과 업계 동향을 파악하고 있다는 사실을 『동아일보』, 『경향신문』 등 국내 언론을 통해 열심히 알리고 있었다. 그런 공개적 사전 교감이 있었기에 아무런 사전 연습이나 정지작업이 없었는데도 한일각료회담에서 포철 건설 협상이라는 '커플 댄스'가 그토록 물 흐르듯 자연스러울 수 있었던 것이다.

한일각료회담이 개최되기 직전인 8월 22일 돌파구가 마련되었다. 한 달 가까이 일본에 머물며 업계로부터 기술 협력 확보를 위해 동분서주하던 박태준 포철 사장이 일본철강연맹 이나야마 요시히로(稲山嘉寛) 회장이 주도하여 야하타(八幡)제철, 후지(富士)제철, 니혼강관(日本鋼管) 등 3사 대표가 연명한 '포항종합제철 계획의 검토에 관한 건'이라는 공문을 받은 것이다. 박 사장이 바로 서울로 날아와 쓰루에게 그 공문을 전했으나, 뜻밖에 그의 반응은 싸늘했다. 철강업계의 '확실한 보증'이 필요하다면서 (일본에 다시 가서) "일본 3대 철강회사 사장들의 서명이 담긴 기술협약 문서를 받아 오라"는 것이었다.[21] 그길로 다시 도쿄에 간 박 사장은 철강연맹 회장에게 솔직하게 자신의 어려운 '숙제'를 털어놓았다. 구구절절 말하지 않아도 이나야마 회장은 상황을 잘 이해하고 있었다.

다시 세 사람이 서명을 한 협력 문서를 들고 나타난 박 사장에게 쓰루는 수고했다는 말 한마디 없이, 이번에는 확약서 문구에 "종합제철소 건설계획이 '일응(一應) 타당하다'는 표현이 애매하다며 '일응'을 빼고 '타당성이 있다'라고만 된 문서를 새로 받아 오라"고 했다. 그때는 일본 철강 '3인방'이 이미 여름휴가를 떠난 후였다. 박 사장은 이틀 동안 각각 다른 휴가지에 있는 사람들을 비행기와 차를 이용해 일일이 찾아가 '일응'이 빠진 기술협약서에 서명을 받아냈다. 곧장 하네다공항으로 달려간 박태준이 그 확약서를 쓰루에게 전달한 것은 한일각료회담이 개최되기 전날인 8월 25일이었다.

한일각료회담을 위해 도쿄로 출발하는 쓰루는 기자들에게 "한국 대표단은 'Beggar Mission(구걸사절단)'이 아니다"라며, 제3차 한일각료회담은 '과거의 요구 형식을 지양'하여 동등한 협력 파트너로서 서로가 주고받는 협상이 될 것이라는 자신감을 보였다. (아무도 묻지 않은 '구걸사절단' 얘기를 그 스스로 꺼낸 것은 당시까지도 남아 있던 '굴욕적 대일외교'에 대한 국내 여론을 의식했기 때문이다.)

21 이대환, 『대한민국의 위대한 만남: 박정희와 박태준』, 아시아, 2015, pp.280~287

'악의 씨앗' 사건

8월 26일 제3차 한일각료회담이 열렸다. 3년 전과는 달리 쓰루는 한복을 입고 가지 않았다. 회담 사흘째, 드디어 종합제철소 프로젝트가 책상 위에 올랐다. 일본 정부 대표단은 늘 하듯이 "원칙적으로 도와주겠지만 자세한 것은 일본 철강 업계와 상의한 후 정하겠다"는 통상적인 입장을 표명했다. 철강 협력에 부정적 입장을 견지하고 있었던 오히라 마사요시(大平正芳) 통상장관의 입징을 반영하는 것이었다.

바로 그때, 쓰루가 박태준 사장이 확보한 일본 철강업계 3사 대표의 '기술협약서'를 높이 쳐들었다. 거기에는 '한국 정부가 구상하고 있는 100만 톤 규모는 경제적 타당성이 있어 기술 협력을 약속한다'는 내용이 담겨 있었다. 그는 당시에는 드문, 입장과 퇴상을 드라미틱하게 하는 '극장형' 고위 관료였다. 그는 "세계 첨단을 걷는 일본의 일류 철강 회사들이 타당성을 인정하고 있다. 일본 정부는 야하타와 후지를 믿지 않는가"라고 일갈했다. 그것으로 종합제철소 건설사업에 관한 협력 논의는 종결되었다. 8월 28일 한일각료회담 종결 직후, 일본 정부는 "한국 종합제철소 프로젝트를 위해 서울로 대표단을 파견한다"고 공식 발표했다.

1962년 1차 계획부터 시작하여 2명의 부총리 겸 경제기획원 장관을 물러나게 했던 그 과업을 드디어 그가 이룬 것이다. 그로서는 더할 나위 없이 소중한 순간이었다. 그것은 그가 박통에게 내세울 수 있는 첫 번째이자 최대 국가과제의 수행이었다.

그러나 의기양양해져서 돌아온 그가 마주한 서울의 공기는 의외였다. 언론은 일본 자본과 기술로 세우는 종합제철소를 대일 경제적 의존의 상징으로 읽고 있었다. 신문들의 그런 논조는 그의 자부심을 짓밟기에 충분했다. 격분한 그는 기자들이 듣는 데서 "언론은 악의 씨앗"(누구는 '악의 종자'라고 했다고 한다)이라고 내뱉고 말았다. 당시 인기 있던 유행가의 제목이 「사랑은 눈물의 씨앗」이었다. 자루 속의 송곳은 숨기지 못하는 모양이었다.

언론이 일제히 들고일어났다. 정식 해명을 요구했다. 그의 반응은 빨랐다. 즉각 (언론계 대선배인) 엄일영 비서실장을 기자실로 보내 '이 김학렬이가 입이 험한 것은 천하공지의 사실 아니냐. 내가 평소 존경하는 기자들에게 진심으로 그런 말을 했겠느냐. 흥분해서 한 말실수이니 너그럽게 봐주면 좋겠다'는 뜻을 전했다.[22] 사과에도 불구하고 그 후유증은 오래갔다. 그것이 언론과의 첫 시련이었다. 온전히 언론에 대한 쓰루의 편견과 자신의 일에 대한 오만이 자초한 것이었다.

긴쓰루 제철소

1969년 9월 17일 일본에서 제철조사단이 내한했다. 그 단장인 아카사와 국장이 서울에 오면서 '긴쓰루(金鶴)'란 일본 정종을 선물했다. 포철 건설에 대한 쓰루의 헌신과 열의에 탄복한 그가 일본 전국을 뒤져 구해 온 술이었다. 기획원 관

22 최우석, 앞의 책, 2016년 3월호

료들은 "이젠 됐다"고 쾌재를 불렀다.

쓰루와 포철 TF팀은 아카사와 조사단이 머무는 동안 그들을 극진히 '모셨다'. 그는 아카사와 국장에게 직접 설명하는 것을 자청했고, 저녁 술자리도 마다하지 않았다. 명색이 부총리인데 너무 자세를 낮추는 것 아니냐는 말도 있었지만, 그는 태연하게 '격식이나 폼이 밥 먹여주냐'며 일만 성사된다면 무엇이든 할 수 있다는 태도였다.

조사단 임무를 끝낸 아카사와 국장이 귀국하기 전날, 청운각(당시 3대 요정 중의 하나)에서 조사단의 노고에 감사하는 소연회가 벌어졌다. '일본 차관 협력의 3인방', 즉 한국의 쓰루, 일본의 아카사와 국장, 그리고 양국 간에 다리 이상의 역할을 한 가네야마 주한 일본대사가 참석했다. 거기에 동석한 일본 관료(스스로를 '말석에 앉은 사람'이라고 표현하였다)가 양국 간 차관 협력 합의의 취흥으로 시 한 수를 지어 올렸다.

<綜合製鐵 祝い唄>
종합제철 축시

赤い沢から 金山越えて
빨간 못(아카사와)으로부터 금산(가네야마)을 넘어

'金鶴製鐵'のオハラハア
'금학(긴쓰루)제철'의

灯が見える
등불이 보인다

아카사와, 가네야마 등 종합제철 건설에 관한 한일 간 협력 주역의 이름을 활용해 종합제철의 출범을 축하하면서, 그 제철소 이름을 긴쓰루라고 명명한 게 눈에 띈다.

"내년 4월 착공이 확정된 연산 103만 톤 규모의 포항종합제철은 두 가지 약칭을 갖게 될 것 같다. 미국 사람들을 비롯한 구미계 인사들은 포항제철회사의 영어 약자를 따서 '포스코(POSCO)'라고 부르는 데 반해 일본 사람들은 '긴쓰루'(金鶴의 일본어 발음)제철소라고 부르고 있어 이채. 일본 사람들의 이와 같은 약칭은 두말할 것 없이 김학렬(金鶴烈) 경제기획원 장관의 이름자에서 딴 것인데, 이것은 지난번 한일각료회담 이후 줄곧 계속된 종합제철에 대한 김 장관의 극성스러운 열성에서 연유된 것이라는 게 일반적인 중평."[23]

그날부터 약 한 달간의 집중적인 작업 끝에 기획원 TF팀은 1970년 1월에 제정된 철강공업육성법을 공포할 수 있었다. 법의 명칭은 철강공업이라고 되어 있었지만, 오직 포항제철을 위해서만 만들어진 것이었다.

1970년 4월 1일 황량한 영일만의 모래벌판에서 포항종합제철 착공식이 열렸다. '포항제철 3걸' 박 대통령, 김학렬 부총리, 박태준 사장이 나란히 서서 종합제철 기공식 버튼을 눌렀다. (포철 건설과 관련한 박태준 사장의 역할은 그의 회고록을 참조할 것을 권한다.)

그 후 1주일이 멀다 하고 쓰루 특유의 몰아치기가 발휘되었다. 포항제철 실무 책임자를 직접 불러 진척 상황에 관해 보고를 받았다. 그리고 행여나 부처의 비협조나 행정 규제 때문에 SOC(사회간접자본)나 공장 건설이 지체되는 일이 벌어지면 "협조가 안 된다니, 그게 무슨 소리냐?"며 어느 부처든지 즉시 전화를 걸어 "각하의 관심 프로젝트인데 왜 빨리 안 하느냐"며 호통을 쳤다. 즉각 해결해놓지 않고는 참지 못했다.

23 『경향신문』 1969년 9월 29일 자

그는 '가능한 한 짧은 기간 안에 경쟁력 있고 수익성 높은 종합제철소를 건설'하는 것에 예산을 거머쥔 부총리로서의 모든 권한을 동원했다. 우선, 건설과 초기 경영에 막대한 비용이 필요한 점을 감안해 (12년간 법인세 전액 면제 등) 조세 감면, 원료 및 기자재 구입 지원, 수도 · 전기 등 공공요금 파격 할인, 연구개발 등 소요경비 보조 같은 온갖 비용 절감 조치를 취했다. 포철 건설을 위한 재원을 마련하는 데에는 더 파격적인 지원을 제공했다. 아무것도 없이 모래만 있는 바닷가에 한국인이 처음 보는 어마어마한 규모의 공장을 짓는 데 필요한 항만과 물류, 공업용수, 전기, 통신, 도로와 철도, 하수도 시설 등 모든 사회간접자본을 정부 예산으로 마련했다. 그러다 보니 예산에 상상할 수 없는 압박이 갈 수밖에 없었다. 예산국 관료들이 "정말 죽을 맛"이라고 할 정도로 예산을 포철 건설에 쏟아부었다. 그것으로 모자라 '철강공업육성자금'을 조성하여 장기 저리로 재정 투융자를 해주고, 모든 국내 은행을 동원해 출자토록 했다. 1970년대 중반부터 중화학공업화에 폭넓게 동원되었던 국민투자기금의 전신이었던 셈이다.

포철 제1기 건설비는 1200억 원으로, 경부고속도로 건설비의 3배나 되는 내외자가 투입되었다. 덕분에 수십 년 동안 앞으로 나아가지 못하던 종합제철소 건설사업은 일사천리로 달려 나가기 시작했다. 연산 103만 톤의 고로(高爐) 1기는 1973년 7월에 입화식(고로에 첫 불을 댕기는 식)이 치러졌다. 3년 3개월이라는 전례 없는 단기간에, 첨단의 기술로 최고 효율을 자랑하는 명품 종합제철소가 건설되었다. 이렇게 산업화 시대의 3대 신화 중 하나가 만들어졌다.

•

부총리 리더십

쓰루는 자신이 활개 칠 무대를 다른 사람이 만들어주기만을 기다리지 않았다. 경제 '팀장'으로서 스스로 그 무대와 장치를 마련하였다.

부총리 취임 후 종합제철 건설사업을 발진시키는 작업에 전력투구하느라 6~7월이 정신없이 지났다. 8월은 한일각료회담 등을 통해 포철 건설에 대한 일본의 지원 약속을 받아내느라 지나갔다. 그가 경제팀장 부총리로서 활개 칠 무대를 본격적으로 만들기 시작한 게 그때부터였다.

제2의 기획원 전성시대를 열기 위한 제도 재정비는 관계 부처가 집단적으로 불만을 터뜨리기 전에 급속히 이뤄졌다. 특히 '국제신사', '호인'으로 불리던 박충훈 부총리 체제에서 자유를 누리던 개별 부처들이 그 장악의 주 대상이었다. 이를 위해 그가 그토록 싫어했던 왕초의 방식들을 업그레이드해 재활용하기도 했다. 그것으로 부족하면 새로운 장치를 마련하거나 다른 부처 장관들에게는 익숙하지 않은 거친 수법 동원도 마다하지 않았다.

경제팀 장악을 위해 거친 수법 동원도

"김 부총리는 특유의 회오리 바람식으로 일을 몰고 갔다. 업무에 정통한 데다가 대통령이 힘을 실어 주었고 또 심술과 힘구가 보통이 넘는지라 경제부처들도 얼마 안 가서 순종하는 자세를 보였다. …… 김 부총리가 상사로 모셨던 장기영 부총리와는 일하는 방식도 달랐고 사이도 안 좋았지만, 경제팀장으로서 경제부처를 확실히 휘어잡고 일을 몰고 간다는 점에서는 비슷했다. 장 부총리가 큰 배포와 분위기로 밀고 간다면 김 부총리는 면도칼 같은 논리와 날카로움으로 난제를 하나씩 풀어갔다."[24]

쓰루는 박충훈에 의해 순화된 왕초의 총괄 조정 시스템을 이어받았다. 박 부총리 때 유명무실해진 경제장관회의를 정례화하고, 또 과제별로 수시로 관련 장관들이 만나는 왕초 때의 녹실회의를 부활시켰다.

박 부총리 때 상공부에 넘겨준 석유화학 부문 육성은 그대로 상공부의 관할로 남겨두되, 종합제철 건설 등 박통의 숙원사업은 기획원의 관할 업무로 계속 남겨두었다.

왕초 때와 유사한 부처 총괄 조정 시스템에, 예산 철에는 주요 부처 장관과 그 스태프로 하여금 기획원에 와서 예산 요구의 근거를 설명하

24 최우석, 앞의 책, 2015년 12월호

게 하는 '예산심사회의'를 신설해 '악명'을 높였다. 날이 갈수록 경제 부처에 대해 제왕적 지휘자와 같은 그의 존재감은 강해져갔다.

부총리에게 정치란

부총리가 되기 전 정치권에 대한 쓰루의 생각은 여느 '산업화의 역군'과 다를 바가 없었다. 여야 할 것 없이 '각종 민원사업으로 나라 살림을 해치는 사람들' 정도로 생각했던 것 같다. 좋게 보아 뭐 하는 사람들인지 모르겠다는 정도였다.

경제수석을 거쳐 부총리가 되면서 그는 큰 변화를 보였다. 우선, 남의 눈에 띌 정도로 국회의원에게 고분고분해졌다. 정책 담당자로서 자기 하고 싶은 소리, 해야 할 얘기를 당당하게 (모나게) 하더니, 이제는 경제부처의 수장으로서 여당이건 야당이건 일단 '존경의 염(念)'으로 대하기 시작했다. 기자의 눈에 오죽 그 변화가 놀랍고 재미있었으면 그가 달라졌다는 게 신문 가십 기사의 주제가 되었겠는가.

"개회식 아침 국회에 나타난 김학렬 부총리는 여야 의원들의 축하 악수 공세에 밀려 마냥 즐거운 표정. 면도날 부총리가 쇠뭉치 종합제철과 씨름을 벌일 자신이 있느냐는 어느 의원의 익살에 덧붙여 '재(才) 부총리라고 하니 솜씨 좀 봅시다'는 말이 연거푸 쏟아져 나오기도. 이병희 (여당) 공화당 총무는 면도날에 배짱까지 세다고 하니 한 판 칠 만한 사람이라고 조크. 여기에 김 부총리는 한껏 몸을 낮추고 '성심성의껏

소임을 다하겠습니다. 잘 부탁합니다'만을 연발."[25]

누구에게도 굽혀본 적이 없는 깐깐한 성격이었지만 대통령, 즉 정권의 정치적 입지까지 고려해야 하는 부총리가 되면서부터는 국회에 대해서 자신을 한껏 낮추고 국회의원들과 적극 교분을 나누는 모습을 보였다.

부총리로 취임하고 나서 언행도 훨씬 신중해졌다. 험구도 거의 쓰지 않았다. 적어도 처음에는 그랬다. 그래서 그의 부총리 재임 초 언론은 '쓰루까지 변하는 것 보면 부총리 자리가 대단한 모양'이라는 반응을 보였다.

"가장 많이 변한 사람은 김학렬 자신이라는 게 중평. '돌풍 장관'의 이미지는 '신중 장관'으로 변색되었고 그의 유명한 험구와 독설도 상당히 순화되었다. …… 그래서 기획원 주변에서는 '사람이 자리를 만드는 게 아니라 역시 자리가 사람을 만든다'라는 새 학설이 유포될 정도."[26]

부총리 쓰루는 특히 정계나 언론계와의 관계에서 그토록 자신과 어긋나던 왕초를 닮아갔다. 그런 '뉴 쓰루'에 대해 '정통 관료 차관이 정치인 부총리로 탈바꿈'한 결과로 보는 시선들이 많다. 소위 '불도저 부총리(正) + 면도날 차관(反) = 정치인 쓰루 부총리(合)'가 되었다는 것이다.

"김 부총리 취임 이후 대국회 관계가 원만하고, 정치자금을 마련하는 데 나름대로 역할을 하는 한편, 언론을 충분히 활용한 점, 또 현장과 실무자를 직접 챙기면서 관료적 위계질서를 신경 쓰지 않았던 점 등도

25 『경향신문』 1969년 6월 11일 자

26 『경향신문』 1969년 7월 7일 자

장 부총리의 업무 스타일과 닮은 꼴이었다."[27]

"김 부총리께서 재무장관까지는 그냥 직업 공무원이었는데 부총리가 되면서부터 정치적으로 스위치했습니다. 그 변신이 아주 빨랐어요. 그래서 '역시 수재!'라는 평가가 나왔습니다."[28]

이는 그를 아끼는 사람들이 "이제 부총리까지 되었으니 (좋은 의미로) 정치를 해야 한다"고 애써 조언한 결과였다. 또한 쓰루 자신의 (경제수석으로 청와대에서 2년 반 와신상담하며 대통령 주변에서 벌어지는 일들을 보며) 자발적 변신의 결과이기도 하였다. 소신을 굽히지 않던 차관 시절에 비하면 부총리 쓰루는 완연한 정치인이었다. 그의 청와대 수석 시절의 깨달음을 모르는 사람 눈에는 그야말로 상전벽해였다.

직업 공무원에서 정치인으로

"야당이 자리 잡은 여느 때 같으면 고함 소리와 꾸지람 같은 것이 요란했겠지만, 화기 넘실거린 일요국회에서는 폭소가 솟구치기도. 삭감됐던 의사당(지금의 여의도 국회의사당) 건립비를 경제개발 특별회계에 넣은 데 대해 김학렬 부총리가 '여러 의원님들이 좋은 환경에서 일을 하시면 경제개발이 잘될 것으로 생각했기 때문'이라고 설명하자 한바탕 폭소가 터졌는데 어떤 의원은

27 육성으로 듣는 경제기적 편찬위원회, 앞의 책, p.330

28 경우회, 『경우회 방담: 지금은 웃을 수 있어도』, p.103
육성으로 듣는 경제기적 편찬위원회, 앞의 책, p.298 재인용

요란한 박수까지."[29]

나라 살림을 맡고 있는 쓰루가 국회의원 중에 가장 자주 접촉하는 상대는 재경위 소속 의원들이었다. 부총리가 되어 맞이한 첫봄 3월의 첫 일요일, 그는 국회 재경위 소속 의원들을 골프장에 초대해 한 라운드를 돌았다. 그러고는 그들을 집에 보내지 않고 기획원 회의실로 데리고 가서 '번영의 70년대'라는 주제의 경제 브리핑을 했다. 그가 "앞으로도 종종 이런 모임을 가지겠다"고 했을 때 의원들도 싫지는 않은 눈치였단다.

그들 대부분은 쓰루가 예전부터 정기국회에서 국정감사, 결산, 그리고 예산 심의가 있을 때 주로 상대해온 사람들(결산, 예산 심의는 대부분 각 당의 재경위 소속 국회의원이 하는 게 당시의 관행이었다)이었다. 쓰루와 그들은 서로가 익숙하고 전문가로서 상대를 인정하고 때로는 존경하는 사이였다.

재경위 국회의원 중에서 특히 여당 공화당의 구태회(훗날 국회부의장), 김성곤(공화당 재정위원장), 야당 신민당의 정해영(훗날 국회부의장), 이중재(만년 재경위 소속 6선 위원) 등과 '아삼륙' 수준으로 친했다. 예산 통과 같은 중요한 국회 일정이 마무리되는 날이면, 통금이 지난 시간에 그와 함께 만취한 서너 명이 그의 집에 쳐들어와서 "제수씨, 술상 좀 차려주소" 하며 2차 술자리를 벌이곤 했다. 그의 자식들이 집이 가까운 정해영, 이중재 등 야당 의원 집에 새해 인사를 갈 정도의 친분이었다.

부총리 재임이 길어지면서 그는 점점 더 국회의원을 '국정의 파트너'로 보는 의식이 강해졌다. '(선거 등 때문에) 방만해지거나 빈틈이 생길

29 『경향신문』 1969년 12월 22일 자

수 있는 나라 살림이 흐트러지지 않게 하는 견제 세력(야당)' 또는 '국민의 바람을 직접 듣고 그 목소리를 대변하는 민의의 대표(여야 공히)'로 여기게 된 것이다.

국회 자체를 보는 시선도 변했다. 예전에는 '불려 나가서' 경제정책이 옳음을 설명하고 호소하는 곳으로 여겼으나, 부총리가 되고 나서는 주요 국정과제를 국민에게 전하는 국정홍보의 채널로 활용해나갔다. 주요 과제에 대한 국회 설명과 답변은 주요 일간지 1면에 실렸다.

국회의원들은 대체로 그를 좋아했다. 적어도 부담스럽게 생각하지는 않았다. 야당 의원이 그를 좋게 본 것은 막힘이나 숨김이 없고 민감한 사안조차 명쾌하게 답변하기 때문이었다. 여당 의원이 그를 부담 없이 대하였던 것은 그가 국회나 정치에 뜻이 없는 걸 잘 알고 있었기 때문이었다. 그는 공개적으로 기회가 있을 때마다 정치를 할 생각이 없고, 최고의 관료로 남고 싶다는 바람을 밝히곤 했다. 덕분에 그와 국회의원은 (그들이 자주 썼던 일본 말로 표현하자면) 서로 '아싸리한(깔끔한) 관계'가 되었다. 그들은 서로 필요한 것을 얻기 위해 아부를 할 필요도, 일부러 좋은 낯을 할 필요도 없는 사이였다.

국회의원들로 하여금 경계심을 거두게 하는 쓰루의 가장 큰 장기는 뭐니 뭐니 해도 그 특유의 유머였다. (그를 이은 많은 부총리들에게 가장 아쉬운 점은 '유머 없는 건조한 국회 답변'이라는 데에 경제관료 간에 별 이견이 없다.)

어느 국회의원이 다음 해 경제 전망에 관해 묻자 "내년 이때까지 이 자리에 있을지 없을지 모르기 때문에 경솔히 말할 수 없다"고 답변해 일단 웃음이 일게 한 다음 장시간을 들여 경제 이론을 설파하는 식이었다.

솔직함과 유머 때문인지, 시간이 지나면서 그가 교분을 나누는 상대가 점점 늘어났다. 당시 '뜨는 별'로서 만만치 않은 국민 지지를 누리던 야당 국회의원 김대중, 김영삼과도 친하게 지낼 정도였다. DJ도 민원이 있으면 수시로 녹실에 찾아와서 그를 만났고, YS는 8 · 15 광복 후 경남중학교 선생과 학생으로 만나 가까운 사이였다. 그는 구태회 의원을 통해서 국회 관련 네트워크를 넓혀갔다. 혹 국회의원과 불편한 일이 있으면 구 의원이 주선하여 중재, 해결해주곤 했다.

크리스마스 김미희 사건

어느 해 크리스마스 때였다. 혜화동 집에 선물 하나가 들어왔는데, 부인이 좋아하는 노란색 실크 옷감, 악어가죽 핸드백, 그리고 JOY라는 향수 세트가 그 내용물이었다. 거기에 붙어 있는 쪽지에는 '미희'라는 이름이 적혀 있었다. 분기탱천한 부인이 퇴근길의 그에게 '어느 기생년'인지를 책문한 결과, 미희는 김성곤 씨의 부인 이름이란 게 밝혀졌다. 이 부부싸움은 대통령에게까지 전해져, 박통에게 "신문로(김성곤 씨 자택, 지금의 성곡미술관 자리) 미희 씨 집에 잘 다니시는가"라고 놀림을 당했다고 한다.[30]

김성곤 의원은 공화당 정치자금 관리를 책임지는 4인방 중 한 사람으로, 쓰루가 부총리가 된 이후 특별히 가깝게 지내는 사이였다. 쓰루와 김성곤 두 사람 사후에도 쓰루의 부인은 그의 자식과 함께 문제의 '미희 씨'에게 때때로 문안 인사를 가곤 했다.

30 손광식, 앞의 책, p.19

'진짜' 쓰루 팀이 출범하다

1969년 10월 17일 삼선개헌 국민투표가 실시되었다. 77%의 유권자가 투표에 참가해 그 3분의 2(65%)가 삼선개헌에 지지를 표했다. 4·19 혁명의 기억이 생생한 당시, 민주화에 대한 국민의 열정은 오늘의 우리가 짐작하는 것보다 강했다. 야당과 언론의 저항도 극심했다. 그럼에도 불구하고 드러난 그토록 높은 찬성률에 박통과 여당은 한껏 고무되었다. 집권 세력은 삼선개헌에 대한 압도적 지지를 정권에 대한 '명확한 지지'로 간주했다.

삼선개헌에 대한 강건한 지지를 확인한 닷새 후인 10월 22일, 큰 폭의 개각이 있었다. 그 개각으로 '진짜' 쓰루 경제팀이 꾸려졌다. 6월의 개각은 박충훈 부총리를 쓰루로 교체한 1인 인사였다. 당시 박 부총리의 갑작스러운 사표로 일단 부총리 한 사람만 채워 넣었던 청와대는 대폭적인 개각을 '삼선개헌 투표' 뒤로 미루어두고 있었던 것이다.

그가 부총리로 취임한 직후의 경제부처 장관들은 한 팀이라고 부르기에는 각자도생에 익숙한 노련하고도 막강한 장관들이었다. 한참 후배 내지 부하였던 쓰루가 부총리로 들어왔으니 한마음 한뜻으로 앞으로 내달리기엔 너무 중후했다.

쓰루의, 쓰루를 위한, 쓰루에 의한 '드림팀'

10월의 새 경제팀은 쓰루와 박통, 그리고 정일권 총리 간의 교감 속에 꾸며졌다고 해도 과언이 아니다. 부총리가 되고 난 후 그는 언제 있을지 모르는 개각에 대비해 경제부처 장관 후보 리스트가 담긴 수첩을 늘 소지하고 다녔다.

그가 '조직'한 경제팀은 남덕우 재무장관, 이낙선 상공장관, 오정근 국세청장 등이었다. 이전 경제팀이 경륜과 관록의 됨됨이였다면, 쓰루팀은 패기와 추진력으로 충만한 인물들이었다. 누가 보더라도, 또 평소 그와의 인간관계로 보더라도, 그 팀은 그와 진퇴를 같이할 공동운명체였다. 이전 경제팀의 문제가 무엇이었는지를 새 경제팀은 잘 알고 있었다. 남 재무도, 이 상공도, 취임 제1성이 팀워크였다.

쓰루가 새 경제팀을 구성하기 전부터 재무장관이 교체될 것이라는 추측 기사가 빈번했다. 안정 속의 성장을 이루는 핵심적 정책 수단(통화량과 금리)을 관할하는 재무장관 남덕우는 금융정책을 통한 안정론자였다. 경제과학심의회의에서 위원 활동하는 모습을 본 쓰루는 그의 정책관을 공유하고 있었다.

수출 주도 산업화 전략의 성공의 키를 쥐고 수출 확대를 진두지휘하는 상공부 장관 이낙선. 국세청장으로서 경제개발에 소요되는 내자(세수) 동원에 혁혁한 공을 세워온 그와 쓰루는 '형제와 같은 우애'로 설명된다. 이낙선 씨 전에 상공장관을 하던 김정렴 씨는 현금차관 등 쓰루와의 '타협 불가능한 정책관의 차이' 때문에 쓰루 경제팀과 같이하기 힘들었다. 그는 10월 개각으로 대통령 비서실장으로 영전해, 대한민국 관료사에 전무후무한 봉직 기록으로 모두가 감탄해 마지않는 관료의 귀감을 구축했다.

미국의 원조가 실질적인 의미를 잃어가는 가운데 2차 계획의 성공적 추진에 절대적으로 필요하게 된 내자의 핵심인 세수의 지속적 증대를 책임질 국세청의 오정근 청장. 박통과 같은 쿠데타 세력인 오 청장은 쓰루가 죽은 후 1974년, 쓰루 장자의 결혼식 주례를 설 정도로 양가는 개인적인 친분이 깊었다.

지금으로서는 상상하기 힘들 정도로 당시 언론은 새로 짜인 쓰루 경제팀을 응원했다.

"한 가지 분명한 것은 김학렬 팀의 경제정책은 매우 오서독스(orthodox)한 방식으로 펼쳐질 것이라는 점이다. …… 남 재무의 이론이나 김 기획의 경제 문제에 대한 이론적 무기는 오서독스하다는 점에서 공통의 광장을 갖고 있는 것이다."[31]

언론은 9월에 이미 연말 통화량 상한에 도달하고 있는 상황, 10%를 넘어선 물가상승률, 외환 수급계획의 적자 한도에 육박하는 경상수지 적자 등을 지적하면서 이들 경제적 문제를 근본적으로 해결하기 위해서는 안정 기조로 전환해야 한다고 주문하였다. 그리고 이들 문제가 단

31 『경향신문』 1969년 10월 22일 자

기에 해결될 수 없음을 지적하면서 정부의 흔들림 없는 정책 추진과 국민의 인내를 주문하여, 안정을 위해 긴축정책을 펴야 할 정부의 발걸음을 가볍게 해주고 있었다.

"우리는 새로운 경제팀에 대하여 소신껏 안정정책을 추구할 것을 부탁하는 한편, 국민과 정부에 대해서는 확장주의의 병독이 모두 씻겨 나가고 안정정책이 그 약효를 발휘하기 시작하여 국민이 안정된 번영을 구가할 수 있을 때까지 참을성 있게 기다릴 것을 당부한다. 그것이 70년대를 진정한 풍요의 시대로 만들 수 있는 길이라 확신한다."[32]

개각 사흘 후 10월 25일에 열린 '쓰루 팀'의 첫 경제장관회의. 그는 각 부처를 돌아가며 담당 국·과장들에게 질책을 가했다. 상공부 상역차관보는 거짓 보고했다고 호되게 꾸짖고, 재무부 외환국장은 외환 수급계획에 수출산업 시설재 도입자금을 포함하지 않은 행정 오류를 저질렀다고 기합을 줬다. 재무부는 또 서민 겨우살이용 석탄자금을 방출하지 않았다고 추궁했고, 농협은 고추를 방출했다고 보고하고는 실제로 방출하지 않았다고 퍼부었다.

신임 장관들은 회의 분위기에 압도되어 숨을 죽이고 자기네 국장들이 쓰루에게 처절하게 당하는 걸 지켜보고만 있어야 했다. 대학교수 출신인 남덕우 재무장관도 묵묵히 쓰루가 쏟아내는 지시를 메모에 옮겨 적기 바빴다.

쓰루의, 쓰루를 위한, 쓰루에 의한 경제팀. 그 팀은 쓰루가 1972년 초 췌장암으로 부총리직을 사임할 때까지 정확하게 2년 3개월 동안 그와 진퇴를 같이했다.

32 『경향신문』 1969년 10월 22일 자

4부 부총리의 나라 살림: 빠르게, 낮게, 고르게

•

1969년은 성장세가 말 그대로 '불붙은 해'였다. 성장률이 무려 15.9%에 달했다. 부총리로 금의환향한 김학렬은 성장 일변도의 경제정책을 '성장-안정-균형'의 조화를 주축으로 하는 기조로 전환하려고 노력했다. 성장과 일자리, 그리고 포항제철소 등 경제 발전을 상징하는 국가과제는 '빠르게', 물가 상승, 무역 적자, 인구 증가, 외채 등 고도성장의 폐해는 '낮게', 그리고 농-공 간, 지방-도시 간 발전 수준은 '고르게' 하려고 애썼다. 그 모든 시도와 성과는 '부국의 파트너' 박통의 전폭적인 지지와 신임이 있었기 때문에 가능했다. 덕분에 기획원은 왕초 시대에 이어 '제2의 전성시대'를 구가할 수 있었다.

물가와의 전면전

1969년은 60년대 중반부터 발동이 걸리기 시작한 성장세가 말 그대로 '불붙은 해'였다. 그해의 성장률은 무려 15.9%였다. 그해 인플레를 12.4%로 잡은 게 신기할 정도였다. 물가와의 전면전은 더 이상 미룰 수 없는 상황이었다. 그렇다고 물가를 잡는다며 해방 후 20년 만에 처음으로 앞으로 달려 나가는 경제의 발목을 잡을 수는 없었다. 자칫하면 이제 겨우 지펴진 한국 경제 활력의 불씨를 꺼뜨릴 수도 있는 일이었다.

경부고속도로 등은 집중 투입

총체적인 안정화를 가로막는 또 다른 요인은 대형 국가사업들이었다. 아무리 물가 안정이 중요해도 경부고속도로나 포항제철 사업을 늦출 수는 없는 노릇이었다.

경부고속도로 건설에는 400억 원, 포항제철소 건설에는 1200억 원 넘게 소요되었다. 각각 1969년 한 해 정부예산(3300억 원)의 8분의 1과 3분의 1을 차지하는데, 두 국책사업을 합하면 한 해 예산의 절반이 투입되어야 했던 것이다.

쓰루는 예산국에 경부고속도로에 관해서는 "예산(기획원 소관)이나 자금(재무부 소관) 배정 등 필요한 조치를 당일로 처리하라"는 특명을 내렸다. 그래서 건설 관계자가 예산 배정을 받으러 기획원 예산국에 오는 날이면 진풍경이 벌어지곤 했다. 예산국 담당자가 건설 관계자를 옆에 앉혀놓고 예산 배정서를 작성해 바로 국장의 결재를 받아주면, 건설 관계자는 배정서를 들고 바로 (같은 건물에 있는) 재무부로 가서 자금 배정을 받곤 했다.

1968년 2월에 착공된 고속도로는 건설 전반기에는 (쓰루 경제수석의 성에 차지 않게) '신중한' 진척을 보이고 있었다. 그러던 것이 1969년 6월 쓰루가 부총리가 되자 눈에 띄게 속도가 붙게 되었다. 예를 들어 서울에서 천안까지 74km를 건설하는 데에 27개월(한 달 평균 2.8km 건설)이 걸리던 것이, 쓰루가 부총리로 들어선 후 천안에서 대전까지 67km는 불과 3개월(한 달 평균 22.3km)밖에 소요되지 않았다.

당시 경제팀은 성장엔진은 꺼뜨리지 않으면서 물가 안정을 기하는 한편, 대형 국가과제는 밀고 나가야 하는 지난한 줄타기를 해야 했다. 쓰루는 나라 살림 전체로는 성장의 큰 틀을 건드리지 않는 가운데, 경제 발전을 상징하는 주요 국가사업에 예산을 집중 투입하는 방식을 선택했다. 거기서 발생하는 예산의 커다란 빈틈은 정부 민간 구분 없는 총체적인 긴축으로 메워갔다.

초유의 긴축의 첫 희생물은 핵심 국가과제 이외의 일반 정부활동이었다. 긴축을 위해 모든 부처와의 전면전에 나서기 전, 쓰루는 전가(傳家)의 보도(寶刀)부터 챙겼다. 즉, 대통령으로부터 자신의 긴축 기조에 전폭적인 지지를 얻어낸 것이다. 거기에 박통으로부터 "임자 말이야. 국방부, 문교부 같은 부처 예산 좀 잘 살펴봐"라는 추가 특명까지 받아 챙겼다.[1]

박통의 지지를 등에 업었으니 그는 긴축의 칼을 휘두르는 데에 거침이 없었다. 그 대상에는 예외가 없었다. 한국전쟁 이후 재정의 성역으로 그 권위와 자유를 만끽해오던 국방부와 문교부는 갑작스러운 예산 긴축으로 큰 혼란에 빠졌다. 견디다 못한 '정치의 달인' 민관식 문교부 장관과 쿠데타 세력의 일원인 정래혁 국방부 장관 등 쟁쟁한 거물들조차 새파랗게 젊은 부총리를 찾아와 머리를 조아려야 했다.

쓰루가 부총리로서 처음으로 예산을 편성한 것은 1969년 여름이었다. 그와 예산팀은 국방부로 가서 장관, 차관, 주요 군 수뇌와 당국자를 모아놓고 예산 브리핑을 받았다. 국방예산을 어디에, 왜 써야 하는지를 국방부가 예산 당국에 브리핑하는 것은 대한민국 정부 수립 이래 국방부가 처음 당해보는 모멸이었다. 국방부는 그해부터 예산 편성을 위해 기획원의 '기술 지원'을 받게 되었다. 이때부터 기획원에서 국방부로 예산실 사람을 파견해 국방예산 편성을 도와주는 관행이 생겨나서, 나중에는 아예 기획원 담당자를 (국방예산을 담당하는) 기획 관리 차관보

1 육성으로 듣는 경제기적 편찬위원회, 『육성으로 듣는 경제기적 I: 코리안 미러클』, 나남, 2013, pp.107~110, pp.288~289

로 보내기도 했다. 1급(차관보) 자리 하나를 기획원에 양보하는 대신 예산을 로비할 필요가 없어진 국방부는 그런 인적 교류를 은근히 즐겼다. (예산이 많이 들어가는 농림부 등도 기획원과 유사한 인적 교류 관계를 맺기도 했다.) 기획원은 기획원대로 국방부라는 예산의 성역을 직접 손을 볼 수 있어서 재정 관리에 크게 기여했다. 게다가 '국방부 예산까지 기획원이 관리한다'는데 여타 부처가 예산 문제를 가지고 기획원과 맞선다는 것은 생각하기도 힘든 일이 되었다. 누이 좋고 매부 좋은 케이스였던 거다.

쓰루는 '예산청문회'를 즐겨 활용했다. 예산청문회는 각 부처의 장관이 부총리를 상대로 부처가 애지중지하는 사업의 예산 배경을 설명하는 자리였다. '이것만은 예산을 자르지 말고 살려주면 좋겠다'는 뜻을 전하는 것인데, 예산청문회는 왕초 때 생긴 장치였다. 그러다가 박충훈 부총리 때 쓰이지 않다가 쓰루가 부활시켜 왕초보다 더 잘(?) 활용했다.

그는 집무실에서 문 하나를 사이에 두고 있는 녹실(Green Room)이라고 부르는 작은 방과 집무실 다른 쪽과 연결된 회의실 두 곳에서 동시에 예산청문회를 벌였다. 각 방의 장관들에게 배정된 시간은 10분이었다. 그는 10분마다 두 방을 오가며 장관들의 예산 읍소나 소원 수리를 받았다. 군소리나 장광설을 극력 혐오하는 성급한 그에게 딱 맞는 세팅이었다. 웬만한 것은 국 · 과장에게 맡기곤 하던 각 부처 장관들에게는 좋게 기억될 수 없는 경험이었다. 행여나 평소에 장관입네 하고 거들먹거리는 것이 몸에 밴 사람에게는 전신에 진땀 나는 일이었다.

어느 날 문화공보부 장관이 자기네 예산이 너무 박하다며 북한이 얼마나 많은 돈을 문화선전에 쓰는지 늘어놓았다. 그러자 쓰루는 "나는 우리나라를 공산주의 국가로 만들 생각은 없소"라며 장관의 말을 잘라 버렸다. 그리고 벽시계를 척 보더니 "앞으로 2분" 하고 소리쳤다. 당황한 장관이 버벅거리느라 2분을 다 써버리자마자, 쓰루는 바로 일어나 옆 청문회 방으로 휭하니 나가버렸다.[2]

여기저기서 곡소리

예산 긴축 때문에 행정부 안에서 나오던 아우성은 곧 민간기업 부문으로 번져갔다. 통화 긴축에 의한 경기 냉각 때문이었다. 매해 60% 이상씩 늘어나던 총통화(현금과 단기 예금)는 1970년에 들어 31.6%로 반 토막이 났다. 당시 통화정책은 한국은행이 정하는 금리가 아니라 한국은행이 찍어내는 통화량을 중심으로 움직이고 있었다.

업계는 '긴축이 심하다', '그것 때문에 불경기가 되었다', '외자 업체의 부실이 늘어나는 것도 긴축 때문'이라며 모든 어려움을 긴축 탓으로 돌렸다. 그는 그런 불만을 인정하려 하지 않았다. 우선, 긴축이라는 것부터 받아들이려고 하지 않았다. "한 해 통화량을 30~40% 늘리는데, 그게 어떻게 통화 긴축이냐?"는 것이었다. 도리어 "안정정책으로 물가가 잡히기 시작한 걸 고맙게 생각하라"며 훈계하려 들었다. 그는 당시 상황이 불경기라는 것도 인정하려 하지 않았다. "10% 넘는 성장이 어떻게 불경기냐?", "이런 경기를 두고 불경기라고 하는 것은 무식해서

2 신성순 외, 『한국의 경제관료』, 다락원, 1979, pp.57~58

그렇다"고 잘라 말했다.

한번은 대한상공회의소가 생산활동이 둔화됐다는 보고서를 내놓았다. 재계의 입장을 (전국경제인연합회가 아닌) 상공회의소가 대변하는 시절이라 하더라도, 꽤 '용기 있는' 지적이었다. 그러나 그 지적에 대해 쓰루는 "GNP가 (물가 상승을 제한 실질성장률로) 15.9%나 신장했는데 그걸 평년 수준이라고 하는 사람은 이 지구상엔 없다. 그렇게 무식한 놈이 유식한 체하는 덴 구토를 느낀다"는 말까지 서슴지 않았다.[3]

긴축의 아이히만

하지만 긴축에 짓눌려 터져 나오는 비명은 윽박지른다고 억눌러질 성질의 것이 아니었다. 어느 날 앰배서더호텔에서 당정회의가 열렸을 때였다. 정부 쪽 대표는 쓰루였고, 여당 공화당 쪽 대표는 정책의장인 백남억 의원이었다. 나름대로 경제에 관해 좀 안다고 자처하는 백 의원은 회의가 시작되자 정부 긴축이 너무 심하다고 비판과 질책을 늘어놓았다.

당시는(1969년 10월에) 삼선개헌 국민투표, (1971년 4월) 대통령 선거와 (1971년 5월) 총선 등 여당의 명운이 걸린 정치 스케줄이 줄줄이 기다리고 있었다. 여당 의원들 눈에 쓰루의 긴축정책은 '다 된 밥에 재 뿌리는 짓'이었다. 국회의원 재선에 목을 걸고 있는 그들의 격한 반응도 무리는 아니었다.

3 최우석, 「경제개발시대 EPB 취재기」, 『경제풍월』 2016년 3월호

백 의원이 초반 분위기를 잡자 당정회의에 참석한 장성 출신 의원 한 사람이 "지금 김 부총리가 나라 전체를 가스통에 집어넣고 있다. 업계가 질식 상태다. 당신은 지금 나치의 아이히만[4] 역할을 하고 있는 것이다"며 비난을 늘어놓았다.

당정회의 후 쓰루는 바로 연락을 취해 청와대로 직행했다. (휴대전화가 없던 시절이었지만, 주요 부처 장관의 관용차에는 청와대, 경찰 또는 정보기관과 직접 연결이 가능한 무선전화가 설비되어 있었다. 지금의 눈에 그것보다 더 신기할 정도로 놀라운 것은, 아무리 부총리라 하더라도 전화로 당일에 대통령과 직접 얼굴을 마주하고 상의할 수 있는 자리를 마련할 수 있었다는 사실이다. 대통령과 주요 각료와의 긴밀한 소통관계를 짐작할 수 있는 대목이다.)

박통을 대하자마자 쓰루 왈 "저 못 해 먹겠습니다."

(박통) "왜 그러느냐?"

(쓰루) "내가 오늘 아이히만 소리까지 들어가면서 긴축한다고, 돈줄 죈다고 욕을 먹었습니다."

(박통) "그게 무슨 소리야?"

불같이 화가 치민 박통이 백 의장에게 직접 전화를 걸었다. "내가 하는 정책인데 당에서 협조는 안 해줄망정 반대를 할 수 있는 거냐? 내가 나라를 망치고 있다는 얘기냐?"고 퍼부었다.[5]

그것으로 정치권(여당)의 긴축 반대가 잠재워졌다. 적어도 겉으로는.

4 독일 나치의 친위대 장교로서 제2차 세계대전 중 독일 점령하의 유럽 각지에 있는 유대인을 체포하여 강제 이주시키고 가스로 독살한, 소위 '홀로코스트' 계획을 수립하고 실행한 인물이다.

5 육성으로 듣는 경제기적 편찬위원회, 앞의 책, pp.297~298

긴축에도
예외가 있었으니

모두를 적으로 삼는 '안정성장을 위한 긴축'에 예외가 있었으니 바로 국회였다. 물론 의원들의 민원 중에 특정 기업에 대한 지원 등 들어줄 수 없는 것은 끝까지 들어주지 않았다. 그러나 지역개발사업 등 들어줄 것은 (부총리입네) 생색을 내지 않고 시원시원하게 들어주었다. 당시 지역개발사업이라 해본들, 다리를 놓아달라거나 길을 포장해달라는 등 안정성장이라는 정책 기조를 흔들 사안은 아니었다. 그리고 그는 그 지역민을 만나면, "이 정부예산은 ○○○ 의원의 부탁이 있었기에 배정된 것이다. 그 양반에게 감사해라"는 메시지를 잊지 않았다. 국회 안에 쓰루 응원단은 날로 늘어났다.

1970년 7월 12일, 예결위가 추경예산 종합 심사에 들어갔을 때였다. 야당이 추경에 수해 대책비를 계상하지 않았음을 지적하고 나섰다. 신민당 김대중 의원이 "정부 여당은 수해 대책비를 이번 추경에 반영하겠다고 해놓고 막상 국회에 제출한 예산안에서는 눈을 씻고 살펴도 볼 수 없으니 어찌 된 영문이냐"고 추궁했다. 바로 답변에 나선 쓰루는 "영국 의회는 남자를 여자로 만드는 것을 제외하고는 모든 일을 할 수 있다고 했습니다"라면서 "이번 수해 대책비도 의원 여러분이 알아서 계상해주십시오"라고 받아넘겼다.[6]

국회의원들과 그 지역구 민원사업에는 후했지만, 정작 쓰루는 자신의 고향 민원사업에 대해서는 심한 결벽증이 있었다. 시외버스로 1시간 반이 걸렸던 마산-고성 간 흙길이 30분 걸리는 아스팔트로 포장된

6 『경향신문』 1970년 7월 13일 자

것은 그의 사망 후였다. 그래도 고성 주민들은 '고성 출신 부총리'가 있다는 사실을 자랑삼는 것으로 만족했다. 고성군은 1971년 대선과 총선에서 경상남도 여러 군(郡) 중에 박통과 여당 공화당에 대해 최고의 지지율을 보였다.

그는 물가정책도 원론적 접근과 더불어 현실 행정을 병행했다.

물자도 상품도 절대적 공급 부족이 십수 년 계속되면서 매점매석 등 불공정 상관행과 고질적인 인플레 기대심리가 물가를 부추기고 있었다. 당시는 '정부가 어떤 강한 입장을 가지고 물가 문제를 다룰까', '물가가 얼마나 오를까'에 대한 기대심리가 물가 상승에 절대적인 영향을 끼칠 때였다. 그래서 경제 논리 같은 '계급장'을 떼고 당시 물가 당국이 공개적인 겁박을 주(主) 무기로 물가와의 '백병전'을 불사했던 것이다.

물가를 잡아라![7]

쓰루가 경제기획원 차관이 된 이래 늘 골머리를 썩여왔던 것이 물가였다. 그는 한국의 물가 상승은 객관적인 요인보다 심리적인 요인이 강하다고 보았다. 즉, 환율 상승(평가절하)이나 해외물가 상승, 임금 상승 같은 '합당한' 물가 상승 요인 자체보다는 인플레 기대심리, 즉 '환율이 올랐으니 물가가 더 오르겠구나' 하는 소비자의 심리 또는 '환율 상승으로 물가가 더 오르기 전에 내 물건값을 올려놓아야겠다'는 업자들의 심리가 더 작용한다고 본

7 최우석, 앞의 책, 2016년 1월호 상세 인용

것이다. 그리고 그 물가 상승 심리는 학자나, 특히 한국은행 등 '좀 안다'는 사람들의 '전문가적 식견'이 부채질한다고 보았다.

그 때문일까? 쓰루는 부총리가 되자 한국은행에 메스를 가했다. 한국은행은 당시 열흘에 한 번씩 전국도매물가지수를 발표하고 있었는데, 그는 '한국은행이 너무 자주 물가 동향을 발표하여 인플레 심리를 부추긴다'고 보았다. 부총리 취임 2개월 뒤인 1969년 8월 11일에 쓰루는 한국은행이 수십 년 해오던 도매물가지수 통계조사 업무를 (다음 해 4월부터) 기획원 통계국이 맡도록 결정해버렸다. (이 정책 전환에 카리스마 넘친 황병태 통계국장의 입김이 감지된다.)

통계 업무 일원화를 통한 예산 절약과 통계 일관성 등을 그 명분으로 내세웠지만, 실질적인 이유는 한국은행의 '자율적인' 물가 통계 발표가 쓰루의 속을 불편하게 했다고 세상은 짐작하고 있었다. 언론을 통해 '한국은행의 자율성을 저해한다', '한국 정부 통계의 공신력이 떨어진다', '통계 업무를 어용화한다' 등등 온갖 비난과 우려가 쏟아졌으나, 물가 통계와 더불어 인플레 기대심리를 손안에 쥐겠다는 쓰루의 마음을 되돌릴 수는 없었다.

그는 물가 안정 대책에 대규모로 또 조직적으로 전 부처를 동원했다. 물가 종합 대책 마련과 발표의 자리에는 재무부, 상공부, 농림부 등 경제부처 장관은 당연직이었고, 국세청장, 치안국장(지금의 경찰청장), 때때로 서울시장까지 '임시직'으로 동원되곤 했다. 전임 박 부총리는 가급적 시장에 직접 개입하지 않는 '간접적인 물가정책'을 폈다면, 쓰루는 백병전 수준의 물가전쟁을 불사하며 수단과 방법을 가리지 않았다. 더러 협박 공갈도 했다. 그는 '무식한' 관료는 아니었다. 막무가내 가격 통제가 왜곡을 가져오고 경제를 골병들게 한다는 것을 잘 알고 있었다. 물가와의 각개전투를 벌일 때 기자들이 "근본적인 물가정책을 편다고 해놓고 왜 가격 규제에 치중하느냐"고 물으면, "나도 고상한 물가정책을 펴고 싶다. 물가를 잡기 위해선 누군가 가격 규제를 하지 않으면 안 된다. 욕을 먹느니 차라리 그냥 내버려둘까 하는 생각이 들 때도 있다. 경제기획원 장관은 누가 하든지 간에 욕먹을 각오를 해야 한다"고 변명 아닌 변명을 늘어놓곤 했다.[8]

비명과 비난 속에 끈질기게 밀어붙인 긴축 덕분인지, 1970년에 들어 특히 그 후반에 들어 눈에 띄게 안정세가 보이기 시작했다. 언론은 쓰루의 긴축정책에 대한 지지와 격려의 목소리를 본격적으로 담아내기 시작했다.

"그동안 헌신적 노력을 기울인 김학렬 부총리가 이 같은 청신호를 보고 환호했다는 신문 보도에 수긍이 가는 점이 있다. 긴축정책을 강행하면서부터 도산사태에 부도가 연발하지 않는가. 이런 소용돌이에서도 소신을 굽히지 않고 그대로 밀고 나가기란 여간 어려운 일이 아니다. 이제 겨우 안정의 조짐이 나타나기 시작하였으니 이를 그대로 견지함으로써 그 청신호가 꺼지지 않게 해야 한다는 것이 여태까지의 노력보다 더욱 어려우리라고 생각한다."[9]

8 위의 책, 2016년 1월호

9 『매일경제』 1970년 7월 18일 자

쓰루도 마음대로 못 한 쌀값

그도 어쩔 수 없는 가격이 세 가지 있었다. 쌀값, 기름값, 그리고 달러 환율이었다. 그중 쌀값이 가장 큰 골칫거리였다. 쌀 생산은 늘지 않는 가운데 일반인의 벌이가 좋아지면서 쌀 소비가 급격히 늘어서였다. 쌀 소비가 가계 소비에서 차지하는 비중도 높았고, 쌀값은 소비자물가의 바로미터 역할을 했다. 매점매석 등 일부 중간상인의 농간에 쌀값이 춤을 췄다.

성질대로 하자면 당장에 쌀값을 때려잡았겠지만, 그러지 못했다. 그때의 고미가(高米價)정책은 농공의 균형 발전을 위해 박 정권이 울며 겨자 먹기로 택한 정책이었다. 게다가 1969년, 1971년은 투표의 해였다.

기름값 또한 그의 손안에 들어오지 않았다. 당시 국내 석유(정유)시장은 유공(油公)과 호남정유 두 회사가 분점하고 있었다. 그들에게 원유를 제공하는 것은 세계적 석유 재벌인 걸프와 칼텍스였다. 당시는 원윳값이나 환율이 오를 때마다 적정이윤을 보장해주지 않으면 원활한 석유 공급을 보장할 수 없는 상황이었다. 71년 양대 선거가 끝나자마자 6월과 8월 두 차례에 걸쳐 기름값을 무려 45%나 올려주었다. 쓰루는 기름값을 두 달 만에 다시 올려야 하는 이유를 설명하면서 "정말 우리나라 서해나 남해서 기름이 나도록 기도라도 하고 싶다"고 말했다.[10]

환율도 수출 때문에 어쩔 수 없이 때때로 올릴 수밖에 없었다. 예를 들어 한국 물가가 일본보다 10% 더 올랐다면 환율을 10% 올려야(평가절하) 해외시장에서 일본과 경쟁할 수 있다는 식이었다.

10 최우석, 앞의 책, 2016년 1월호

그는 "물가만 생각하면 환율을 올리지 않는 게 소망스럽다. 그러나 그동안 우리 물가가 많이 올라 환율을 올리지 않을 수 없다. 수출과 성장을 위해서다"라고 평가절하(환율 인상)의 배경을 설명했다.

환율이 오르면 해외물자를 들여와서 만드는 물건의 값이 오를 수밖에 없다. 그도 거기에 대해서는 뭐라고 할 수 없었다. 그러나 '환율이 올랐으니 일반물가가 오르겠구나' 하는 인플레 심리 때문에 업자가 미리 가격을 올리는 것은 가만히 보고 있지 않았다.

그는 "이번에 환율이 올랐다고 환율과 관계없는 품목의 값을 올리면 가만두지 않겠다. 걸리기만 하면 한 놈 조져버린다. 낙동강 잉어가 뛰니 안방 목침이 뛴다더니 환율이 오른다고 왜 아무거나 뛰느냐"는 식의 겁박을 주곤 했다.[11]

71년 6월 환율을 올릴 때였다. 마침 토요일이었다. 환율이 인상된다는 소문에 기자들이 부총리실로 몰려왔다. 그는 "그럴 일 없다"고 딱 잡아뗐다. 오후에 부인과 같이 영화를 보러 간다면서 예매한 극장표까지 보여줬다. 그날 은행 영업이 끝난 후 환율 인상이 발표되었다. (당시는 토요일도 은행 문을 열었다.)

월요일에 기자들이 그에게 "왜 거짓말을 해 골탕을 먹였느냐"고 항의했다. 그는 태연히 "세계 어느 나라나 경제장관은 환율에 대해서 거짓말을 할 권리가 있다"면서 "기자가 그런 거짓말을 믿느냐. 센스가 없어서 그렇다"며 놀리듯 대답했다.

그는 자주 그런 장난기 어린 모습을 드러내곤 했다. 연말연시나 추석 같은 '촌지의 계절'이 오면, 기획원 출입기자를 집무실에 한 사람씩

11 위의 책, 2016년 1월호

불렀다. 책상 위에는 두 개의 봉투가 놓여 있었다. 그는 기자에게 "둘 중 하나는 많이 들었다. 골라라" 하고 도전적으로 얘기했다. 기자가 하나를 집어 들면, 얼른 다른 봉투를 책상 서랍에 집어넣으면서 "바보~, 다른 봉투에 더 많이 들었는데……"라고 했단다. 봉투의 액수를 알 수 없는 기자들은 장난기 어린 그를 싫어할 수 없었다.[12]

12 당시 경제기획원 출입기자 증언

3차 5개년 계획의 '할아버지'[13]

쓰루는 '2차 5개년 계획의 아버지'로 불리었다. 기획원 차관 때 주도적으로 그 계획을 관장했다고 해서다. 그러나 청와대 정무수석(경제수석)으로 물러난 후 2년 반 넘게 그는 5개년 계획에 대해 일언반구도 하지 않았다.[14] 부총리가 된 지 3개월이 되던 1969년 9월 3일, 그는 오래간만에 경제개발 5개년 계획 얘기를 꺼냈다. 3차 계획(1972~1976년)의 기본 구상을 밝히면서다. 그는 "계획이 마무리되는 1976년이 되면 우리나라 경제는 도약 단계로부터 성숙 단계로 이행되고, 1인당 GNP는 약 375달러 선이 되어 1968년의 2.3배로 늘어난다"며 계획의 큰 그림을 내비쳤다.

13 육성으로 듣는 경제기적 편찬위원회, 앞의 책, pp.296~297

14 누누이 얘기하지만, 당시의 청와대 비서진과 작금의 비서진 간에는 근본적인 차이가 있다. 당시 청와대 수석은 대통령의 비서였지, 그의 입이 아니었다. 생각이 있어도 대외적으로 함구하는 게 기본이었다. 생각이 없어서가 아니다. 좋은 일은 대통령의 덕분으로 돌리고, 공연한 발언으로 대통령과 정권에 누를 끼치는 일이 벌어질까 우려해서였다.

2차 계획 2년 앞당겨 달성

3차 계획 수립은 1, 2차 계획에 비해 탄탄한 자신감 속에 출발하였다. 그것은 '근거 있는 자신감'이었다. 1차 계획이 목표를 대폭 초과 달성한 것에 이어, 1971년에 끝나기로 되어 있는 2차 계획도 GNP 등 주요 목표가 1969년 안에 대부분 달성될 것으로 전망하고 있었다. 경부고속도로, 울산 석유화학단지, 포항제철소 등 '2차 계획의 3대 총아'의 건설이 마무리 내지 본격화 단계에 이른 것도 자신감을 불어넣어주고 있었다. 1, 2차 계획 수립 시의 불안과 불확실성을 말끔히 벗은 모습이었다.

'도약하는 한국 경제를 일궈내는 한국인'의 그 자신감을 국제 경제개발 커뮤니티는 'Can Do Spirit'(마음을 합해 절실히 원하면 무엇이든 이룰 수 있다는 사회 분위기)이라고 불렀다. 일부 비판 세력은 이를 두고 정해진 목표를 향해 맹목적으로 달려 나가는 '군사문화'의 유산이라고 폄하하였다.

1969년 11월 26일에 발표한 제3차 경제개발 5개년 계획 작성 지침(안)은 그동안의 고도성장이 야기한 두 가지 병폐, 즉 고질적 물가 불안과 불균형 성장을 겨냥하고 있었다. 작성 지침은 계획 기간 중 연평균 성장률을 8.6%로 정하고 있었다. 누가 보더라도 너무 낮은 목표였다. 2차 계획이 출범하고 처음 3년간(1967~1969년)의 평균 경제성장률이 12.5%에 달하고 있었다. 쓰루 스스로 "지나치게 건실하게 잡은 계획이 아니냐는 반론이 나오지 않을까 걱정이다"라고 은근히 자랑을 늘어놓을 정도였다.

원래 실무진이 상정했던 성장률은 10, 12% 두 가지였다. 보고를 들은 쓰루는 실무진에게 "이런 미친놈들 보게. 10, 12%가 무슨 수작이야. 원래 계획이란 낮게 잡고 실적은 높게 내는 거야. 8%로 해!"라고 호통을 쳤다. 왕초에게서 배우고, 박통 옆에서 수많은 실적 보고를 지켜보며 터득한 나름의 처세술이었다.[15]

의도적으로 낮게 잡은 성장률에 대해서, 언론은 정부가 '고도성장에서 안정성장'으로 방향을 전환하려는 것으로 해석하면서 '3차 계획의 할아버지(쓰루 지칭)의 성숙함이 엿보인다'는 해설까지 덧붙였다.

언론은 불균형 성장의 그늘을 상징하는 농업과 농촌에 재정을 집중적으로 투입하겠다는 균형 기조 도입 부분에 높은 점수를 줬다. 당시 공업화의 성과가 눈부셨던 만큼 농업-공업 간, 농촌-도시 간의 격차가 크게 벌어질 수밖에 없었다. 1959~1969년 광공업 부문은 연평균 15.6%의 성장을 거듭해왔는데, 농림어업 부문은 고작 4.5%씩밖에 성장하지 못했다. (4.5%도 다른 나라에 비하면 높은 수치다. 그렇다고 농공 간 격차가 숨겨지는 것은 아니었다.) 경제뿐 아니라 정치 · 사회적으로도 국가적 관심의 초점이 점차 농업과 농촌의 발전으로 옮겨 가고 있었다. 농촌은 여당 공화당의 표밭이었고, '3선(選) 대통령'은 박통의 공개적 야망이었다.

안정과 균형 기조 도입은 고질적 인플레와 불균형 성장 문제를 지적해온 언론의 의표를 찌르는 정책 기조의 전환이었다. 긴축의 결과로 도출된 물가 안정, 혁신적 부총리에 의한 균형 성장으로의 전환……. 쓰루 경제팀에 대한 언론의 평가는 긍정에 긍정으로 흐르게 되어 있었다.

15 신성순 외, 앞의 책, p.61
주태산, 『경제 못 살리면 감방 간대이: 한국의 경제부총리, 그 인물과 정책』, 중앙M&B, 1998, p.82

두 인간컴퓨터의 만남

쓰루는 3차 계획의 성격을 "정부는 큰 테두리만 정하고 구체적인 사업계획은 기업가가 선택도록 할 것"이라고 설명했다. 1, 2차 계획이 정부가 민간(기업)에 이래라저래라 '지시'하는 식이었다면, 3차 계획은 나라경제가 어떤 모습으로 나아갈 것인지를 '예시'하는 스타일이 될 것이라는 얘기였다. 예를 들어 1, 2차 계획이 '○○ 규모의 ○○ 공장을 ○○개 건설한다' 등 개별 사업계획을 나열하는 식이었다면, 3차 계획은 '나라경제가 이런 방향으로 나아갈 것이다', '○○산업을 육성한다' 등 부문 단위의 큰 줄기와 그 가이드라인만 정하고, 구체적 사업 선택과 투자 결정은 민간기업에 맡기겠다는 것이었다.

쓰루는 그가 정책을 홍보하거나 국민으로부터 인정받으려 할 때 주로 쓰는 수법을 3차 계획 때부터 본격적으로 쓰기 시작했다. 5개년 계획에 대한 국민의 이해와 지지를 높이기 위해 해외 전문가나 국제금융기구의 평가를 동원하기 시작한 것이다. 이 중 국내에 가장 폭넓게 좋은 반향을 일으킨 것은, 1970년 5월에 방한한 로버트 맥나마라(Robert McNamara) 세계은행 총재의 한국 경제 발전상에 대한 높은 평가였다. 맥나마라 총재는 김포공항에 첫발을 디딜 때부터 워싱턴으로 돌아갈 때까지 한국의 경제 발전에 관한 찬사를 멈추지 않았다. 특히 도착 성명에서 그는 "한국은 지난 수년 동안 주로 스스로의 노력에 의해 괄목할 만한 경제 발전을 이룩했다"고 찬양하면서 "세계은행에 있는 우리는 할 수 있는 모든 지원을 아끼지 않을 것이며, 이로써 우리는 한국이 우리들 세대에 있어서 놀랄 만한 경제적 성공을 이룩하는 데 참여하는 영광스러운 특전을 누릴 것"이라고 박 정권의 경제 발전 업적을 한껏 치켜세웠다.

이는 빈말이 아니었다. 세계은행은 인도 등 폐쇄적 산업화 전략[16]을 택한 나라들 때문에 골머리를 썩이던 차였다. 그들은 세계은행 등의 엄청난 지원을 받았음에도 불구하고 잘못된 경제개발 전략으로 저개발과 빈곤의 늪에서 빠져나오지 못한 채 국제사회의 지원 부담만 늘리고 있었다. 그 때문에 수출 주도로 눈부시게 발전하는 한국은 개방적 산업화의 모범 사례를 제공하고 있었다.

쓰루와 맥나마라는 첫 만남부터 죽이 맞았다. 맥나마라가 한국에 도착해 바로 기획원으로 가서 쓰루와 가진 1시간 반에 걸친 만남은 한국과 미국의 두 '인간컴퓨터'가 서로 성능을 겨루는 경연 같았다. 수출, 수입, 외자, 가족계획, 농촌개발 등 무슨 주제이건 맥나마라 총재가 묻는 즉시 쓰루는 시원시원하게 궁금증을 풀어주었다. 시대정신을 반영하는 우선순위 설정 감각, 명쾌한 성격과 의사 표시, 신속한 상황 판단과 정확한 분석력 등에서 그들은 서로를 인정하고 좋아하게 되었다. 그들이 서로를 죽마고우처럼 느끼게 된 것은 경제개발에 관해 같은 고민, 같은 정책관을 가지고 있었기 때문이다.

그날 쓰루의 안내로 청와대를 예방한 맥나마라 총재는, 한국 경제에 대한 솔직한 충고를 바란다는 박 대통령에게 "한국 경제의 발전은 하나의 기적이며 이 기적을 이룩한 요인은 첫째, 정부나 사업가나 국민

16 수입 대체 중심의 폐쇄적 산업화 전략은 무역장벽을 높여 수입을 억제하면서 정부가 국내 산업을 지원하여 일으키려는 산업화 전략이다.

모두의 의욕적인 자세와 자부심, 둘째, 높은 교육 수준, 셋째, 대통령 이하 행정부의 탁월한 영도력에 연유한다"고 말했다. 이는 바로 쓰루와 박통이 공유하고 있던 경제 발전 정책관이었다! 그는 "한국 경제의 장래에 별 문제점이 없다고 보며, 얼마 전 시작된 안정정책이 효과적이며 전망은 매우 고무적"[17]이라는 분석까지 덧붙였다. 맥나마라가 박통과의 면담에서 한 얘기들은 (의도했건 의도하지 않았건) 구구절절이 임기 1년 차 부총리 쓰루에 대한 칭찬으로 일관됐다. 쓰루에 대한 대통령의 신임은 식을 수 없었다. 세계은행 총재와 어깨를 나란히 하며 편안하게 유머까지 주고받는 한국의 부총리를 뿌듯하게 생각하는 듯, 언론도 맥나마라 총재가 한국에 있는 동안 그와 쓰루의 동선을 따라가며 보도 경쟁에 열을 올렸다.

1970년 10월에 방한한 세계은행 협의단의 한국 경제 평가는 3차 계획에 대해 더할 나위 없이 긍정적이었다. 과도한 투자, 통화 팽창, 물가 불안, 외채 등에 관한 '일상적인 우려'는 눈을 씻고 봐도 찾을 수 없었다. 기자들에게 그 평가를 전하는 쓰루는 1년간 공부한 끝에 시험에 합격한 듯 의기양양 그 자체였다.

우리 손으로 수립한 최초의 5개년 계획

3차 계획은 말 그대로 우리의 손으로 수립한 최초의 경제개발 5개년 계획이었다. 경제개발계획의

17 『경향신문』 1970년 5월 15일 자

'자립'인 것이다. 그만큼 외국 정부나 국제금융기구의 입김이 최소화 되었다. 여기에는 1970년대 초에 설립된 한국개발연구원(KDI) 학자들과 기획원 관료 등 국내 인재들이 지대한 기여를 했다. 또한 고도성장으로 계획 추진에 필요한 재원을 국내에서 동원할 수 있는 능력이 강화된 덕분이었다. 특히 경제개발과 소득 증가에 따라 미국이나 세계은행 등에 손 벌릴 일이 줄어들고 있었으니, 그만큼 경제계획에 대한 외부의 입김을 덜 수 있었던 것이다.

'기적의 볍씨'로 녹색혁명

쓰루는 농민의 아들은 아니었다. 그러나 생각으로도, 언행으로도, 농촌 출신 촌놈임을 숨길 수 없었다. 당시는 촌놈 세상이었다. 쓰루뿐 아니라 대통령부터 시작해 당시 집권 세력 가운데 지방 출신을 빼고 나면 몇 사람 남지 않았다. 게다가 여당 공화당은 농촌을 정치적 기반으로 삼고 있었다. 전체 취업자 930만 명 중에 470만 명(51%)이 농어민이었다. 산업화로, 도시화로 농촌에서 많은 인구가 도시로 빠져나갔는데도 그랬다. 서울 본토박이는 숫자로나 정치 · 사회적으로나 소수자였다. 농업정책이 자연 '농자천하지대본(農者天下之大本)' 방식으로 흐를 수밖에 없었다.

박통은 1970년 1월 9일 연두 기자회견에서 "농공병진정책을 강력 추진하여 1970년대 말에는 식량의 완전 자급자족을 기하겠다"고 발표했다. 도시와 공업 부문이 급속하게 성장하면서 뒤안길이 된 농촌과 농업을 일으키겠다는 것이었다.

두 달 뒤인 3월 11일, 쓰루는 그동안 정부가 공업화에 치중하느라 얼마나 농업을 도외시했는지 자성하는 것으로 농업과 농촌 개발정책에 공식적인 첫발을 내디뎠다. 1969년까지 도입한 외자 총 24억 3400만 달러 중 농업에 들인 돈은 4800만 달러(1.95%)에 불과했다. 그는 "(향후) 세계은행과 USAID 등에서 들여오는 장기 재정차관을 농업 부문에 중점적으로 투자, 획기적인 농업 발전을 이룩하여 녹색혁명을 달성하겠다"는 말로 농공병진정책이 나아갈 바를 밝혔다.

영산강 개발이 '4대강 개발'로 부풀려진 사연[18]

당시는 거의 매년 홍수나 가뭄을 겪었다. 그 피해가 막심했다. 한 해 평균 홍수는 60여억 원, 가뭄은 40여억 원의 피해를 남겼다. 인명 피해를 빼고도 그런 계산이 나왔다. 홍수나 가뭄 4년으로 경부고속도로(418㎞)를 하나씩 날려버리고 있었다.

1970년에도 어김없이 홍수가 닥쳤다. 수해 현장을 둘러보던 박통은 "상습적인 가뭄과 수해를 그때그때의 임시 대책으로는 근본적으로 해결할 수 없다"며 "한강, 금강 외에 낙동강, 영산강 등에 종합 개발계획을 수립하여 항구적인 대책을 강구하라"고 지시했다. 당시의 한·수해 대책은 사후약방문 내지는 임시변통 땜질이었다. 홍수로 둑이 무너지면 동네 사람들이 모여 둑을 다시 쌓고, 가뭄이 오래가면 기우제를 지내는 게 고작

18 육성으로 듣는 경제기적 편찬위원회, 앞의 책, pp.311~312

이었다. 그런 사정을 생각하면 박통의 '근본적이고 항구적인 4대강 종합 개발' 주문은 가히 혁명적이라 할 만큼 획기적이었다. 차원을 달리하지만 4대강을 통으로 개발하겠다는 아이디어가 이명박 전 대통령의 4대강 사업이 나오기 40년 전에 이미 국가과제로 자리매김하였다는 얘기다.

4대강 유역엔 농촌만 있는 게 아니었다. 말이 4대강이지 면적으로, 경제적으로, 또 삶의 범위로 대한민국의 3분의 2를 차지하고 있었다. 대한민국 전체 면적의 64%에 총인구의 62%가 살면서 GNP의 67%를 생산해내고 있었다. 산악 지역을 빼고 나면 거의 전 국토, 전 국민의 삶의 공간이나 다름없었다. 4대강 유역 개발사업은 단순한 하천 정비사업이 아니었다. 가뭄이나 장마를 겁내지 않는, 3500만 민족을 위한 낙토(樂土)를 이루려는 민족의 숙원사업이었던 것이다.

대선이 불과 한 달여 앞으로 다가온 1971년 2월 24일, 광주에 있는 전남도청에서 도청 건물이 세워진 후 최대 행사가 열렸다. 4대강 유역 종합 개발계획을 확정하고 발표하는 자리였다. 대회의실에는 쓰루를 비롯하여 내무, 농림, 건설부 장관과 관계 기관 대표 및 영산강 유역 11개 군 2개 시의 군수 및 시장 등이 자리하고 있었다. 그 회의는 며칠 전까지만 해도 예정에 없던 것이었다. 그 웃지 못할 사연은 이렇다.

마침 세계은행이 한국에 주요 항만 개발차관을 제공하기로 합의한 것도 있고, 선거도 있고 해서, 겸사겸사 쓰루는 부산에서 항만 관계 장관회의를 열기로 했다. 2월 14일 한껏 참석 범위를 늘려 잡은 그 회의에는 인천, 군산, 목포, 여수, 속초 등 10여 개 지역 항만 관계자들이 다 모였고, 행정관료 중에서는 쓰루 외에 국방, 상공, 교통부 장관과 건설부 차관, 관세청장, 수산청장, 부산시장 등이 참석하고 있었다.

회의 결과, 외자 1675만 달러, 내자 69억 원 등 총 515억 원의 재정 투자(당시 정부 예산의 6분의 1에 해당)로 부산항을 비롯한 12개 전국 주요 항만을 중점 개발한다는 계획을 확정했다. (기본 계획과 재원 조달 방안까지 마련된 후 개최된 항만 개발 장관회의는 쓰루의 효율적인 사회 진행도 한몫을 해 1시간을 넘기지 않고 마무리되었다!)

문제는 기대한 것 이상으로 신문에 관련 내용이 크게 보도된 데서 터졌다. 신문 1면을 장식한 그날 기사를 본 호남 쪽에서 '우리는 푸대접하는 것이냐'는 불만이 일어난 것이다. 대책을 고민하던 부총리 비서실장 머리에 2월 24일로 예정된 영산강 개발사업 착공식이 떠올랐다. 쓰루는 "이왕 영산강 착공식을 하게 된 마당에 광주에 가서 장관회의를 한번 크게 합시다"라는 비서실의 제안을 바로 받아들였다. 이것이 부산의 항만 개발 장관회의 후 불과 열흘 뒤에 광주에서 영산강댐 사업 착공식과 더불어 4대강 유역 종합 개발을 위한 관계 장관회의가 거창하게 치러지게 된 배경이다.

그 회의에서 쓰루가 전남의 숙원사업인 영산강 유역 개발계획을 설명하고 나자, 바로 뒤이어 전남상공회의소 회장이 "존경하는 부총리 각하 감사합니다. (당시에는 부총리도 각하라고 부를 만큼 권위가 있었다!) 영산강 개발이 끝나면 우리 전남도 여느 지방 못지않게 경제개발을 달성할 수 있습니다. 도민의 한 사람으로 심심한 사의를 표합니다"라며 감사를 연발했다. 신문들은 '선거전 광주에서 시작되다'라는 제목하에 유진산 씨(야당 총재)와 쓰루의 사진을 1면에 톱으로 배치했다.[19]

축제 분위기는 그날 저녁 광주 호텔에서 열린 영산강 착공 기념 리

19 위의 책, p.312

셉션으로 이어졌다. 마이크를 잡은 쓰루는 "전남의 생명줄인 영산강 개발사업을 진짜로 착수합니다. 이 김학렬, 거짓말 못 합니다. 기대하시고 협조해주십시오"라며 고개를 숙였다. 광주상공회의소 회장이 바로 이어서 "제가 알기로는 김 부총리는 거짓말을 못 하기로 유명한 사람입니다" 하고 맞장구를 쳤다. 회의장은 박수와 환호가 터져 나왔다.

염원의 쌀 자급자족[20]

식량의 자급자족은 신생 독립 극빈 개도국 대한민국의 최우선 국가과제였다. (당시는 지방 건설사업의 근로 대가로 임금 대신 무상원조로 받은 밀가루를 나눠주곤 할 때였다.) 박 정권도 집권 초기부터 식량 증산정책을 추진했다. 1967년 대통령 선거의 주요 공약 중 하나도 식량 자급자족이었다.

그런 박 정권의 바람을 비웃기라도 하듯 양곡 생산은 오히려 (3.5%) 줄어들고 있었다. 가뭄이나 홍수가 여전한 데다가 공업화, 도시화로 쌀을 경작하는 논이 계속 줄어들어서였다. 그처럼 생산은 줄어만 가는데, 쌀 소비는 급속히 늘어만 갔다. 경제성장으로 소득이 급격히 늘고 인구도 늘어서다. 쌀을 수입하는 데에 한 해 수출액의 10%에 이르는 외자를 써야 했다.

갈수록 자급자족의 날은 더 멀어지는 듯했다. 자급자족 공약을 내놓은 67년에 88%이던 자급률은 68년에 79.8%, 69년에 77.7%로 두 해 연

20 위의 책, pp.313~315

속 내려가고 있었다.

당대 최고의 볍씨는 필리핀의 국제쌀연구소(International Rice Research Institute)가 개발한 '기적의 볍씨' IR8이었다. 종래의 볍씨보다 두 배의 수확량을 보이고 있었다. 1967년에 희소식 하나가 전해졌다. 6년간의 연구개발 끝에 드디어 IR8을 한국 토양에 맞게 개량한 '한국형 기적의 볍씨' IR667이 개발되었다는 것이었다.

문제는 재원이었다. IR667의 개발과 보급에도 상당한 비용이 들지만, 그것을 제대로 경작하려면 논을 종래보다 깊이 일궈야 하고 상당한 관개시설이 필요하며 비료 소요도 엄청났다. 그 재원 확보에 총대를 멘 사람이 바로 쓰루였다. 예산 배정에 상당한 결정권을 행사할 수 있는 부총리 자리에 오른 후의 쓰루는 마치 IR667이 자기 자식이나 되는 것처럼 예산 배정에 심한 '편애'를 했다. 청와대 경제수석 시절로 거슬러 올라가는 쓰루와 IR667 사이의 긴 인연도 그 편애의 한 원인이었다.

그는 IR667로 쌀의 자급자족과 나아가 녹색혁명을 이룩할 수 있다고 굳게 믿었다. 농정 발표의 자리이든, 인터뷰이든, 대담이든, 국민을 접할 수 있는 기회만 생기면 마치 자기최면에 걸린 듯 'IR667을 통한 녹색혁명'을 되풀이해 설파했다. 그의 녹색혁명 사랑은 심지어 외국 언론의 인터뷰에까지 등장했다.

1970년 권농일(勸農日 · 6월 10일)에는 이례적으로 많은 주요 인사들이 시범 모내기에 참여했다. 박통을 비롯한 삼부 요인에 농민 대표와 주한 외교사절까지 1200여 명이 심은 것은 단순한 벼가 아니었다. 그들은 '녹색혁명'의 모내기를 하고 있었다. 쓰루도 당연히 모내기를 하고 있었다. 그에게 그 볍씨는 '내 새끼'나 다름없었다. 그해 10월 IR667을 처음 수확하면서 쓰루는 "이것이야말로 한국에서도 녹색혁명의 계기가 될 것"이라며 감개무량해했다.

그달 월간경제 동향 회의 후 대통령과 각료들이 그 쌀로 지은 밥을 시식했다. 그리고 밥맛이 어떤지 무기명 투표를 했다. 밥맛이 괜찮다는 의견이 15표로 압도적이었으나 맛이 없다는 의견도 3표 나왔다. 그 3표에 속이 상한 박통이 "이거 누가 쓴 거야?" 하고 불만을 표시했다. 쓰루가 바로 "아직까지 배가 부른 사람이 있어서 맛을 따지는 모양입니다"라고 받았다. 누구인지 모르나 문제의 3표를 던진 인사들은 진땀깨나 흘렸을 거다.[21]

IR667의 작명도 그 시식회에서 이뤄졌다. 시식을 하면서 대화 도중 자연스럽게 "IR667이라고 하면 농민들이 알 수가 없지 않느냐, 우리말로 좋은 이름 없느냐"는 얘기가 나왔다. 여러 가지 이름이 거론되다가 북한 주민을 포함한 한국민 전체를 먹여 살린다는 의미를 담아 결국 '통일벼'라는 이름으로 낙착되었다.

1976년은 한민족이 역사상 최초로 쌀의 자급자족을 이룩한 해였다. 통일벼 덕분이었다. 그 벼가 전체 재배 면적의 44%로 확대 보급되어 평년보다 21.8% 늘어난 521.5만 톤의 쌀(80kg짜리 65만 2000가마니)을 생산해낸 것이다. 70년대 중반까지 쌀의 자급자족을 이루겠다는 쓰루의 약속이 지켜진 것이다.

21 위의 책, p.315

안보 불안과 4대 핵공장[22]

북한의 비핵화가 글로벌 토픽이 되는 요즈음 들어도 깜짝 놀랄 일이지만, 박 정권이 한때 추진하던 사업 중에 '4대 핵공장' 건설사업이란 게 있었다. 핵폭탄이 아닌 중화학 핵공장 얘기는 아래와 같다.

포철은 됐다, 이젠 중공업이다

1969년 10월 즈음에 이르러서는 포철 건설이 제 궤도에 진입하는 모습이 역력했다. 그 성공적 출범은 안 그래도 '어려운 일은 내가 푼다', '박통이 나는 믿는다'는 자신

22 박영구, 『한국의 중화학공업화: 과정과 내용』, 도서출판 해남, 2012, pp.10~76
육성으로 듣는 경제기적 편찬위원회, 『숨은 기적들: 코리안 미러클 3』, 나남, 2015, pp.87~101

감에 찬 쓰루를 더욱 고무했다.

이때부터 그의 관심은 제철이라는 단일 산업에서 중공업 전반으로 옮겨 가기 시작했다. '이만하면 포철은 됐다. 이젠 중공업이다'라며 포철의 '성공 패턴'을 중공업 입국사업으로 확대 적용하려 한 것이다. (여기서 중요한 것은 이 사업이 박통의 지시가 아니라 쓰루의 자발적인, 선견지명의 발상에 의한 것이라는 점이다.)

생각이 거기에 미치자, 쓰루와 최형섭 한국과학기술연구소(KIST) 소장은 1969년 11월 향후 한국의 중공업 입국을 이끌 핵심적 공장 건설에 관한 공동 연구를 미국 배텔연구소(Battelle Memorial Institute)와 국내 KIST에 발주했다. 최 소장은 KIST의 초대 소장이자 초대 과학기술처 장관으로 한국의 과학기술 정책의 기반을 닦은 인물이다.

쓰루는 전문가들에게 연구 검토를 맡겼다고 손 놓고 있는 스타일이 아니었다. 철강 전문가에 버금가는 지식을 쌓아가며 포철의 출범을 독려하던 그 아닌가. 그는 거의 매일 저녁 퇴근 후 집에서 관련 서적을 탐독하면서 중화학공업 입국을 위한 고민과 구상으로 밤잠을 설쳤다. 부인이 깰까 봐 라이트가 달린 펜을 구해 끊임없이 독서와 메모를 했다. 그 메모는 누구에게도 맡기지 않고 늘 몸에 지니고 다녔다. KIST 등 전문가들을 집무실로 불러 벽에 한가득 펼쳐진 중화학공업의 상류산업(up-stream · 해당 제품 생산에 필요한 원료 및 소재 산업), 하류산업(down-stream · 해당 제품을 사용하는 산업) 연관흐름도(flowchart) 아래서 중화학 입국에 관한 그들의 의견과 구상을 듣곤 했다.[23]

공동 연구 결과인 '한국 기계공업 육성 방안'은 1970년 6월 초에 대

23 육성으로 듣는 경제기적 편찬위원회, 『육성으로 듣는 경제기적 I: 코리안 미러클』, 나남, 2013, pp.280~281(엄일영 증언)

통령에게 먼저 보고된 후, '중공업개발 종합 시책'으로 공표되었다. 그 자리에서 쓰루는 "중화학공업화는 저개발국이 선진 공업화의 꿈을 실현하는 데에 꼭 거쳐 가야 하는 과정"이라면서 "4대 핵공장 건설을 주축으로 체계화 및 계열화된 중공업 육성 방안을 마련하여 강력히 추진키로 했다"고 밝혔다.

원래 공동 연구가 선정한 핵심 사업은 제철, 특수강, 주물, 신동(伸銅), 조선, 기계 등 6개 분야였다. 그런데 제철은 포항제철로 이미 건설이 시작되었고, 신동 공장은 군수업종이라 발표에서 제외하다 보니 '4대 핵공장'이 된 것이다.

그때까지만 해도 쓰루의 생각으로는, 4대 핵공장은 어디까지나 민수(民需)산업이었다. 그 투자나 건설을 민간이 맡는 게 원칙이었다. 다만 사업성이나 자금 동원 부담 때문에 희망하는 업자가 없을 때는 정부가 출범을 주도한다는 생각이었다. 정부의 재정 압박도 민간 참여를 절실하게 했다. 당시는 소양강댐, 경부고속도로, 포항제철 등 대형 국책사업으로 예산이 바닥을 드러내고 있을 때였다.

민간 사업자 중에 가장 '(마음의) 준비가 된 사람'은 현대건설의 정주영 회장이었다. 4대 핵공장의 하나로 조선소가 선정되었을 때 가장 적극적으로 나선 것도 정 회장이었다. 조선의 경우, 현대건설을 사업자로 선정하고 난 다음부터 문제가 불거지기 시작했다. 정 회장이 기술 제휴와 차관 도입을 위해 접촉한 선진국들은 하나같이 '개도국 한국에 조선업은 무리다'라는 의견이었다. 그는 조선사업을 포기할 생각으로 귀국했다. 정 회장의 마음을 다시 돌리는 데 실패한 쓰루는 그를 박통과 만나도록 주선했다.

조선업을 포기할 수밖에 없다는 정 회장에게 박통은 "국가가 절실히 원하고 대통령이 염원하는 사업인데, 이렇게 쉽게 못 한다는 소리가 나오시오? 지금 내 앞에 앉아 있는 사람이 그 반대에도 불구하고 작열하는 태양 아래서 고속도로를 건설한 정주영 회장이 맞소?"라며 질타를 퍼부었다. 그러고는 "현대가 조선사업을 포기하면 앞으로 어떤 사업에도 정부가 일절 도움을 주지 않겠소"라는 통첩으로 분노를 마감했다. 정 회장은 다시 조선소 사업에 몸을 던졌다.[24]

4대 핵공장도 일본 차관으로 짓는다?

1970년 7월 초 박통은 청와대로 쓰루를 불러 4대 핵공장 건설을 서두를 것을 주문했다. 안보 상황이 긴박해지고 있어서 자주국방력 강화를 서둘러야 했다. 베트남전쟁 패전으로 미국은 아시아에서 발을 빼고 있었다. 새로 들어선 닉슨 미 대통령은 '닉슨 독트린'[25]이라는 불개입 외교 노선을 선언했다. 발등의 불은 미국이 닉슨 독트린으로 신호를 보내고 있던 주한미군 철수였다.

박통의 지시를 기다렸다는 듯이 쓰루는 즉석에서 "4대 핵심 공장이면 무기 생산이 가능하다. 건설에 필요한 외자는 일본의 차관으로 충당하겠다"고 답했다. 그의 마음속에는 '4대 핵공장 중심으로 무기를 생산

24 위의 책, p.284

25 Nixon Doctrine. 닉슨 대통령이 1969년 7월 25일 발표한 아시아 전략. 동맹국의 자유 또는 미국의 안전이 위협받으면 핵우산을 제공할 것이지만, 기타의 침략에는 기본적으로 각국이 자위 노력을 해야 한다는 내용이었다. 미군의 철수 등을 포함하고 있어 한국의 안보를 위협하는 변화로 여겨졌다.

하고, 일본 차관으로 그 공장을 건설한다'는 안이 이미 굳어져 있었던 것이다.[26]

그 회동을 계기로 4대 핵공장의 성격은 민수(民需)에서 군수(軍需)로 그 중심적 성격이 공식적으로 전환되었다. 쓰루는 발 빠르게 새 사업 추진 체계를 갖추어갔다. 그날로 관련 부처 차관보급으로 군수 공장 건설을 위한 '4인 위원회'부터 만들었다. 경제기획원 운영차관보, 상공부 차관보, 국방부 군수차관보, KIST 부소장 등 4명이 그들이다. 대외적으로는 이 위원회를 '중공업추진단'으로 불렀다.

첫 회의에 나타난 쓰루는 "오늘 회의는 절대 비밀이다. 앞으로 5개의 공장 건설 사업계획서를 작성한다. 주물선 공장, 특수강 공장, 중기계 종합 공장, 조선소, 신동 공장 등 5개 공장이다. 신동 공장의 사업계획서는 상공부, 나머지는 KIST에서 작성해라. 기간은 1주일이다. 기한을 엄수해라. 기한을 넘길 수 없다. 모두 밤샘 각오를 해라. KIST에서 합숙해라. 이상 끝!" 하고는 나가버렸다. (훗날 70년대 후반 한국의 중화학공업화를 주도, 추진한 것으로 알려진 당시 상공부 오원철 차관보는 그때까지만 하더라도 그 회의가 무슨 영문인지 모르는 상태였다.) 계획서 작성에 단 1주일만 준 것은 2주 뒤 서울에서 예정된 한일정기각료회담에 4대 핵공장을 핵심 안건으로 올릴 속셈이었기 때문이다.[27]

포철에 이어 대통령이 특별히 관심을 두는 4대 핵공장과 신동 공장까지 쓰루가 기획원 조직을 통해 독단적으로 추진하는 형태가 되었다. 원래 주무 부처여야 할 상공부의 불만이 이만저만이 아니었다. 그와 개

26 박영구, 앞의 책, p.38
27 위의 책, p.41

인적으로 막역한 이낙선 상공장관조차 노골적으로 불평을 늘어놓을 정도였다. 쓰루의 복심인 엄 비서실장의 진사로, 어느 부처가 4대 핵공장을 관할해야 하느냐의 이슈는 일단 물밑으로 가라앉혀놓았다.[28]

한국은 이미 잠재적 경쟁자

4대 핵공장에 대한 협력 분위기를 만들기 위해, 제4차 한일정기각료회담의 모든 협의와 의전은 일본 측의 입맛에 맞추어 진행되었다. 회의에서 사용하는 언어부터 그랬다. 쓰루의 개회사를 제외하고는 모든 토의가 일본어로 진행됐다. 심지어 실무진까지 회의장은 물론 로비에서도 일본어를 쓰도록 했다. 이런 '환대'를 두고 신문은 '용어로만 보면 마치 일본 국내 회의 같은 인상'이라고 꼬집기도 했다.

그토록 애를 썼음에도, 한일각료회담에서 4대 핵공장 건은 별다른 진척을 보이지 않았다. 쓰루가 "중공업 차관을 비롯한 주요 의제가 이미 비공식 모임에서 타진되어 양해되었다"고 큰소리쳤지만, 4대 핵공장이 의제의 하나로 채택된 것, 그리고 향후에 조사단을 파견한다는 합의가 고작이었다.

석 달 후 10월에 일본 조사단이 방한했다. 단장은 아카사와 중공업 국장이었다. 쓰루가 친한(親韓) 인사라고 생각해 직접 단장으로 지명한 인물이었다. 그러나 아카사와는 어디까지나 '일본'의 관료였다. 1주일

28 육성으로 듣는 경제기적 편찬위원회, 앞의 책, p.285

조사를 하고 일본 정부에 제출한 그의 보고서는 쓰루의 기대를 완전히 저버리는 것이었다. '첫째, 조선과 기계는 국제 경쟁력 측면에서 난점이 많다. 둘째, 특수강과 주물선은 타당성이 있다고 할 수 있다'는 내용이었다. 보고서는 특히 조선사업에 매우 부정적이었다. '아무 실적이 없는 한국이 처음부터 대형 선박을 건조한다는 계획은 무모하다'는 얘기였다.

일본은 그 전해(1969년)까지의 일본, 즉 한국에 대한 투자와 상업차관 제공에 열을 올리던 그 일본이 아니었다. 그들은 이미 한국을 잠재적 경쟁자 또는 자기네의 텃밭인 세계시장을 교란하는 국가로 인식하고 있었다. 한국의 중공업화에 심기가 불편한 통산성의 입장이, 한일경협에 긍정적인 외무성 입장을 압도한 것이다.

포철에 이은 또 하나의 쓰루 신화는 출발선에 서보지도 못한 채 시간만 흘러가고 있었다. 그러나 여론의 인식은 여전히 '4대 핵공장이 향후 한국의 중화학화를 이끌 것'이라는 거였다.

"새해(1971년)는 제2차 5개년 계획을 끝내고 새로 제3차 계획으로 이행하는 중흥의 환절기다. 마침 정부는 푸짐한 설계를 펼쳐 들고 있다. 첫 컷은 4대 핵공장. 이미 건설을 서둘고 있는 석유화학 콤비나트와 함께 우리나라 산업 구조를 고도화할 주역이다. 포항종합제철도 공연하고 있다. 둘째 컷. 수많은 기계공업들은 그 단역들이다. 머지않아 핵공장들은 방위산업으로도 구실을 할 것이고 기계공업들은 다가올 10년의 공업 입국에 총아가 될 성싶다……."[29]

포항제철 건설 때와 같은 일본의 협력을 기대할 수 없다는 신호가

29 『매일경제』 1971년 1월 1일 자

명확했음에도 불구하고 쓰루는 여전히 4대 핵공장이 주도하는 중공업 육성에 대해 일본의 협력을 이끌어낼 수 있을 것이란 믿음을 접으려 하지 않았다. 그는 1971년 3월까지도 "4대 핵심 공장을 금년부터 1972년 초까지 착공하여 1973년부터는 한국도 중화학공업 단계로 들어갈 것"이라며 일본의 협력을 전제로 희망의 끈을 놓지 않았다.

1971년 8월 도쿄에서 열린 제5차 한일각료회담에서도 쓰루의 혼신의 노력이 계속되었다. 그것이 주효했는지, 일본은 4대 핵공장 건설 협력에 관해 지난해에 비해 상당히 진전된 입장을 보였다. 4대 핵공장(약 8000만 달러)과 조선소, 그리고 지하철 건설사업 등에 해외경제협력기금 등 약 2억 달러의 차관을 한국에 제공하기로 합의한 것이다. 물론 8000만 달러는 턱없이 부족한 금액이었다. 그러나 쓰루는 그 합의로 '4대 핵공장이 일본이 발을 뺄 수 없는 양국 간 경제 협력사업으로 등극한 것'에 만족하기로 했다. 그가 4대 핵공장을 통한 한국의 중공업 입국에 기여할 수 있었던 것은 거기까지였다. 그 레이스의 바통은 청와대에 넘겨줘야 했다. (뒤의 장에서 상세 후술한다.)

무상원조 드디어 졸업하다

쓰루가 기획원으로 컴백한 1969년은 왕초 부총리 시절부터 '다다익선'이라며 마구잡이로 들여온 외자의 후유증이 두드러지기 시작한 해였다. 1965년에 GNP의 10%에 불과하던 외채는 4년 만에 30% 수준을 넘어섰고, 차관 업체(외자를 들여와 설립하거나 외자를 주요 경영 재원으로 하는 기업)의 절반이 부실화되고 있었다. 자본과 기술의 원천으로 '만병통치'라던 외자는 '만병의 근원'이 되고 있었다.

이렇듯 곳곳에 적신호가 켜지고 있는데도 외자의 물결은 잦아들지 않았다. 오히려 '외자 업체 부실화로 언제 외자 도입의 문이 닫힐지 모른다'는 막차 불안심리가 외자 유입의 급피치를 부채질하고 있었다. 1969년도 한 해 외자 도입액은 5억 5000만 달러로, 전년보다 57%가 늘어난 수준이었다.

쓰루는 부총리 취임 직후에는 외자 문제에 관해 별말이 없었다. 그가 외자정책에 메스를 가하기 시작한 것은 포철 건설이 어느 정도 가닥을 잡아가던 9월 말이 되어서였다.

1969년 9월 하순, 그는 전격적으로 민간의 현금차관 도입을 금지하는 조치를 취했다. 대신 공기업이 민간기업보다 유리한 조건으로 들여오는 저금리의 현금차관은 허용하고, 특히 외국 정부나 국제금융기구로부터의 현금차관을 적극 유치하기로 했다.

쓰루는 급격한 외자 도입과 그에 따른 외채, 그리고 차관 업체 부실이라는 단기적 부실 문제의 치유와 고도성장세를 유지하는 가운데 중공업화를 추진한다는 중장기 지상 목표 사이에 끼어 있었다. 그는 외자 도입 확대라는 전체의 틀은 유지하되, 외자의 내부 구조를 유리한 방향으로 뜯어고쳐 가기로 정책 방향을 정했다. 그래서 첫째, (성장세 유지를 위해) 외자 도입을 늘려가는 기조는 유지하면서, 둘째 (금리와 상환 기간 등 차관 조건이 불리한) 상업차관은 억제하고 (차관 조건이 유리한) 공공차관과 (외채 상환 부담이 없는) 외국인 투자를 늘려감으로써 외자 구조를 개선해나가려고 했다. 이 외자정책 기조는 그가 부총리인 동안 줄곧 지켜졌다.

외채 지급보증은
자기 책임하에

민간 현금차관 금지 조치를 취하고 2주 후 쓰루는 차관에 대한 지급보증(빚보증) 제도를 강화하도록 조치했다.

첫째, 진력 · 조선 · 철강 등 기간산업을 위한 차관, 둘째, 지방자치단체와 정부 투자기관의 차관, 셋째, 1000만 달러 이상의 거액 차관, 넷째, 상환 기간이 10년을 초과하는 장기 차관의 경우에만 산업은행(사실상 정부)이 지급보증하기로 했다. 공공성을 가진 차관 외에는 정부(산업은행)가 지급보증을 하지 않겠다는 것이었다. 민간이 들여오는 차관에 꼭 지급보증이 필요하면 일반은행이 자기 책임하에 판단해서 지급보증을 하라는 것이었다. 무분별한 민간의 차관은 원천적으로 근절하겠다는 의지를 보여주고 있었다.

1971년 1월 9일 외국인 투자 유치정책이 발표되었다. 그중 눈길을 끈 것은 외국인 투자 취급기관의 일원화, 소위 원스톱 서비스(one-stop service)였다. 당시의 외국인 투자 인허가 절차는 걸핏하면 중도 포기할 정도로 그 절차가 여러 기관에 걸쳐 있고 복잡했다. 그래서 외국인 투자와 관련한 각 행정기관의 공무원을 경제기획원 한곳에 근무하게 했다. 원스톱 서비스의 위력은 절차의 간소화 자체보다 투명성에서 발휘되었다. 다른 부처 사람들이 다 보고 있는 사무실에서 의도적으로 인허가 업무를 질질 끌거나 신청을 받지 않는 등의 행위로 뇌물을 유도하는 짓을 할 수는 없기 때문이었다.

당시 쓰루를 가장 흥분시키는 주제가 외채 망국론(1997년 외환위기 때처럼 감당할 수 없을 정도로 많이 들여온 외채를 갚지 못해 나라경제가 무너지는 상황을 일컫는다)이었다. 더구나 그런 의견이 업계에서 나오면 그 흥분은 최고조에 달했다. 그의 눈에는 고금리의 상업차관을 들여와 외채를 쌓이게 하는 것도 기업이고, 부실 경영으로 외채를 못 갚아 나라경제에 어려움을 더하는 것도 기업이었다.

업계와의 간담회에서 외채 얘기가 나오면, 쓰루는 "과학적 근거도 없이 외채 망국론을 주장하는 사람들은 무식한 사람들이다"라며, "무식한 사람이 유식한 체하고 차관 때문에 나라가 망한다고 무책임한 발언을 하는 것을 볼 때 구토가 나올 것 같은 심정이다"는 말까지 덧붙이기도 했다. 그런 분위기에서 누구도 입을 열려고 하지 않았다. 만일 누가 쓰루에게 반박하고자 나선다면 그게 이상한 일이었을 것이다.[30]

그런 막말로도 성이 차지 않으면, 그는 "외채 망국론은 사실무근이라는 나의 주장에 반론을 제기할 사람은 질문하라"고 으름장까지 놓았다. 참석자들은 "이의 없다, 동감이다"라고 소리를 높이기 마련이었다. 신문은 이를 두고 "마치 어느 회사의 주주총회나 단합대회 같은 인상을 풍기기도 했다"고 힐난했으나, 외채 망국론에 대한 그의 과잉 반응은 수그러들지 않았다.

레만호에 빠져 죽은 가문의 자랑

1970년 4월 말에는 제네바에서 IECOK 4차 회의가 예정되어 있었다. 그해의 주 관심사는 과연 한국이 외채를 갚을 능력이 있느냐였다. IECOK 회의가 열리기 전날이었다. 쓰루는 제네바 호텔 방에서 간부들과 다음 날 회의 자료를 점검하고 있었다. 서울을 출발하기 전에 실무자들이 회의에 회의를 거듭해 마련한 자료였다. 그런데 한국 경제가 역동적으로 성장해 외채 상환에 문

30 최우석, 앞의 책, 2016년 1월호.

제가 없다는 설명 자료로 준비한 경상수지 전망 수치에서 문제가 발생했다. 외환 수급계획과 국제수지(BOP)가 각각 다른 수치를 제시하고 있는 것이었다. 경상수지는 상품(교역) 수지와 서비스 교역 수지의 합이다.

화가 머리끝까지 치민 쓰루가 새파랗게 질린 담당 관료들을 일으켜 세워놓고 소리쳤다. "느그들, 지금 당장 레만호에 가! 그리고 거기서 뛰어내려, 이 ○○들아! 레만호에 빠져 죽었다면, 느그들 집안에서는 자랑일 거다."

눈썹을 휘날리며 각자 방으로 달려간 그들은 새벽잠에 빠져 있는 서울의 실무자에게 전화를 걸어 사실을 확인하는 등 난리를 피운 끝에, 다음 날 한국 정부가 IECOK 회의에 내놓을 '하나의 경상수지'를 만들어낼 수 있었다. 그렇게 '레만호에 한국 관료의 머리 두 개가 둥둥 떴다'는 신화가 만들어졌다. 그것은 쓰루가 만들어낸 시체 일화의 처음도 마지막도 아니었다.

그는 그해 IECOK 회의를 외채 위기론을 불식하고 3차 계획에 대한 IECOK 참가국의 협력 약속을 거머쥐는 계기로 삼고자 했다. 그래서 회의 벽두에 "1969년으로 2차 계획의 최종 목표가 대부분 달성되었다"는 사실을 설명하여 분위기를 띄웠다. 그런 다음 "단기 상업차관 도입은 계속 억제", "사기업의 내자 조달용 현금차관 도입은 불허", "세계은행 등 국제금융기구로부터 유리한 조건의 차관 도입에 노력", "차관 원리금 부담률을 외환 총수입의 15% 이후 수준에서 유지할 수 있을 것" 등을 힘주어 설명해나갔다.

그의 열정적인 설명이 먹혀들어 간다고 여겨질 즈음인데, 어느 회원국 대표가 발언 기회를 청하더니 그를 향해 "단기 부채를 어떻게 갚을 계획이냐"고 물었다. 쓰루가 바로 마이크를 잡더니 한다는 소리가 "Gentlemen, my name is Kim, Hak Yul(여러분, 제 이름이 김학렬입니다)"이었다. 그 자리에서 그의 이름을 모르는 사람은 아무도 없었다. 그런 상황에서 갑작스레 튀어나온 그의 자기소개에 좌중은 어리둥절했다. 이어 그가 "여러분, 모두 서울에 한번 와서 물어보십시오. 이 김학렬이가 돈을 떼어먹은 적이 한 번이라도 있었는지 없었는지 말이오"라고 덧붙이자, "와" 하고 폭소가 터져 나왔다.[31]

1970년 IECOK 회의는 대성공이었다. 종합제철소 건설에 대한 지원을 딱 잘라 거절한 (박충훈 부총리가 참석했던) 1969년 회의와는 딴판이었다. 한국 경제에 대한 의구심을 말끔히 해소한 새로운 최고 정책 담당자 쓰루에 대한 그들의 신뢰는 한껏 올라갔다.

미국의 무상원조 졸업

1970년 5월 26일 9시 30분 경제기획원 3층 회의실. 미국의 무상원조가 그 25년사에 종결을 고하고 있었다. 수많은 카메라맨들의 플래시 속에서 쓰루와 하워드 휴스턴 USAID 처장(겸 주한 미국대사관 경제 담당 참사관)이 무상 '지원원조(SA·Support Assistance)'의 마지막 협정에 서명을 하고 있었다.

쓰루는 사무관으로 관료생활을 시작해 부총리가 될 때까지 줄곧 대

31 『중앙일보』 1991년 8월 16일 자

외원조 의존이 어떻게 경제정책의 예속으로 이어지는지를 그 현장에서 지켜봤었다. 그에게 무상원조 졸업은 감개무량할 수밖에 없었다.[32]

1954년부터 1970년까지 미국은 한국에 대해 19억 달러에 달하는 무상 SA(개발차관, 식량 등까지 포함하면 총 41억 달러의 유무상원조)를 제공해오고 있었다. 원래 미국의 무상원조는 1972년에 가서야 종료하는 것으로 예고되어 있었다. 그러나 예상외로 경제성장과 발전이 빨리 진행되어 예고했던 것보다 2년이나 빨리 졸업할 수 있었던 것이다. 1950년대 후반에 50%에도 이르지 못하던 한국 정부의 재정 자립도는 1961년 60.8%에서 1969년 93%까지 높아졌고, 1970년에는 94%를 넘어서고 있었다.

그즈음 해서 쓰루가 기획원 순시에 나섰다가 어느 사무관에게 "미국원조 끝난 것 알고 있나?" 하고 물었다. 사무관이 알고 있다고 하자 "그럼 대응책은? 한국 경제는 어떻게 되나?" 하고 속사포같이 물었다. "그건 부총리님 하시기에 달렸습니다"라는 사무관의 재치 있는 대답에 그는 웃으며 순시를 끝냈다.[33]

1970년 8월 12일, 쓰루는 "경제기획원 안에 투자심의회를 설치하도록 결정했다"고 밝혔다. 외자 도입 심의위원회에 회부하기 전에 기획원의 투자심의회에서 심사를 거치라는 것이었다. 외자 업체의 부실화를 미연에 방지하기 위해서였다. 심사 기준은 외자 도입의 적격성, 시장성, 규모의 타당성, 수익성, 재무상의 건전성, 산업 연관 효과 등 온통

32 무상원조 졸업 외에도 1970년은 한국 경제 발전사에서 획기적인 한 해였다. 첫째, '수출 10억 달러'라는 목표를 초과 달성했다. 그리하여 수출 주도 산업화 전략이 한국의 경제 발전을 이끌 수 있다는 확신을 굳히는 해이기도 했다. 1962년부터 1972년까지 한국 수출은 40배 늘어났다. 둘째, 1인당 국민소득이 처음으로 북한을 넘어섰다. 그 후 남북한 간 소득 격차는 지속적으로 벌어졌다. 2015년 기준으로 양자 간 격차가 21배라는 추정치가 있다.

33 최우석, 앞의 책, 2016년 2월호

경제성이었다. 정경유착 등 비경제적 이유로 음성적으로 들여오던 외자의 도입은 이제 불가능하게 되었다.

그가 의도했건 의도하지 않았건, 기획원 관할 아래 외자에 대한 투자심사제를 실시하기로 한 것은 집권 세력 내부의 정치역학에 심대한 변화를 초래했다. 그전에도 청와대 안에 외자 도입 심의위원회가 있긴 했다. 그러나 그 허가 여부는 '외자 도입 4인방'(대통령 비서실장, 중앙정보부장, 여당 공화당 재경위원장, 그리고 부총리) 간의 합의에 의해 결정되었다. 말이 '4자 간 합의'이지, 사실상 '4자 간 나눠 먹기' 식이었다.[34] 절차가 불투명하다 보니, 4인 중 어느 누가 뒤를 밀거나 애지중지하는 사업에 관해서는 서로 터치하지 않았기 때문이다. 외자 도입이 정치자금의 중요한 소스였다는 점을 감안할 때, 그 4명이 각자의 몫을 챙기려는 유혹을 떨쳐내기 힘들었을 것임을 충분히 짐작할 수 있다.

배달 사고 등 정치자금과 관련한 비리 여부를 떠나, 기획원 안에 신설된 외자 도입 투자심사제로 인해 외자 도입 허가 절차가 투명해지고 사업의 경제성 여부가 핵심적 결정 기준이 되면서, 부총리 외의 '외자 도입 3인방'이 외자 도입 허가에 영향력을 발휘하기 힘들게 되어버렸다. 그러다 보니 '외자 도입 3인방'의 입장에서는 투자심사제를 쓰루가 외자 도입에 관한 허가권을 독식하려는 의도에서 나온 발상으로밖에 볼 수 없었다. 외자 도입 절차의 투명성은 집권 세력 안에 반(反)쓰루 분위기를 조장하는 또 하나의 요인이 되었다.

34 이종범 편, 『전환시대의 행정가: 한국형 지도자론』, 나남, 1994, p.53

'덮어놓고 낳다 보면 거지꼴을 못 면한다'

한국전쟁 직전(1949년) 2000만 명이던 인구는 전쟁 중 잠시 증가세가 주춤하다가 휴전 후의 베이비붐으로 다시 급증세를 보였다. 1960년 경제개발 직전에 2500만 명으로 늘어나더니 1969년에는 3000만 명을 넘어서고 있었다. 매 10년마다 500만 명씩 늘어나고 있었던 셈이다.

지금은 인구 감소가 나라경제를 저성장의 늪으로 끌고 들어가는 게 아닌가 해서 걱정들을 하지만, 당시는 일자리는 없는데 인구가 너무 빨리 늘어나 빈곤 탈출과 성장의 발목을 잡아서 걱정이었다.[35] 그래서 당시 개도국들의 경제 발전 여부를 가늠하는 중요한 잣대 중 하나는 얼마나 인구 증가를 억제하느냐였다. 한국의 인구정책은 유례를 찾기 힘

35 인구 감소는 성장률이 떨어지느냐 마느냐라는 '얼마나 누리느냐'의 문제이지만, 인구 급증은 더 깊은 빈곤의 늪에 빠져드느냐 아니면 거기서 탈출하느냐라는 '굶어 죽느냐, 먹고 사느냐'가 걸린 문제였다. 그렇다 보니 산업화 세대의 눈에는 인구 감소에 대한 작금의 우려는 '배부른 자의 하품'처럼 한가하게 보일 수 있다는 점을 이해해줘야 할 것이다.

들 정도로 성공적이었다. 새마을사업과 마찬가지로 한국의 가족계획(family planning) 또는 산아 제한(birth control) 정책은 다른 개도국에서 배우러 올 정도였다.

쓰루가 1969년 9월에 처음으로 3차 계획의 기본 구상을 밝힐 때, 성장률 목표치 바로 다음으로 내세운 게 인구증가율 목표치였다. 당시 2.2%인 인구증가율을 계획 기간 중 매년 0.1%씩 낮추어 1976년에 1.5%까지 맞추겠다는 것이었다. 사실 그 목표에는 실무자의 '피와 눈물'이 배어 있었다. 3차 계획을 짤 때 실무자가 경제성장률을 높게 잡았다가 그에게 낭패를 당했는데, 인구증가율에 관해서는 그 반대의 일이 벌어졌다.

2%가 넘는 당시의 인구증가율을 감안해 실무자는 제 딴에는 추진 가능성을 감안한다며 3차 계획이 끝나는 1976년의 목표 인구증가율을 1.8%로 잡았다. 그걸 쓰루에게 보고하자 바로 "1.3%로 낮춰라!"는 호통이 돌아왔다. 3차 계획의 실무 책임자인 이희일 경제기획국장까지 나서서 "인구증가율을 그렇게 낮추는 것은 물리적으로 불가능하다" 하고, 연구 용역을 맡은 서울대 측도 "1.5%도 힘들다"고 했는데도 막무가내였다.[36]

그 목표 달성을 향해 쓰루 스타일의 밀어붙이기식 정책 수단들이 동원되었다. 정관 수술을 하면 보상금을 지급하고, 콘돔을 무료 배포하는 등 지금으로서는 상상조차 할 수 없는 인구 억제정책이 실시되었다. 그는 나라 살림 전체로는 긴축의 고삐를 놓지 않았지만, 보건사회부에서 가족계획 예산을 요청하면 "이 사람들아, 국가에서 중요하게 생각하는

36 주태산, 앞의 책, p.83

사업을 그렇게 소홀히 해서 되겠어?" 하면서 요청액의 몇 배로 예산을 늘려주곤 했다. 덕분에 2%가 넘던 인구증가율은 1974년에 1.73%로 떨어졌고, 1976년에는 1.61%로 목표치에 근접했다. 일단 목표를 세우면 온갖 수단을 동원해 달성하고 마는 군사정권 때의 정책 추진의 단면을 보여준다.

산아 제한으로 아인슈타인 못 태어날까 걱정

1970년 2월 25일 부산 극동 호텔에서 '인구계획과 경제개발'에 관한 국제회의가 열렸다. 미국, 베트남, 인도네시아, 필리핀 등 동남아 등지의 전문가와 정책 수립자 약 50명이 참석했다.

기조연설에서 쓰루는 각종 인구 통계조사가 '교육 수준이 낮은 여자일수록, 가계가 가난할수록 출산율이 높다'는 점을 보여주고 있다고 전하며, "우리나라의 교육 수준이 비교적 높다는 것이 가족계획사업을 추진함에 있어서 유리한 여건이라는 것을 알 수 있다"고 한국 가족계획사업에 대한 자랑을 잊지 않았다. 그 국제회의의 최대 관심거리는 한국의 가족계획 성공 사례였다.

해외 특히 개도국으로부터 온 청중을 의식해서였는지, '엄중하게' 연설을 풀어가던 그는 어느 대목서부터 유머 감각에 연설을 맡기고 만다.

"내가 가족계획을 추진하면서 혹시 중대한 과오를 범하고 있지는 않나 걱정을 하는 순간이 있다. 아이를 넷 낳을 가능성이 있는 여자가 정부의 가족계획사업에 협력하느라 아이를 셋만 낳았다고 하자. 그럴 때에 낳지 않은 한 아이가 인류 문화 복지 향상에 크게 공헌할 '아인슈타인' 정도의 위대한 인물이었을는지도 모르는데 그 좋은 기회를 상실하지 않았느냐 하는 걱정이다. 이 태어날 수 있었던 위대한 인물인 '아인슈타인'의 상실을 보상하기 위해서라도, 이미 출생한 사람을 교육하고 훈련해 '아인슈타인' 정도는 안 되더라도 그에 근사한 사람을 만드는 노력을 경주하지 않으면 안 될 책임을 나는 통감하는 바이다."[37]

그러나 언론이 주목한 것은 유머가 아니었다. '교육 수준이 낮은 여자와 빈곤층이 애를 많이 낳는다'는 지적이었다. 아무리 그것이 조사 결과이고 또 사실이라고 하더라도, 그 언급이 품고 있는 여자와 빈곤층에 대한 비하는 지나칠 수 없었다. 다출산에 대한 비하는, 그것이 비하라고 느끼지 않을 정도로 당시 만연해 있었다. 오죽하면 1960년대의 가족계획 캠페인 표어가 '덮어놓고 낳다 보면 거지꼴을 못 면한다'였겠는가.

"당신은 자식이 몇 명이냐?"

세계은행은 가족계획 성공 사례인 한국에 기꺼이 많은 지원을 해주고 있었다. 당시 세계은행은 많은 개도국을 지원했는데, 한국 등 몇 나라를 제외하고는 별다른 성공 사례가 없어 아쉬워하고 있었다. 특히 인도 등 대형 개도국의 인구 문

37 『경향신문』 1970년 2월 25일 자

제로 골머리를 썩이고 있었다. 그러던 차였기에 세계은행으로서는 한국이야말로 여타 개도국에 '우리가 권하는 대로 한 한국을 봐라. 그들을 따르라'고 권장할 수 있는 모델이었다.

1970년 5월 맥나마라 세계은행 총재가 방한을 했는데, 미리 배포한 도착 성명은 '가족계획사업의 세계적 성공 사례인 한국에 왔으니, 인구 증가 문제에 대한 한국 정부의 노력에 관심을 갖겠다'는 것이었다. 맥나마라가 공항 귀빈실에 마중 나간 쓰루를 보자마자 건넨 첫인사 겸 질문은 "당신네 아이는 몇이냐?"였다. 쓰루가 "3남 1녀다. 그런데 우리 애들이 태어날 당시에는 가족계획이란 게 없었다"고 옹색하게 대답했으나 그가 당황했던 건 분명하다. 그의 궁색한 변명은 거짓말이 아니었다. 그는 1950년생 장남부터 시작해 1958년생 막내까지 네 명의 자식을 두었는데, 그때는 분명히 가족계획 같은 게 없었다. 자식이 넷씩이나 되는 것은 가족계획을 밀어붙이는 그의 입장에서는 남 앞에 체면이 서지 않는 꺼림칙한 '과거'였다.

인재의 산실 KDI[38]

두 차례의 경제개발 5개년 계획을 짜면서 쓰루나 기획원 관료들이 절감한 것은 제대로 된 경제개발계획을 세울 우리 인재가 부족하다는 점이었다. 경제 분석과 전망을 하려 해도 해외의 전문가를 초빙해야 했고, 계획 수립을 하려 해도 국제금융기구 등에 용역을 줘야 했다.

자연스레 정부 안에서 '나라경제는 커지고 복잡해지는데, 언제까지 외국 두뇌에 우리 경제의 장래를 맡길 것인가. 외국에 있는 우리 두뇌를 데려다 정책 수립 인재를 키워야 한다'는 데에 의견이 모아지고 있었다. '우리 두뇌'에 대한 아쉬움은 특히 박통이 강했다. 2차 계획의 '아버지' 쓰루 기획원 차관 역시 인재 양성에 강한 의지를 가지고 있었다. 그래서 2차 계획에 경제연구소 설립을 계획사업의 하나로 포함할 수 있었다. 경제연구소 설립을 위해 백방으로 뛰어다닌 것은 이희일 경

38 정인영, 『홍릉 숲 속의 경제 브레인들』, 한국개발연구원, 2002, pp.16~46, pp.99~125

제기획국장과 김만제 서강대 교수였다. 그러나 쓰루가 청와대 수석으로 물러나면서 기획원의 열의는 눈에 띄게 식어버렸다.

구체적인 진척을 보이지 않던 경제연구소 설립 작업은 1969년 쓰루가 부총리로 컴백하고 나서야 앞으로 달려가기 시작했다. 박통은 스스로 설립자가 되고 출연금을 낼 정도로 경제연구소 설립에 쓰루만큼 적극적이었다.

'놀리다'가 될 뻔한 연구소 이름

쓰루가 아니었다면 한국개발연구원은 KDI가 아니고 KID가 될 뻔했다. 처음 기획원 안에서 영어깨나 한다는 사람들이 내놓은 아이디어는 'Korea Institute for Development(KID)'였다. 한국과학기술연구소 'Korea Institute of Science and Technology(KIST)'의 선례도 있고, 또 '키드'라고 읽기도 쉬워서였다.

그 이름을 가지고 쓰루한테 결재를 받으러 간 담당 사무관은 "기본 영어도 모르는 무식한 놈, 돌대가리"라는 날벼락을 맞았다. "국가의 중요한 기관 명칭을 새끼 염소 또는 상대방을 속이고 우롱한다는 의미로 외국인들이 읽으면 어쩌려고 이런 이름을 지었냐"는 것이었다. 담당 사무관이 kid가 명사로는 '새끼 염소'이고, 동사로는 '속이다', '우롱하다'라는 걸 미처 생각하지 못했던 것이다. 한국개발연구원의 영문 표기는 'Korea Development Institute(KDI)'로 낙착되었다.

37세 신진학자가 초대 원장이 된 사연

어느 날 쓰루가 김만제 교수에게 만나자고 연락했다. 기획원을 찾은 그에게 쓰루는 "사실 오늘은 KDI 인사에 관해 자문을 하고 싶어서 들어와달라고 했소. 어떤 형태로든 김 박사가 새로 발족하는 KDI에 관여를 해주었으면 좋겠습니다. 나이도 젊고 하니까 부원장을 맡아줄 수 있겠습니까?" 하고 그의 의사를 타진했다.

김 교수는 누가 원장이 되느냐가 중요하다고 지적했다. 쓰루는 그에게 "원장감 두 사람을 추천하면 그중 한 명에게 원장을 시키겠다"면서 김 박사더러는 부원장을 맡으라는 것이었다. 대통령 결재는 자기에게 맡겨달라는 얘기도 했다.

김 박사는 원장 후보 두 사람을 추천하고 나서, 부원장 인사 발령을 기다리고 있었다. 그런데 며칠 후 발표된 인사는 김 박사가 새 연구원의 원장이라는 것이었다. 그 뒷이야기는 다음과 같다.

그가 추천한 교수들은 처음부터 쓰루나 이희일 경제기획국장의 마음에 들지 않았다. 그래서 차일피일하고 있는데, 박통한테서 KDI 인선이 어찌 되어가느냐고 연락이 왔다. 쓰루가 할 수 없이 "부원장은 젊고 똑똑한 사람을 구했는데, 마땅한 원장감이 없어 고민하고 있습니다"라고 실토를 했다. 이에 박통이 "그 부원장감이란 게 누구입니까?" 하고 묻기에 김만제 서강대 교수라고 했다. 박통이 김 교수의 나이를 물었다. 사실대로 37세라고 하면 부원장으로는 너무 젊다고 할 것 같아서 쓰루는 "한 마흔 정도 될 겁니다"라고 약간 올려서 대답했다. 그러자 박통이 대뜸 "나이가 그만하면 적지도 않구먼……. 그 사람을 원장 시키지, 뭘 그리 고민을 합니까?"라고 했다는 것이다.

다음 날 쓰루는 인사 결재 품의서를 작성해 이 기획국장과 함께 청와대로 들어갔다. 품위서에는 김 박사가 추천한 교수 두 사람이 원장 후보로 기재되어 있고, 김 박사는 여전히 부원장 후보로 남아 있었다. 박통이 김 박사를 원장감으로 이미 결정한 상태였지만, 아랫사람으로서는 '좋은 결정은 윗사람의 몫'으로 남겨두는 것이 윗사람에 대한 당시의 예의요 관행이었다. 박통은 부원장 칸의 김만제 교수를 원장으로 고치고, 원장 후보 칸은 ×를 그은 뒤 서명을 하면서 "이 사람 원장 시키면 잘할 겁니다. 며칠 전에도 경제신문에 쓴 글을 읽어보니까 아주 잘됐더군" 하고 칭찬까지 했다고 한다.

다음 날 기획원에 들어온 김 교수에게 쓰루는 "나는 부원장을 시키려고 했는데 대통령이 김 박사를 직접 원장으로 발탁했으니 그 책임이 더욱 무겁게 됐어요" 하고 격려와 축하를 전했다. 좋은 인사를, (자기가 밀어서가 아니고) 윗사람이 스스로 결정한 것으로 당사자에게 전하는 것 또한 제대로 된 아랫사람이라면 당연히 지켜야 할 기본 예의였다. 자기가 반대했던 일이었다 하더라도 그 일이 성사가 되면, '내가 밀어서 그렇게 되었다'고 하는 요즈음 세태로는 상상하기 힘든 일일 거다.

홍릉 임업시험장에 둥지를 틀다

KDI는 1971년 4월 14일에 기공식을 가졌다. 둥지를 튼 곳은 KIST 등이 있는 홍릉 임업시험장 중 일부였다. 쓰루가 현장을 답사한 게 1971년 3월이니까, 한 달 만에 대통령도 참석하는 기공식을 연 셈이다. KDI 설립에 대한 그와 대통령의 열의를 가히 짐작할 수 있는 대목이다.

KDI 후보지를 여럿 현장 답사한 쓰루는 풍치가 수려한 홍릉 임업시험장을 점찍어두고 있었다. 관할 부서인 산림청은 이 핑계 저 핑계로 시간을 끌면서 그 부지 결정에 대한 불만을 드러내곤 했다. 그런다고 지도까지 구해서 대략적인 후보지를 정한 쓰루가 마음을 바꿀 리 없었다. 그러던 어느 날 김만제 원장은 장예준 기획원 차관으로부터 현장에 가서 부지를 최종 확정하자는 연락을 받고 임업시험장에 나갔다. 거기에는 산림청장도 나와 있었다. 무슨 일 때문인지 산림청장의 표정이 매우 어두웠다. 그곳에 오기 직전에 벌어진 일 때문이었다.

그날 절차상 최종 매듭을 지을 겸, 임업시험장을 KDI 부지로 사용하게 한 것에 대해 생색도 낼 겸, 산림청장이 쓰루를 찾아갔다. 쓰루는 그의 협조에 감사한다는 말은 일언반구도 없이 대뜸 "그만한 것도 해결하지 못하고 나한테까지 왔느냐"며 불벼락을 내렸다. 그러고는 바로 장 기획원 차관을 불러 "지금 당장 KDI 원장과 함께 현장으로 가서 부지 문제를 완결해놓고 돌아오라"고 소리쳤다.

KDI에 대하여 이처럼 열성적인 김 부총리를 옆에서 지켜본 당시 경제기획원 직원들이 '저 양반이 나중에 자기가 KDI원장을 하려는 것 아니야'라고 뒷공론을 했을 정도로 그의 KDI에 대한 편애는 유별났었다.

제 식구는 최강으로 담금질

쓰루의 기획원은 여느 부처보다 앞서 있고, 많이 알아야 하며, 최고의 행정 능력을 가지고 있어야 했다. 최고 부처 기획원은 최고의 인재를 모아 최강의 담금질로 일궈낸 결과였다.

쓰루의 인재 모으기 욕심은 (재무부) 예산4과장 시절부터 시작되어 신생 부처 경제기획원 예산국장 시절에 본격화되었다. 차관 때에 이르러서는 부처 예산 편성권을 지렛대 삼아 총무처에서 고등고시 상위권자를 뽑아 오는 것으로 인재 욕심이 강화되었다.

부총리가 되면서는 급기야 다른 부처에서 '똑똑한 공무원' 빼앗아 오기로까지 확대되었다. 법제처 '잘나가는 사무관' 전윤철 씨(훗날 부총리 및 감사원장)가 기획원으로 뽑혀 간 사례가 그런 경우다.

숨 막히는 계수 심문

최고의 인재를 모아놓았으니

기획원의 관료는 업무 능력으로 보나 행정 능력으로 보나 머리로 보나 무엇으로 보나 최고일 수밖에 없었다. 그러나 '아무리 맑은 물이라도 고여 있으면 썩기 마련'이란 걸 쓰루는 잘 알고 있었다.

그는 (예산을 빌미로) 총무처의 팔을 비틀어 모은 인재를 최고 최강이 될 때까지 끊임없이 담금질을 했다. 공식 석상에서 경제인들에게 대놓고 '무식한 사람'이라고 질타하는 그가 기획원 관료들을 느슨히 편안하게 내버려뒀을 리가 없다.

그의 생각으로는, 관료로서 최소한 해야 할 일은 자기가 맡은 업무에 관해 철저하게 파악하고 있는 것이었다. 거기에 조금이라도 빈틈이 보이면 그는 야차(夜叉)로 돌변했다. 결재를 할 때 만족하면 깔끔한 "베리 굿!"인데, 성에 차지 않으면 서류를 풀어 헤쳐 집어 던지기 일쑤였다. "부총리인 나도 새벽부터 일어나 서류를 챙기는데, 담당자가 그것도 모르느냐"는 식으로 다그쳤다.

"그가 업무에 임하면서 직원들에게 퍼붓는 욕설, 독설 그리고 기합은 관가에서는 단연 챔피언이었다. …… 촌놈, 바보, 무식한 놈은 점잖은 편이고 병신, 개새끼, 소새끼 소리가 예사로 튀어나왔다. 다른 부처 사람들이 있건 없건 상관없었다."[39]

부총리 쓰루의 '계수 심문'은 매주 월요일 아침 국 · 과장 회의 때마다 어김없이 되풀이되었다. 한번은 그가 회의실 구석에 애써 몸을 숨기

39 최우석, 앞의 책, 2016년 3월호

고 있는 과장을 지목했다.

"거기 숨어 있는 과장, 지난해 우리나라 국내 저축이 얼마야?"

"제 업무가 아니라 자세히 모르겠습니다."

"그런 기초적인 것도 모르면서 무슨 기획원의 엘리트 관료야? 다음, 그 옆 사람, 작년 우리나라 자본계수가 얼마야?"

이럴 때 대답을 못 하면 바로 불호령이었다.

"너 나가다가 기획원 돌담에 머리를 콱 부딪쳐봐라. 너같이 머리 나쁜 놈은 혹시 충격으로 머리가 좋아질지 아느냐" 하는 건 상대적으로 기분이 나쁘지 않을 때 내뱉는 힐난이었다.[40]

욕먹는 사람이 출세한다

그가 욕을 한다는 것은 그나마 그가 관심을 가지고 있다는 증거였다. 그에게 욕을 많이 먹은 사람일수록 승진이 빠르다는 관찰이 꽤 근거가 있었던 모양이다.

"그분한테 가장 야단을 많이 맞은 부하가 가장 잘되곤 했다. 쓰루 사무실에 들어갔다가 나올 때 보면 얼굴이 벌건데, 나중에 승진할 때 보면 다 그 사람들이 승진했다."[41]

기획원 안에서는 직원들을 눈물이 쏙 빠지도록 야단쳤지만, 기획원 밖에서는 "기획원 과장급이면 타 부처 장관을 맡아 할 능력이 있다"고

40 육성으로 듣는 경제기적 편찬위원회, 앞의 책, p.304

41 엄일영 증언

치켜세웠다. 기획원 차관은 으레 다른 부처 장관으로 승진하였고, 국장이나 과장이 타 부처로 옮겨 갈 때는 한 직급씩 올려서 이동하는 게 기본이었다.

쓰루는 장관회의 등에서 논쟁이 붙으면 100% 기획원 담당자의 편을 들었다. 한번은 다음 날 예정된 경제장관회의를 앞두고 쓰루 주재로 보고 자료를 점검하고 예행연습을 할 때였다. 보고 내용 중에 주장과 논리가 그의 마음에 들지 않는 부분이 있었다. 그는 자신의 주장으로 그 보고자를 다그쳤다.

다음 날 '본방' 경제장관회의에서였다. 어느 장관이 전날 그와 같은 주장으로 문제 제기를 했다. 그는 전날 기획원 보고자가 폈던 논리를 가지고 그 장관의 주장을 무너뜨렸다. 자기의 주장을 뒤집으면서까지 남 앞에서 자기 부처 직원의 체면을 세우려고 한 것이다. 그 순간 그 부하 직원은 영원한 '쓰루맨'이 되었다.

부총리의 뇌물 강연[42]

쓰루는 가끔 사무관 이상 간부들을 구내식당에 모아놓고 훈시를 하거나 강연을 했다. 거기서 그는 기발한 이론을 펼치곤 했다. 예를 들면 "비만한 사람은 통계적으로 머리가 나쁘고, 몸이 가냘프고 여윈 사람 중에서 천재가 나올 확률이 많다"고 했다. 왕초와 쓰루 사이에 끼어 마음고생을 겪었던 기획원 관료

42 육성으로 듣는 경제기적 편찬위원회, 앞의 책, pp.308~309

들은 그가 누구 얘기를 하는지 다 짐작하고 있었다. 그는 그런 얘기를 하고 나서 스스로 겸연쩍은지 크게 웃었다. 어색하나마 모두들 따라 웃을 수밖에 없었다.

당시 대부분의 공무원이 다 그랬듯이 기획원 관리들도 힘들게 살았다. 기본적인 생활조차 어려웠다. 그래서 그의 부인 김 여사처럼 헌 집을 사서 수리해 파는 '집 장사'를 하는 등 많은 기획원 관료 부인들이 부업을 해서 생계를 꾸려갔다. 어렵기는 대민 업무가 없는 기획국이 더 심했다. 직원들이 원고를 쓰고 대학에 출강하기도 했고, 부인들이 집에서 봉투 접기를 하기도 했다. 당시는 공무원 봉급이 매우 낮아 인사 정도의 사례를 받는 것은 모른 체할 때였다.[43]

한번은 최우석 당시 기획원 출입기자가 쓰루에게 "공무원 생활을 그렇게 오래 했는데 어떻게 한 번도 사고가 안 났습니까?" 하고 물어본 적이 있다. 그는 "아무리 조심해도 한번 역풍을 만나면 어쩔 수 없을 때가 있는데, 그건 운수소관으로 돌려야지. 공무원은 된다 안 된다를 분명히 해야 해. 돈을 챙기려고 구질구질하게 굴지 말아야 해. 특히 돈을 거절할 때 조심해야 하는데, 절대 원망을 사서는 안 돼"라고 답했다.[44]

구내식당 간부 교육에서 쓰루가 한 훈시 중에 사람들 입에 자주 오르내린 것이 '뇌물 강의'였다. 뇌물을 받아도 되는 사람, 안 되는 사람("공무원이 뇌물을 받지 말아야 하는 것은 철칙이다. 특히 조합이나 협회의 뇌물은 독약이니까 절대로 먹지 마라. 그런 돈 받으면 한 번에 간다."), 뇌물을 받을 때의 원칙과 행동 수칙("부득이 뇌물을 안 먹고는 못 견딜 사람이라면 일은 원칙대로 성실히 하고, 일이 끝난 후에 감사 표시로 주는 뇌물은 팁과 같이 받아라. 뒤에 걸리더라도 정상

43 최우석, 앞의 책, 2016년 3월호

44 위의 책, 2016년 3월호

참작이 될 수 있다. 반대로 원래 될 일을 상대를 괴롭혀서 더 많은 뇌물을 받아내는 것은 용서될 수 없는 것이다." "돈을 얼마를 받느냐를 두고 사전에 줄다리기를 하지 마라. 공무원은 국민에게 서비스하는 직업이니까 최대한 서비스해줘라. 사전에 받으면 많이 받을 걸 나중에 받으면 줄어들 것이다. 그걸 팁으로 생각하고 받아라.") 등 뇌물 수수의 단계별로 구체적인 팁을 제공하기도 했다.[45]

한번은 월요일 간부회의 때 "어제 골프장에 갔더니 과장 몇 놈이 보이더군. 모두 다 이마빡에 도적 도(盜) 자가 커다랗게 붙어 있었어. 과장 놈들이 일요일에 골프장에 오는 것은 도적질했다고 광고하는 짓이나 마찬가지야" 하고 침을 놓았다.

부총리 비서들이 남에게 손 벌리는 것도 철저히 막았다. 총무부에서 나오는 공식 판공비조차 못 쓰게 했다. "정치적으로 나를 때려잡으려면 나를 잡는 게 아니라 너희들을 잡는다. 그러니 절대 돈 먹지 마라. 대신 우리 마누라가 돈이 많으니까 그 돈을 갖다 써라" 했다.

한번은 조선호텔에서 비서들끼리 술을 마셨다. 그 정보가 그에게 들어갔다. 그날 단체 기합을 줬는데, "옆에 끼고 있던 여자가 누구냐", "그렇게 주의를 주었는데 비서 새끼들이 호텔에나 다니고 말이지" 등등 분을 참지 못해 퍼부었다.[46]

45 육성으로 듣는 경제기적 편찬위원회, 앞의 책, p.309

46 엄일영 증언

"우리 살리려면 내년엔 꼭 붙어야 한데이"

쓰루는 공(公)과 사(私)가 구별이 잘 안 되는 사람이었다. 대부분의 개인사도 관료생활의 연장으로 생각했다. 1년 365일을 공인으로 살았던 그였지만 사적 감정이 없을 수 없었다. 늘 공인으로 지내는 사람치고는 자주 휩싸이는 사적 감정을 느낌 그대로 밖으로 드러냈다. 좋게 표현하면 자기감정에 충실한 것이지만, 그에게 당한 사람에게는 공적 리더로서 갖춰야 할 사적 감정 표현의 절제 능력이 부족한 관료였다. 좋은 일이든 나쁜 일이든 개인사로 생긴 기분이 사무실에 그대로 전해졌다. 그런 에피소드 하나.

1969년 1월 말, 그의 장남(필자)이 서울대 법과대학 입시에 낙방을 했다. '머리 좋은' 그의 집안에 (필자 빼고는) 상상도 할 수 없는 일이 벌어진 것이다. 당시는 그가 부총리가 되기 전, 청와대 경제수석으로 와신상담하고 있을 때였다.

낙방 소식을 들은 날, 그는 거나하게 술을 걸치고 밤늦게 귀가했다. 그가 어떻게 나올지 모르는 집안은 쥐 죽은 듯했다. 바로 장남이 안방으로 불려 들어갔다. 잔뜩 움츠러든 장남에게 그는 "낙담할 것 없다. 공부 열심히 해서 내년에 서울대에 붙으면 된다"고 뜻밖에 차분하고 부드러운 어조로 장남을 위로했다.

좀처럼 볼 수 없는 '부드러운 아버지'에 장남은 의아했다. 그는 몇십 년 전 자신이 겪은 대학 낙방 얘기를 해주었다. "원래 도쿄제국대에 들어가고 싶었다. 거기에 원서를 내기 전에 거쳐 가야 한다는 예비학교에 원서를 냈으나 떨어졌고, 그래서 주오대에 갈 수밖에 없었다" 등 장남으로서는 처음 듣는 얘기를 담담히 전해주었다. 얘기가 끝나는가 싶은 순간부터 그가 눈물을 흘리기 시작했다. 굵어지던 눈물은 어느새 울음이 되었다. 서로 얼싸안은 부자는 한참 동안 통곡을 쏟아냈다.

그해 연말이었다. 기획원 장관실의 박명석 비서관이 필자에게 전화를 했다. 그분은 청와대 경제수석실에서부터 쓰루와 같이 근무해온 터였다. 그 통화 내용.

(쓰루 장남) "아, 아저씨! 어쩐 일입니꺼?"

(박 비서관) "별일은 없다. 그런데 정수 니, 공부 잘하고 있제?!"

(장남) "예~?!"

(박 비서관) "단디 해서 내년에는 꼭 붙어야 한데이~! 니가 우리를 안 죽일라 카몬 우야든지 붙어야 한데이~!"

(장남) "지가 대학에 떨어져서 아저씨들이 고생 많이 했지예?! 미안합니더. 이번에는 꼭 붙을께예! 너무 걱정하지 마이소~."

장남이 대학 입시에 낙방을 한 후 사무실 분위기가 안 좋았으리라 다들 짐작은 했다. 그러나 입시 결과 발표 후 몇 주 동안 경제수석실이 그토록 힘들 줄은 아무도 몰랐다. 올리는 결재마다 퇴짜를 맞았고, 업무 보고하러 들어간 사람마다 '깨져서' 나왔단다.

박 비서관 등 주변의 은근한 '압력'과 격려 덕분인지, 필자는 1970년 초에 지망한 서울대 상과대학 경제과에 '편하게' 입학할 수 있었다. 합격 발표 후 몇 주 동안, 경제기획원 부총리실은 천당 같았단다. 결재를 받기 위해 장관 비서실에서 대기하는 사람들은 앞서 결재받은 사람이 집무실에서 나올 때의 표정을 살필 필요도 없었다. 올리는 결재마다 프리패스였고, 보고 내용을 들을 때마다 쓰루가 "베리 굿, 베리 굿!"을 연발했단다.

정부 주도 vs 민간 주도 논쟁

쓰루 세대는 아무 잘못 없는 사업가라도 관료 앞에만 가면 고개를 들지 못하였다. 사농공상(士農工商)이라는 구닥다리 계급의식 때문만은 아니었다. 기업의 존망이 관료의 펜대 끝에 달려 있기 때문이었다. 정부가 보호 육성하기로 하면 없던 부문도 새로 일어서고, 정부가 손을 놓으면 잘나가던 산업도 쇠퇴를 각오해야 했다.

또 당시는 '세금 제대로 내면 망한다', '털어서 먼지 안 날 기업 없다'는 말을 버젓이 할 정도로, 회계 부정과 탈세가 만연해 있었다. 그걸 아는 관료 앞에서 고개 빳빳이 들고 '이거 해달라, 저거 바꿔라'고 주장할 수 있는 기업인은 없었다. 당시는 특정 기업에 세무조사가 들어갔다고 하면 그 기업은 망한 것으로 봤다. 그러다 보니 기업가는 특별히 지은 죄도 없이 관료 앞에 가면 공연히 고개를 숙이곤 했다.

업계 입장에서는 부총리를 만나야 할 일투성이였다. 제도의 개선, 도입, 시행 등에 관해 억울함을 하소연하거나 급한 부탁을 해야 할 일이 켜켜이 쌓여 있어서다. 당시처럼 정부가 칼자루를 쥐고 거의 모든 큰일에 감 놔라 배 놔라 할 때는 더욱 관료를 만나 해결해야 할 일이 많기 마련이다. 문제는 쓰루가 업종 협회 대표이건 개별 기업인이건 면담의 기회조차 주지 않는다는 데에 있었다. 오죽 기업가들을 멀리하고 지냈으면, 언론이 그를 '담수어(淡水魚)'라고 불렀을까?

쓰루도 기업인에 대한 사회 일반의 편견에서 자유롭지 못했다.[47] 그는 당시 우리나라 기업인의 대부분이 윤리적 경영을 외면하고 정부와 은행에 의존하여 벌어들인 돈을 사치와 부동산 투기로 낭비한다고 생각하고 있었다. 1970년 4월 10일 대한상공회의소가 쓰루를 비롯한 전(全) 경제 각료와 재계 거물급 인사 200여 명을 조선호텔에 초청해 간친회를 열었을 때, 그와 재계 총수들 간에 오간 대화(?)는 정부와 민간기업 간의 관계, 아니 그의 기업관을 짐작하고도 남게 한다.[48]

(박두병 상공회의소 회장) 기업들의 자금 사정이 이대로 가다간 큰일 나겠습니다.

(김 부총리) 돈 없다는 사람들이 부동산 많이 가지고 있는 것, 박 회장 아십니까?

(상의 회장) 부동산 있으면 왜 돈타령을 하겠습니까?

(김 부총리) 모르는 말씀 마십시오. 일전에 모 업체가 자금이 없어 은행 부도가 났다고 하기에 조사해보니 부동산이 무려 100만 평이나 있었습니다.

(상의 회장) 변두리에 100만 평이 있으면 무얼 합니까? 그리고 90%

47 육성으로 듣는 경제기적 편찬위원회, 앞의 책, pp.293~295

48 『경향신문』 1970년 4월 18일 자

이상의 기업인은 정상적인 사람들이니 좀 도와주셔야 할 겁니다.

(김 부총리) 그러니까 진작 주식 공개를 해서 자금 조달을 하라고 하지 않았습니까? 여기 구 회장(구자경 럭키금성 회장)도 계시지만 주식 공모가 좀 잘됩니까?

(상의 회장) 주식 공개는 대기업이나 할 수 있는 것이지 중소기업은 어떻게 합니까? 운전자금은 좀 풀어주어야 할 것입니다.

(김 부총리) 지난해 통화량 증가가 얼마인 줄 압니까? 45%입니다. 정부가 금융의 고삐를 틀어쥔 덕에 현재의 안정이 있는 것입니다.

(구 회장) 주식 공모가 좋기는 한데 현재 은행금리나 사채금리에 비추어 기업 수익률이 40%는 되어야 하고, 정부가 반강제라도 상장된 우량 주식을 소화해주어야 할 것입니다.

정부와 재계 간의 대화 창구를 마련할까 해서 어렵사리 준비한 자리가, 대화는커녕 쓰루가 기업들에 윤리 경영을 하라고 일방적으로 몰아붙인 자리가 되고 말았다.

전경련이 불 지피고
은행이 부채질

그는 부총리가 되어서도 기업을 진정한 경제 건설의 파트너로 생각하지 않았다. 그런 역할을 기대할 만한 번듯한 기업도 별로 없었다. 그 같은 관료의 눈에는 기업은 경제 발전에 관한 정부 구상을 실현하는 데에 활용하는 채널 또는 도구였을 뿐이다.

그런데 1970년 즈음부터 업계와 학계를 중심으로 '민간 주도 경제론'이 부상하기 시작했다. 1960년대 초부터 급속한 성장으로 경제 규모가 커지고 산업 구조가 선진화되니, 민간 주도 경제로 전환할 때라는 주장이었다.

경제가 한 해 15% 전후로 성장하는 가운데 제기된 '민간 주도 경제론'은 정부 안팎에서 많은 관심과 지지를 불러일으켰다. 정부에 기대어 지내는 업계, 정부에 눌려 지내는 금융계는 물론이고, 경제관료 중에서도 민간 주도 경제를 얘기하는 이가 늘어났다. 쓰루 자신도 3차 5개년 계획을 수립하면서 '향후 정책 기조를 민간 주도에 둔다'는 점을 분명히 해놓긴 했다.

이렇듯, 민간 주도 경제로 나아가야 한다는 원칙에는 정부도 민간도, 박통도 쓰루도 의견 일치를 보고 있는 셈이었다. 문제는 언제, 어떤 방식으로 민간 주도 경제 체제를 만들어갈 것인가였다. 그것에 관한 정부(특히 쓰루 팀)와 민간(특히 금융 부문)의 의견 차이는 선진국과 개도국 차이만큼이나 컸다.

1970년 초 전경련이 『1969년 민간경제백서』로 민간 주도 경제에 관한 논의에 불을 지폈다. '이제는 정부가 누구는 이 공장 지어라, 누구는 저 공장 지어라' 할 게 아니라며, '정부의 제약, 간섭, 통제가 배제되어야 하는데, 이 중 가장 중요한 것은 금융의 자율성 보장과 중앙은행의 독립 기능 회복으로 집약된다'고 은행 민영화와 한국은행 독립을 주장하고 나섰다.

그런데 '민간 주도 경제론'은 당시 권력자나 정책 담당자로서는 여간 부담스러운 주장이 아닐 수 없었다. 한반도가 안보 위기를 맞고 있는 상황에서 권력 핵심부가 가급적 신속한 중화학공업화로 북한이 감히 넘볼 수 없는 부유하고 강한 나라를 한시 바쁘게 구축해야 한다는 강박감에 휩싸여 있을 때였다. 중화학공업화에 소요되는 재원은 은행을 동원하는 수밖에 없었다. 정부더러 그 수단을 내놓으라는 얘기는 중화학공업화와 대북 안보 태세 강화를 포기하라는 것이나 다름없었다. 쓰루의 눈에는 민간인이 은행업을 한다는 것은 민간인이 기업들 위에 군림하여 그 비리와 부패의 덕을 보겠다는 얘기와 같았다.

박통 앞에서 계급장 떼고 벌인 논쟁

1970년 12월 정일권 총리 내각이 물러나면서 백두진 총리 체제가 들어섰다. 그는 '민간 주도 경제'가 지론이었다.

71년도 첫 경제과학심의회의(이하 '경과심')에서였다. 경과심 위원 몇 사람이 민간 주도 경제에 관한 연구 결과를 보고하였다. 그날의 토론은, 정부 대 민간의 역할에 대한 박통과 쓰루의 생각이 어땠는지, 박 정권이라는 한배를 탄 사람들인데도 대통령이 지켜보는 앞에서 얼마나 격렬하고 솔직하게 정책 토론을 벌였는지, 서슬이 퍼런 권위주의적 정권 내부에서도 얼마나 자유로운 토론이 가능한지 등을 적나라하게 엿

볼 수 있어서 가급적 가감 없이 전한다.[49]

그날 민간 주도에 관해 보고를 한 것은 송인상 경과심 위원이었다. 그는 쓰루가 재무부 이재국에서 장관의 민원을 못 해주겠다고 고집 피우다 예산국으로 밀려났을 때의 바로 그 장관이었다. 은행 민영화를 중심으로 하는 그의 보고가 끝나자마자 쓰루가 바로 포문을 열었다.

(쓰루) 여러 가지 정책적인 건의가 있다. 현재 정부가 발표한 시책과 차이가 무엇인가?

(송인상) 차이는 없다. 다만 그 우선순위를 정해서 나가는 것이 좋겠다.

그 후 쓰루는 송 위원의 정책 제안을 하나씩 들어 캐묻기 시작했다. 첫 대상은 '정부기업 및 정부관리기업은 공익 및 사회 정책상 불가결한 것을 제외하고는 단계적으로 공기업화 또는 민영화'하자는 대목이었다.

(쓰루) 정부는 며칠 전에 산업은행이 관리하고 있는 시설들을 불하했다. 장항제련소와 염업공사도 폐기 법률안이 국회에서 통과한 상태다. (경과심이 보고한 내용은) 정부가 이미 실행하고 있는 정책과 차이점이 없다.

다음 타깃은 '외자 도입에 있어서 민간 신용 베이스에 의한 도입을 점차 확대해야 한다'는 제안이었다.

(쓰루) 좀 더 구체적으로 이야기해달라.

(송인상) 어느 정도 민간기업이 자체 능력으로 차관 도입을 해 올 수 있으면 그런 방향으로 유도해나가는 것이 좋겠다(는 의미다).

(쓰루) 민간기업의 차관을 민간인 신용으로만 한다면 지금 우리나

49 이기준, 『일학일생(一學一生)』, 일조각, 1990, pp.54~61

라 현실에서 과연 얼마나 가능하며, 1972년에 가서는 얼마나 가능할까 의문이다.

다음 주제는 공정거래법이었다. 경과심 보고는 '공정거래법(반독과점 및 유통질서의 합리화)을 제정하자'고 제안하고 있었다. 마침 쓰루가 공정거래법 제정이 국회에서 지연되고 있는 것에 짜증을 넘어 좌절감을 느끼고 있을 때였다.

(쓰루) 지금까지 정부가 추진해온 공정거래법 제정과 무엇이 다른가.

(송인상) 공정거래법 제정에서 한 걸음 더 나아가서 유통질서에 관한 것도 넣자는 것이다.

(쓰루) 공정거래법안이 국회에 나간 지가 2년이 되었다.

그때까지 회의 주재만 하고 토론에 끼어들지 않던 박통이 드디어 회의를 마무리할 겸 자신의 의견을 피력하였다. 그가 공개적으로 추진하고 있던 장기 집권계획에 대해 '민주화에 역행한다', '독재 획책이다'라는 여론이 점차 강해지고 있는 당시의 정치 상황과 민간 주도 경제 주장을 상당 부분 동일 선상에서 인식하고 있는 듯했다.

(대통령) 작금에 극단적 주장이 많이 있다. 민주주의에 대한 나의 철학은 공자님이 말씀하신 중용의 정신이라고 생각한다. 경제도 민주적인 방향으로 유도해가야 하는데, 여러 가지 어려운 점을 하나하나 해결해나가는 것이라 하겠다.

그날 쓰루나 박통이 경과심 위원들, 아니 국민을 상대로 하고자 했던 말은 한마디로 '민간 주도 경제는 정부도 추구하고 있다. 그러나 모든 국영기업체, 모든 국유은행을 다 민영화하는 식의 급진적 전환은 시기상조'라는 것이었다.

그 후 경과심은 다시는 대통령의 연두 초도순시(대통령이 연초에 각 행정기관을 돌며 그해 업무계획 등을 보고받는 것)라는 연중 최대 행사를 하지 못했다. 그날의 회의는 대통령이 경과심에 대한 기대를 접어버린 하나의 계기가 되었다. 중요한 현안을 자신이 주재하는 경과심에서 반드시 토론을 거치게 했던 박통의 관행도 유야무야되었다. 경과심의 입지도 약해져갔다.

1971년 6월 취임 6개월 만에 백 총리가 물러났다. 새로 들어선 김종필 내각에서도 부총리는 여전히 쓰루였다.

그로부터 22년 후, 1993년 9월에 사망한 백두진은 국립현충원 국가유공자 묘지에 안장되었다. 쓰루 바로 옆자리다. 못자리는 쓰루가 선배(1972년 3월 사망)다. 아마 두 사람은 저승에서 지금도 기회만 되면 당시 '민간 주도 경제' 논쟁을 벌이고 있을 거다.

군림하는 부총리

쓰루는 지주의 아들도 아니고 부호 집안 출신도 아니었다. 도쿄제국대를 나온 것도 아니고 박사도 아니었다. 그렇다고 유서 깊은 명문가에서 태어난 것도 아니었다. 집안, 재력, 학력 무엇 하나 내세울 만한 배경이 없는 그에게 믿을 것이라고는 머리 하나뿐이었다.

부총리 겸 기획원 장관으로서 그는 최고여야 했다. 그는 다른 부처 여느 장관보다, 기획원 그 누구보다 '먼저, 정확히, 더 많이' 알고 있어야 했다. 그 최고에 한 치라도 빈틈이 있으면 그걸 채워놓지 않고는 직성이 풀리지 않았다. 그가 최고이기 위한 제1의 조건은 남보다 많이 아는 것이었다.

"일류 대학의 교수도 그만큼 학식을 갖춘 사람은 드물었다."[50] 일본의 명문 대학에 낙방한 트라우마 때문인지, 대한민국 정부 제1호 관료로서의 부담 때문인지, 그는 자기가 책임진 일에 모르는 것이 있다는 사실을 참지 못했다. 그의 가장 큰 자랑거리는 아들 셋이 모두 경기중·고등학교에 들어갔다는 사실이다. 아들을 통해 그의 '머리'가 증명되었다고 느꼈음이리라.

언제든 머리를 빌렸다: 4인의 개인 자문위원

머리가 비상하다는 그였지만, 남의 머리를 빌리는 걸 마다하지 않았다. 그는 사적으로 서너 명의 경제 전문가들로부터 조언을 받았다. 전경련의 김입삼, 고려대 경영대학의 조익순 교수, 국민대 경제과 이기준 교수(경과심 위원 겸임), 서강대 경제과 김만제 교수 등이 그들이다. 모두 (좋은 점, 나쁜 점 포함) 그를 잘 알고, (나라경제를 같이 걱정하는) 대의를 앞세우는 품성을 공유하며, 그에게 직언을 해주는 사람들이었다.

최고로서 쓰루는 남보다 정확히 알아야 했다. 어느 날 그가 경제장관회의를 주재할 때였다. 정소영 경제수석이 그가 발표한 내용 중에 숫자가 틀린 게 있다고 지적했다. 그가 바로 "닥터 정, 내가 누구입니까, 김학렬입니다"라고 일축했다. 후에 그 통계는 쓰루가 얘기한 게 맞는 것으로 판명 났다.

그는 머리 좋은 사람답게 계수 파악과 암기에 천부적 재능이 있었다. 아니, 그만큼 노력하는 사람이 없었다는 게 더 정확한 얘기일지 모른다. 그는 메모광이었다. 밤에 번뜩이는 생각을 머리맡에 둔 메모장에 적어놓았다가, 아침에 출근하자마자 그 메모에 따라 일을 처리하는 게 습관이었다. 그를 아는 외국인들은 '휴먼컴퓨터'라고 불렀다.

예산처럼 숫자가 많이 들어가는 경우에 그의 장점이 부각되곤 했다. 국회의원들을 상대로 예산안을 다룰 때 조목조목 관련 숫자를 인용하면서 자신의 주장을 펴다 보면, 숫자에 약한 일반 사람들은 제풀에 무너지기 일쑤였다. 이러한 암기 재능은 2년 반 동안 근무한 청와대 수석 시절에 길러진 것이었다. 즉, 박통이 지방 등 외부로 움직일 때면 '지금 이 지역에 가시는 대통령이 무엇을 궁금해할까'를 미리 짐작하여 관련 통계와 정책 자료를 철저히 준비하곤 했던 것이다.

"추경예산을 다룰 때나 70년 새해 예산안을 다룰 때 보인 김 부총리의 조정 솜씨는 전자계산기 같은 능률을 보여 예산 담당자들은 혀를 내두르고 있으며 또 최근의 수해 피해에 따른 복구 예산 마련과 대책도 전례 없는 능률과 과학성을 보이고 있다고. 기획원은 물론 다른 부처의 관리들도 방대한 자료나 브리핑 차트에서 잘못된 점을 척척 잡아내는 전자계산기 같은 그의 솜씨에 한편으론 찬탄을 또 한편으론 신경을 곤두세우고 있는 실정."[51]

머리뿐 아니라 말도 신속 정확 그 자체였다. 그는 알맹이도 없는 느릿느릿한 장광설이나 전문가입네 장관입네 하는 거들먹거림을 참지 못했다. 남 재무가 가끔 이 때문에 쓰루의 신경을 건드렸다. 다른 장관들이 그와의 회의를 꺼릴 수밖에 없었다.

51 『경향신문』 1969년 9월 24일 자

탁상공론 질색, 현장 우선

쓰루는 '기획원 전성시대'를 일궈냈던 왕초의 리더십 유산을 되살려 이어받았다.

"부총리가 되고 나서는 자신의 장점인 행정 관료적 정확성에 장 부총리의 정치 리더십과 실천적 업무 스타일을 결합했으니 이것이야말로 김 부총리의 뛰어난 능력입니다. 그는 장 부총리라는 사람이 동시대에 있었기에 그렇게 뛰어난 리더가 되는 행운을 잡은 거죠."[52]

허황된 것은 딱 질색으로 여겼던 업무 스타일은 왕초를 빼닮았다.

그는 논리보다 사실과 현장을 중요하게 생각했다. 정책도 실사구시(實事求是)의 전형이었다. 학자들의 얘기보다 현장 실무자의 목소리를 더 우대하여 정책에 반영했다. 경과심을 통해서 익히 알고 있는 조순 서울대 경제과 교수 등도 사람으로는 좋아하는 편이었지만, 그들의 탁상공론을 경원시하고 경제 정책론자로서 그들에게 별다른 도움을 기대하지 않았다.

적확하고 효율적인 일 처리를 위해서는 필요하면 언제든 관료적 위계질서를 뛰어넘을 마음의 준비가 되어 있었다. 행정 절차와 위계질서를 무시하고 실무자에게 직접 지시하고 일을 시키는 것은 왕초가 하던 짓이었는데, 차관 시절 쓰루가 '어두운 방에서 속닥속닥 무슨 일을 벌일지 훤히 보인다'며 가장 욕을 했던 점이었다. 그래서 자신이 부총리가 된 직후에는 남 들으라고 "나는 종합제철소 같은 큰 것만 챙기고, 웬만한 것은 차관에게 맡기겠다"고 공언하기도 했다.

52 육성으로 듣는 경제기적 편찬위원회, 앞의 책, p.331(황병태 증언)

그러나 그 공언은 지켜질 수 있는 것이 아니었다. 천성이 급한 데다가 부총리가 빨리 의사 결정을 해야 하는 일이 늘어났기 때문이었다. 결국 기획원 부하 직원으로도 모자라 다른 부처의 국장에게까지 전화해 업무 지시를 하는, 차관 쓰루가 경멸하던 일 처리 방식으로 일할 수밖에 없게 되었다. '시어미 욕하면서 시어미 닮는다'는 옛말에서 그도 예외는 아니었다.

그는 어느 부처 담당이든, 누가 하든, 일이 빠르고 정확하게 추진되기만 하면 상관하지 않았다. 4대 핵공장을 추진할 때 이낙선 상공부 장관을 거치지 않고 직접 실무자와 이야기한다거나, 정주영 씨가 현대조선소를 건설할 때 자금 지원 문제를 남덕우 재무부 장관을 안 거치고 바로 실무자를 불러서 지시를 한 것이 그런 경우다.

"장관이든 사무관이든 업무 내용을 가장 잘 파악하고 정확하게 답변할 수 있는 상대라면 지위 고하를 가리지 않고 전화를 했습니다. 격식 파괴형 리더였어요."[53]

말이 좋아 격식 파괴지, 패싱당하는 부처나 사람 입장에서는 인격 무시도 그런 무시가 없었다. 쓰루는 자기가 주도적으로 추진하는 일이 관계 부처 때문에 늦어지면 직접 담당자나 그 부처 장관에게 연락하여 다그치기 일쑤였다. 포철 건설의 경우가 그랬다. 매주 진척 상황을 체크하는데, 항만이든, 교통이든, 행정 허가든, 물자든, 무엇이든 애로가 있다는 얘기만 들으면 바로 그 자리에서 관계 장관이나 담당자에게 전화를 해서 호통을 쳤다.

"천하의 호랑이가 눈을 부릅뜨고 진척 상황을 지켜보고 있는데, 감

53 위의 책, p.331(엄일영 증언)

히 어느 부처 장관이 그것을 거역하겠는가? 쓰루가 이렇게 적극적으로 애로 사항을 해소해주었으니, 어찌 보면 박태준 씨가 일하기가 편했다고 볼 수 있다."[54]

장관에게 "행정 능력 제로"

쓰루는 왕초가 즐겨 활용하다가 박충훈 부총리 때는 그다지 활용되지 않았던, 여타 부처 장관을 장악하는 장치들을 되살려 재활용했다.

'녹실회의'가 그런 경우다. 쓰루는 왕초 때부터 악명 높았던 녹실회의를 타 부처를 장악하는 기회로 자주 활용했다. 녹실회의는 그때그때 현안과 관련된 몇 명의 장관들만 모이는 회의였다. 장관실과 붙은 부속실(치장이 녹색으로 되어 있어서 녹실이라는 이름이 붙여졌다)에서 열린다고 해서 그런 명칭이 붙었다. 비공개이고 극소수의 보좌진만 벽을 따라 배석하는지라, 각 장관 역량밖에 동원할 자원이 없는, 그야말로 실력(업무 파악 능력) 대 실력이 대결하는 자리이기도 하다.

그는 또 부총리가 되면서 목요일 아침마다 뉴코리아호텔에서 한은 총재와 은행장, 국영기업체의 장들과 간담회를 가졌다. 그 자리에서도 그는 관련 업무에 대해 속사포 같은 질문을 해서 모르거나 어물어물하면 큰 망신을 주었다. 이로 인해 목요일 새벽에는 업무와 관련된 통계를 소리 내어 외우는 사람들 때문에 호텔 로비가 시끄러웠다고 한다.

54 최우석, 앞의 책, 2015년 12월호

통계를 자유자재로 인용해 대답한 사람은 서진수, 김성환 등 한은 총재뿐이었다.

그는 기획원 관료뿐 아니라 여타 부처의 관료, 나아가 그 장관들까지 가르치려 들고 담금질을 했다. 그 특유의 자신감을 바탕으로 다른 경제부처를 철저하게 장악했다. 숫자에 밝은 부총리에게 타 부처의 장관이 회의 석상에서 제대로 대답을 못 해서 망신을 당하는 일이 비일비재했다.

"경제장관회의에서도 가차 없이 독설을 퍼부었다. 심지어 경제 담당 정무장관을 겸직하는 국회의원에게 '고명한 경제통이신 ○ 의원께서 그걸 몰라서 그렇게 말씀하실 리가 없고, 우리 실무자 놈이 설명을 잘못 드린 것 같습니다' 하고 비꼬며 옆차기를 날리기도 했다."[55]

어느 날 신문 1면에 '세계은행 철도차관 자금 인출 중단'이라고 대문짝만한 기사가 실렸다. (그 차관은 쓰루가 존경과 애정으로 내하는 맥나마라 세계은행 총재가 방한했을 때 체결한 특혜차관이었다!) 그가 화가 나서 조경식 외자관리과장에게 "교통부 장관 불러. 나한테 와서 보고하라고 해!" 하고 지시를 내렸다. 철도청 국장이 급히 차트를 가져와 설명을 하는 동안 교통부 장관이 부총리 옆에 앉아 있었다. 설명인즉, 당시 세계은행이 철도청에 화물기차 장비 등의 도입과 제작을 위해 5500만 달러 규모의 차관을 제공하고 있었는데, 그중 화차 관련 차관 조건은 전량을 (한국) 민간기업이 제작도록 한다는 것이었다. 그런데 그 건을 낙찰받은 민간기업이 그 상당 부분을 실수요자인 철도청에 화차 제작 하청을 맡겼다는 것이다. 그것은 차관 조건의 명백한 위반이었다. 그래서 세계은행이

55 위의 책, 2016년 3월호

'한국이 더 이상 철도차관을 못 쓰게 하겠다'는 사달이 벌어졌다는 얘기였다.

국장 설명이 끝나자마자 쓰루는 옆에 앉은 교통부 장관에게 대놓고 "행정 능력 제로!"라고 소리 질렀다. 그런 소문은 그날로 전 부처에 전해지기 마련이다.[56]

부총리 권위는 신성불가침

쓰루는 부총리로서의 권위에 대한 집착이 심했다. 대통령이 성에 차지 않으면 부총리를 갈아치울 수는 있어도, 그가 경제팀장인 부총리로 있는 한 여타 장관이 그에게 대드는 일은 있을 수 없었다.

그는 처음부터 팀원인 다른 경제부처 장관으로부터 존경받기를 포기한 사람 같았다. 팀장으로서 자기가 통솔하는 대로 팀원들이 신속 정확하게 따르기만을 바랄 뿐이었다.

젊었을 때부터 그는 업무 지식이나 수행 능력에 대한 자부심이 강했고, 자기가 담당하고 있는 정책이나 예산 결정권 등에 대한 영향력 발휘에 거침이 없었다. 그 자부심과 영향력 행사는 예산국장-기획원 차관-재무부 장관-경제수석으로 자리를 옮기면서 점차 강해져온 것이었다. 경제수석 때 이미 부총리에 버금가는 영향력을 행사하고 있었고, 부총리가 되어서는 대통령을 제외하고는 어느 누구도 그가 관장하는

56 육성으로 듣는 경제기적 편찬위원회, 앞의 책, p.308(조경식 증언)

업무에 관해 왈가왈부할 수 없었다.

쓰루는 정일권, 백두진, 김종필 등 세 명의 총리를 '모셨다'. (백두진 총리 때를 제외하고는) 총리는 비(非)경제 분야, 부총리는 경제 분야로 양자 간의 업무 분담이 명확했다. 총리와 부총리가 경제정책에 관해 이견을 가질 필요가 없었던 것이다. 설익은 민간 주도 경제론을 폈던 백 총리는 단명했다.[57]

그는 특히 부총리 직책에 어느 정도 이력이 붙고 나서는 정치적 포석을 마다하지 않았다. 유력 정치인들의 민원 중 대세에 지장이 없는 것은 깨끗이 들어주고, 대통령 측근이나 언론기관도 각별히 배려를 했다. 그러나 부총리 권위에 대한 도전은 가차 없이 응징했다. "같이 대통령의 총애를 받아도 부총리 지휘권을 존중하지 않으면 그냥 두고 보지 않았다. 공손한 태도를 보이면 봐주지만 맞서려고 하면 끝까지 갚았다."[58] 그는 '뒤끝이 작렬'하는 사람이었다.

그는 여타 부처 장관을 휘어잡는 방편으로, 마치 그들이 기획원 직원이나 되는 듯 장관들의 업무 파악 여부를 체크하곤 했다. 가령 농림부 장관이 말을 안 들으면 "어제 비가 왔는데 올해 전체 강우량이 얼마냐?"고 묻는다. 즉시 대답을 못 하고 머뭇거리기라도 하면 "그런 것도 모르면서 무슨 장관을 한다고 그러느냐?"고 망신을 주는 식이었다.[59]

57 신성순 외, 앞의 책, p.45

58 최우석, 앞의 책, 2016년 2월호

59 육성으로 듣는 경제기적 편찬위원회, 앞의 책, p.307(강경식 증언)

슈퍼 기획원 시대의 도래

"장 부총리 시절에 이미 정부가 추진하는 주요 업무가 대부분 기획원의 영향력 아래에 있었다. 그 관성이 남아 있던 터에, (쓰루가 부총리가 된 후) 산업과 건설, 농업은 물론 긴축 기조를 위해 금융, 통화정책까지 기획원이 고삐를 쥐고 간섭하기 시작하자 다른 부처들은 바지저고리나 다름없는 신세가 되었다. 예산 편성권을 쥐고 전 부처를 장악하는 무소불위의 '슈퍼 기획원 시대'의 도래였다."[60]

그의 성격상 서둘러 정책 효과를 내려는 의욕이 앞서는 경우도 잦았다. 그럴 경우 주무 부처의 이해나 합의는 아랑곳하지 않았다. 상호관계가 순탄할 수 없었다. 그의 독불장군 스타일로 인한 경제팀 내부의 삐걱거림은 고스란히 언론에 전해졌다.

"최근 농림행정에 관한 주요 정책 결정이 주무 부처가 아닌 경제기

60 위의 책, p.306

획원에서 자주 발표되고 있어 농림부 실무진들을 당황케 하고 있는데. 지난번 쌀 배급제에 관한 폭탄적인 양정(糧政) 전환이 기획원에서 발표된 데 이어 30일에는 또다시 김학렬 기획원 장관이 하곡 수맷값 25% 인상을 공식 기자회견에서 누설, 20% 인상 계획안의 국무회의 통과를 쫓던 농림부의 취재진을 긴장시키기까지. …… 취재진이 주무 부처인 농림부에 몰려 질문 공세를 폈으나 차관을 비롯한 주무 국장들은 전혀 모르는 일이라고 안색을 바꾸면서 뒤늦게 확인 전화를 걸어보는 실정. …… 농림부 장관의 체면이 어찌 될지."[61]

모든 길은 기획원으로 통한다

모든 길은 기획원으로 통했다. 당시는 경제개발 초기일 뿐 아니라, 행정 체제가 아직 전문화되지 않아 부처 간 업무 분담이 모호하거나 그 정책만을 위해 별도의 부처를 두기에는 행정적 여력이 없는 경우가 많았다. 예를 들면, 인적자원개발, R&D 등 과학기술, 사회보장제도, 노동 등 정책과제 대부분이 개별 부처로 독립되어 나가기 전까지 기획원이 관장하던 부문이었다.

또 특정 국가사업의 관할 부처가 있어도 거기에 소요되는 행정력, 재정 및 기술 등이 개별 부처의 능력을 웃도는 경우에는 기획원이 사업 총괄 역할을 맡게 되었다.

경부고속도로 등 사회간접자본, 석유화학산업단지 조성, 종합제철

61 『매일경제』 1971년 7월 2일 자

소 건설, 국방군수산업 육성 등도 그 관행적 업무 분담으로는 주무 부처가 건설부, 상공부, 국방부 등이었으나, 거기에 동원해야 할 재원, 기술, 인력 등은 개별 부처의 능력을 벗어난 것들이었다. 그런 때에는 대부분 박통이 나서서 기획원에 그 총괄 역할을 맡기곤 했다.

수출 진흥, 물가 대책 등 성격상 여러 부처가 관여할 수밖에 없는 경우에도 부총리이자 경제팀장으로서 그 총괄 업무를 쓰루가 맡았다. 그런데 그 총괄의 빈도나 강도가 여타 부처와 그 장관들의 심기를 매우 불편하게 하였음은 불문가지다.

4대강 유역 개발사업도 건설부, 농림부, 교통부, 내무부 등의 일들이 겹쳤고, 4대 핵공장 건설사업은 상공부, 국방부 등과 긴밀한 협조 없이는 추진이 될 수 없었다.

이낙선 씨와는 그가 국세청장을 거쳐 상공부 장관이 된 초기까지는 사이가 좋았다. 이 장관은 자기를 상공부 장관으로 추천한 게 쓰루라는 걸 알고 있었다. 게다가 두 사람은 속전속결 스타일로 서로 통하는 사이였다. 그가 상공부 장관이 되고 얼마 지나지 않았을 때였다. 어느 날 그가 장관 집무실로 엄일영 부총리 비서실장을 불러서는 "요즘 내 체면이 말도 아니다. 포항제철, 4대 핵공장, 중화학공업단지 등등 전부 다 기획원에서 하지 않느냐? 상공부 장관인 내가 뭐가 되느냐? 나는 완전히 로봇 장관이야. 창피해서 더 이상 못 하겠어. 그만둬야겠어"라고 불만을 털어놓았다.[62]

엄 실장에게서 그 얘기를 전해 들은 쓰루도 '이 장관 입장에서는 그런 생각이 들겠다'고 인정했다. 그렇다고 그의 전 부처 휘몰아치기가

62 육성으로 듣는 경제기적 편찬위원회, 앞의 책, p.285

쉽게 바뀌지는 않았다. 그가 굵직굵직한 국정과제에 자주 나서게 되면서, 개별 부처의 불만은 해소의 기회도 없이 쌓여만 갔다.

합동 기자회견을 즐기다

쓰루는 주요 정책에 '종합 대책'이란 이름을 붙이기를 좋아했다. 또한 관계 부처 장관 등을 대동하고 대국민 정책 발표하는 것을 트레이드마크처럼 자주 활용했다. 그것은 나서기 좋아하는 그의 마음에 드는 방식이기도 했다. 여러 부처가 관련되고 특히 정부의 일치된 정책 의지를 표할 필요가 있다고 판단되는 경우는 예외 없이 합동 기자회견을 했다. 선거 때처럼 거창하게 '잔치'를 벌여야 할 때는 아예 관계 장관회의를 경제기획원이나 중앙청이 아닌 지방 주요 도시에서 개최했다.

물가, 수출, 농촌 및 지역개발 등이 합동 회견의 주요 정책과제이다 보니, 재무장관, 상공장관, 농림장관, 건설장관, 교통장관 등이 기획원 회견장에 자주 불려 나왔다. 합동 기자회견에서 발제도, 주요 정책 설명도 모두 그가 북 치고 장구 치고 하는 식이어서, 관계 장관들은 배석만 하고 (기자 질문에) 답변할 기회조차 갖지 못하는 경우가 다반사였다.

"합동 회견에서는 김 부총리가 주연으로서 화려한 스탠드 플레이를 하고 다른 장관들은 조연 격이었다. 동원된 다른 장관들은 오기는 왔지만 들러리 역할에 즐거운 표정들은 아니었다. 기자들 질문에 대한 장관들의 답변이 미심쩍다 싶으면 김 부총리가 얼른 마이크를 잡고는 대신 설명을 했다."[63]

쓰루의 독주에 다른 부처의 불만이 하늘을 찔렀지만, 그는 박통의 전폭적인 지지와 신임을 한 몸에 받고 있었다. 서슬 퍼런 국방부까지 어쩔 수 없이 고개를 숙이던 시절이었으니 다른 부처들은 더 말할 필요가 없었다.

관계 장관과 이견이 생길 때마다 늘 그가 판정승을 했다. 이렇게 되자 한때 약한 모습을 보였던 기획원의 힘은 다시 막강해졌다. 왕초 시대에 이어 제2의 전성시대를 구가했다.

손안에 들어오지 않는 재무장관

쓰루가 함부로 할 수 없는 경제장관이 한 명 있었으니, 바로 남덕우 재무장관이었다.

왕초처럼 쓰루도 부총리 때 대통령에게 건의하여 자신의 경제팀을 구성할 수 있을 정도로 대통령의 신임을 받았다. 그러나 재무장관만큼은 그가 골라 쓸 수 없었다. (그가 1969년 10월 '쓰루 팀'을 구성하는 개각 때 대통령에게 재무장관감으로 천거한 사람은 경과심 위원인 이기준 국민대 교수와 조익순 고려대 교수 두 명이었다.)

"처음엔 교수 출신이라 쉽게 보았으나 보통이 넘는 정치력과 내공을 보이자 '이 친구 봐라' 하며 놀라워했다. …… 그래서 김 부총리는 남 장관을 테스트하기 위해 잽을 자주 넣었다. 남 장관이 부총리실로 찾아

63 최우석, 앞의 책, 2016년 2월호

오면 일부러 엉뚱한 전화를 걸거나 모른 체하는 등의 수법을 쓰기도 했다. …… 더러 신문지상을 통해 기획원과 재무부가 공방전을 벌이기도 했다. 성질 급한 김 부총리가 정면으로 나서 반박을 하려는 것을 참모들이 겨우 말려 기획원 예산국장이 대신 싸우게 했다."[64]

쓰루와 남 재무 간의 껄끄러움이 주로 그의 급한 성격에서 연유한 것은 주지의 사실이다. 그러나 남 재무에 대한 그의 '급한 성격'의 뿌리가 그의 강한 현실주의에 있었다는 점을 꿰뚫어 보는 이는 많지 않다. 그가 부담스럽거나 껄끄럽게 생각하고 성질까지 부린 것은 남 재무의 학식이 아니라 '학자연(然)'하는 업무 태도였을 가능성이 높다. 정책 결정을 하고 집행 단계에 들어가기 위해 한시가 바쁜 때에, 남 재무가 서로 잘 아는 정책 사안에 관해 귀에 잘 들리지도 않는 조용조용한 목소리로 '이건 이렇고 저건 저렇다'며 장광설을 늘어놓는다는 것 자체가 마음에 들지 않았을 것이다.

관련해 시중에 돌아다니던 이야기 하나가 있다. 어느 날 남 재무가 그에게 '산업 합리화' 자금 배분과 관련해 설명하고 있었다. 도중에 그가 남 재무에게 뭔가 말려들어 가고 있다고 느꼈다. 그때부터 그는 책상 위에 발을 올려놓는 등 불손한 태도로 일관했다. 30분 정도의 장광설을 펴던 남 재무가 더 이상 참지 못하고 카펫 위에 서류를 집어 던지며 "이따위 식으로 국가 시책을 다뤄서 되겠소?" 하고 소리치고 나가버렸다. 잠시 후 남 재무가 부총리실에 와서 사과하는 것으로 사안은 마무리되었다는 게 얘기의 줄거리다.[65]

64 위의 책, 2016년 2월호

65 신성순 외, 앞의 책, pp.92~93

그런데 이 일이 벌어지는 자리에 있었다는 정인용 전 부총리의 기억은 다르다. 화를 버럭 낸 것도, 제풀에 화가 풀려 사과를 한 것도, 남 재무가 아니라 쓰루였다는 것이다. 어느 설이 사실이든, 두 사람 사이가 그다지 부드럽지 않았던 것은 사실이었던 모양이다.

"김 부총리가 다소 무리하게 몰아붙여도 남 재무는 정면으로 맞서지 않았다. 그러면서 끈질기게 자기 할 일은 했다. 남 재무는 박 대통령의 신임도 두터웠고 또 개인적 약점이 없었다. 나중에는 김 부총리도 남 장관의 실력을 인정하고 조심스러운 긴장관계를 유지했다."[66]

부총리 재임 기간이 늘면서 쓰루의 장악력은 날로 강해져갔다. 업무 지식, 행정 능력, 열성 등 쓰루 개인의 능력에 대통령의 무한 신임이 결합한 결과였다. 쓰루가 발의한 사항은 국무회의 무(無)수정 통과율이 90% 수준까지 치솟았다.

66 최우석, 앞의 책, 2016년 2월호

•

대통령은 부국(富國)의 파트너

고성 촌놈 쓰루가 대한민국의 부총리가 될 수 있었고, 부총리로서 남부럽지 않은 업적을 남길 수 있었던 것은 박통의 외조와 부인의 내조 덕분이었다. 그가 1년 365일 온통 부총리 겸 경제기획원 장관으로서의 소임에 몰두할 수 있었던 것은, 밖으로는 박통의 신임을 먹고 살았고, 안으로는 부인의 벌이 내조에 의지하며 살 수 있었기 때문이다.

남다른 관운의 비밀

쓰루는 박통의 신임을 경제팀장으로서 지휘권 발휘에 백분 활용했다. 그를 보면, '부총리는 대통령의 신임을 먹고 산다'는 말이 절로 나온다. 그는 자신이 바라는 경제팀을 꾸릴 정도의 신임을 받았다.

그는 청와대에 수석으로 있으면서 경제 문제를 속속들이 파악했고 박 대통령이 무엇을 원하는지 잘 알았다. 그가 얼마나 평소에 박통의 신임 자랑을 했으면, 대부분 사람들이 '쓰루는 박통이 무엇을 원하는지 잘 알고 있다'고 믿고 있었다는 것이 더 정확한 표현일지도 모른다. 때때로 경제장관회의 중에 행여나 자신의 정책 추진 방향과 관련해 박통의 진의를 의심하는 듯한 뉘앙스가 풍기는 발언이 있으면, 바로 "내 말이 예수님의 말이니 그대로 시행하시오"라고 말할 정도였다고 한다. 그의 수첩에는 경제팀 후보 리스트와 더불어 대통령이 관심을 두고 있거나 관심을 두어야 하는 정책과제 리스트도 늘 담겨 있었다.

청와대 경제수석 때뿐 아니라 부총리 때도, 아니 특히 부총리 때 쓰루는 박통의 분신이었다. 경제에 관한 한, 그도 박통도, 그를 박통의 분신으로 생각하였다. "그는 박 대통령의 충실한 추종자였다. 박 대통령이 원하는 것은 어떻든 행정적으로 뒷받침하려 했다. 더러 자신의 의지를 고집했던 장 부총리와는 달랐다."[67]

처음에는 수동적으로 박통이 시키는 대로, 박통의 바람대로 일에 임하였고, 나중에는 주체적으로 박통의 생각을 자신의 것과 일체화해갔다. 그에 대한 박통의 무한 신임이 그로 하여금 자기의 생각을 박통의 생각으로 들어 올릴 수 있게 했던 것이다.

그의 괴팍하면서도 거칠고 튀는 언행은 그때의 사회 통념으로는 위로든 아래로든 용납이 되지 않는 것이었다. 당시는 지금보다 더 주류의 생각과 언행 방식에 따를 것을 강요하는, 매우 단문화적인 시절이었다.

67 위의 책, 2015년 9월호

그 같은 기인이 살아남기 어려운 시절이었던 것이다. 모난 사람이 출세하기란 더더욱 어려운 때였기에 그의 남다른 관운은 많은 사람의 놀라움을 자아냈다. 당시의 리더는 덕장(德將)이어야 했다. 맹장(猛將)은 리더로서 제일 낮은 평가를 받을 때였다. 그런데도 (자발적이든, 강압적 분위기에 의해서든) 그와 같은 언행이 받아들여질 수 있었던 것은 무엇보다 그가 박통의 신임을 받고 있기 때문이었다.

부총리가 된 이후 그의 상하, 물불을 가리지 않는 언행은 부처 내에서는 부하 직원, 행정부 내에서는 여타 부처와 그 장관들, 밖으로는 국회와 언론 등 모든 이의 자자한 원성을 샀다. 그럼에도 불구하고 박통은 그를 더할 수 없이 믿고 중용했다.

드러내놓고 총애한 박통

박통은 한 해를 초도순시로 시작했다. 초도순시는 엄중한 행사였다. 어찌 보면 그 부처와 장관의 한 해 흥망을 그것으로 가늠할 수 있다고 해도 과언이 아니었다. 쓰루는 거기서 늘 좋은 점수를 땄다. 대통령의 관심 사항을 미리 파악해 소상히 구체적으로 설명하고, 해결 방안을 내놓아서였다. 대통령의 어젠다를 선점하는 것이다.

샘솟듯 시원시원한 해결 방안을 내놓는 그를 박통이 좋아하지 않을 수 없었다. 기회 있을 때마다 그를 칭찬하여 힘을 실어주었다. 쓰루가 부총리로서 처음 선보인 (1970년 초) 기획원 업무 보고에 박통은 "아주

건전하고 내용도 충실해서 만족스럽게 생각한다"라고 극찬했다. 남 있는 데서 좀처럼 감정을 드러내지 않는 박통은 자신의 공개적인 칭찬이 어떤 파급 효과가 있는지 잘 알고 있었다. 그 소식은 전파를 타듯 그날로 전 부처에 알려졌다. 기획원 초도순시에 배석했던 여타 장관들이 그에게 한턱내야겠다고 저마다 조크를 했다고 한다.

부총리 직무 기간과 더불어 그의 콧대는 하늘 높은 줄 모르고 높아져갔다. 그에 대한 대통령의 신임은 무엇보다 그의 추진력에서 나오는 것임을 부정할 사람은 많지 않을 것이다. 그의 추진력은 관료로서 소명의식이 투철했고(좌고우면이 없는 그는 뼛속까지 관료였다!), 철저한 공사 분리로 스스로 약점이 없었다는 데에 바탕을 두고 있었다. 또 스스로 여느 관료보다 능력과 지력을 갖추었다고 믿고 있었고, 주변의 평가도 그런 그의 자신감을 부추겼다.

그런가 하면, 그가 왕초 말고는 그 누구에게도 지지 않는 추진력을 보일 수 있었던 것은 박통의 무한한 신임이라는 든든한 '백'이 있었기 때문이다. 즉, 그의 추진력이 박통의 신임을 두텁게 하고, 다시 그 박통의 신임이 그의 추진력을 높였던 것이다. 그의 추진력과 박통의 신임이 서로 상승작용을 하고 있었다.

"김 부총리가 청와대 수석비서관으로 2년여, 그리고 부총리로 2년 6개월간에 걸친 세월 동안 박통과 더할 나위 없이 밀착되어 있었고, 그것이 경제정책 수행에 절대적으로 기여했다고 하겠다."[68]

절대 권력자 박통의 신임은, 쓰루가 자신의 행정 리더십 발휘에 자랑스럽게 또 자주 동원했던 자산이었다. 박통의 신임을 받고 있다는 사

68 엄일영 증언

실은, 박통이 공개적으로 드러내 보이거나, 아니면 그가 때때로 다른 조직(특히 다른 부처)이나 사람들에게 상기시키는 사안이었다. 그래서 그와 입장을 달리하거나 그처럼 박통의 신임을 얻지 못하는 사람의 눈에는 그의 언행이 호가호위하는 것으로 비치기 십상이었다. 그는 그런 비난을 괘념치 않았다.

어떤 때는 다른 부처 장관이 대통령의 지시라는데도, 그것이 쓰루 자신이 이해하는 대통령의 뜻과 다를 경우에는 그걸 공개적으로 바로잡기까지 했다. 어느 날 회의 중에 한 장관이 "이것은 대통령 지시 사항입니다"라고 얘기를 했다. 그랬더니 쓰루가 "그래요? 잠깐 기다려보시오" 하고는, 회의하다 말고 부총리 집무실로 가서 청와대에 전화를 했다. 회의실로 다시 돌아온 쓰루 왈 "지금 전화해보니까 각하는 그런 뜻이 아니었다고 합니다."[69] 그 장관의 체면이 만천하에 구겨진 것은 그가 알 바가 아니었다. 박통 신임의 사실 여부, 그 신임의 정도를 확인할 배포를 가진 사람은 감히 아무도 없었다. 그에 대한 질시와 반감은 걷잡을 수 없이 쌓여갔다.

"시험이라면 대통령도 자신 있다"

경제수석과 농수산부 장관을 지낸 정소영 씨는 "박 대통령 앞에서 김 부총리만큼 자유롭게 행동한 부하도 드물 것"이라며 이런 일화를 들려주었다.

69 육성으로 듣는 경제기적 편찬위원회, 앞의 책, p.307(강경식 증언)

"왜 당시엔 박 대통령이 직접 주재하던 월간경제 동향 보고회가 있었지 않습니까. 중앙청 1층 홀에서 열리곤 했는데, 박 대통령이 워낙 경제에 열성적이시니 경제관료들에겐 긴장감이 감도는 행사였죠. 한번은 회의에서 한국은행 측이 GNP 추계를 브리핑하면서 '경기가 하강 국면에 접어들었다'고 했어요. 경제팀장인 쓰루에게는 뜨끔한 얘기였죠.

아니나 다를까 김 부총리가 '가만있어' 하면서 자리에서 벌떡 일어나더라고요. 그러더니 박 대통령 앞에 다가가 갑자기 볼펜 하나를 빼들어요. 그리고 '각하, 이게 무엇입니까'라고 물어요. 각하가 '무슨 뚱딴지같은 소리냐'는 표정으로 '볼펜 아닌가'라고 답하자 김 부총리는 '각하, 이게 분명히 볼펜인데 이걸 전봇대라고 우기는 사람이 있습니다'라고 하는 거예요.

그러고 나선 GNP, 제조업 가동률, 물가, 고용, 수출량 등 각종 경제 수치를 대면서 일사천리로 뭔가를 열심히 설명하는 거예요. 그리고 마지막엔 '각하, 절대로 놀라지 마십시오. 볼펜을 볼펜으로 봐야 합니다. 경기 하강이란 건 말도 안 됩니다' 하고 앉더라고요."

"그 표정과 어조가 얼마나 자신감이 넘치고 박진감이 있는지 누구도 이의를 달기 어려웠다. 나중에 식사 때 박 대통령도 '김 부총리 말에 반박하다가는 큰일 나겠어' 하고 웃었다 한다."[70]

"(쓰루가 경제수석 때부터) 대통령이 진해 같은 데에 며칠 휴가를 가실 때 쓰루가 자주 동행했다. 부총리 재임 중, 박통과는 수시로 통화하거나 대통령 집무실로 호출당하곤 했다. 점심시간에는 같이 식사하자고 부르고, 오후에는 업무 협의차 수시로 부르곤 했다. 한번 가면 함흥차

70 최우석, 앞의 책, 2016년 1월호

사라는 게 문제였다. 부총리 비서실이 청와대에 전화해서 알아보면, '아직도 두 분이 말씀 중이다'고 하고, 퇴근시간이 다 되어 다시 전화해 보면, 이젠 '두 분이 저녁 드신다'고 했다. 쓰루가 말을 재미있게 하지 않나? 그래서 두 분이 대화를 하다 보면 시간이 길어지고, 저녁도 길어졌다. 술에 곤드레만드레 취하는 일이 잦았다.

2차, 3차 후 혜화동 쓰루 집에까지 술판이 이어지곤 했다. 이런 때는 쓰루 부인 김 여사가 두 사람을 술 접대했고 또 박통, 쓰루, 김 여사 모두 일본 말에 능통해 서로가 통하는 바도 적지 않았다. …… 임기 후반에는 청와대에 불려 가는 일이 더 잦아졌다."[71]

"김 부총리는 몸이 안 좋아 술을 조심해야 했지만 박통과의 술자리는 피하지 않았다. 술자리에서 농담도 잘하고 노래를 잘 불렀다. 박 대통령은 담백하고 재미있는 김 부총리와의 술자리를 좋아했다 한다."[72]

박통이 쓰루에게 속을 털어놓을 수 있었던 이유 중의 하나는 그가 정치적 야망이 없다는 것을 잘 알고 있었기 때문이다. 김종필이나 왕초 혹은 김성곤처럼 박통 자신의 공개적 신임 표시가 새끼 호랑이를 키울지 모른다는 우려가 없었다는 얘기다. 서로 간에 허물이 없고 정치적 야망이 없음을 세상이 다 알다 보니, 그는 박통으로서는 드물게 진한 농을 던질 수 있는 사람 중의 한 사람이었다.

쓰루가 경제기획원 관리들에게 승진시험을 자주 보게 하자 대통령은 "임자도 대통령 시험 한번 보지 그래"라고 했고 쓰루는 "다른 건 몰라도 시험이라면 대통령도 자신 있습니다"며 받아넘겼다는 일화도 있다.[73]

71 엄일영 증언

72 최우석 메모 및 증언

73 『중앙일보』 1991년 8월 23일 자

김수환 추기경, 청담스님과 소통 채널

박통의 이런 무한 신임에 보답이라도 하듯이, 쓰루는 쓰루대로 청와대나 박통이 직접 나서기 곤란한 민간 부문, 예를 들어 종교계와의 의사소통에 그 나름의 역할을 자임했다.

박통의 신임은 포항제철 등 그의 숙원사업을 특유의 밀어붙이기로 해내는 '경제부총리 쓰루'에서만 연유하는 것은 아니었다. 오히려 박통이 흉금을 터놓고 남 보는 데서까지 그에 대해 두터운 신임과 애정을 드러낸 데에는 (자신의 정치에는 관심이 없지만 박통의 통치를 위한 정치에는 서슴지 않는) '정치인 쓰루'가 작용하고 있었을지도 모른다. 그 한 예가 김수환 추기경을 통한 종교계와의 소통 채널 구축이었다.

학병 동기로서 끈끈한 동지애를 나누던 사이였으나, 광복 후 그와 김 추기경은 빈번히 만나는 사이는 아니었다. 그러나 적어도 추기경 착좌식에 그가 축사 한마디를 할 정도의 교분은 유지했다. (먼 훗날 1990년대에 들어 70대의 김 여사가 가톨릭에 귀의하고 그 소식을 직접 만나 전했을 때, 추기경은 "정말 축하한다"며 더할 나위 없이 기뻐했다고 한다.)

그러다가 두 사람은 쓰루가 부총리가 된 후, 정치 · 사회적 불안 속에서 허심탄회한 의견 교환이 필요해 자주 만나게 되었다. 특히 박통이 장기 집권을 이어가려 하고 이에 대해 민주화 세력이 박통이 경제 발전을 명분으로 장기 집권하려는 것인지, 아니면 장기 집권이 경제 발전과 안보 기반을 위한 필요악인지에 대해 심각하고도 조직적인 의구심을 나타낼 때, 박통 쪽의 소통 창구의 하나로 쓰루가 적극 나섰다. 또한 추기경은 박 정권의 민주화 세력에 대한 압제에 관해서 쓰루를 통해 '솔직한 의사'를 전달하였다.

부인은 출세 파트너[74]

천하에 거칠 것이 없던 쓰루가 대통령 말고 유일하게 어려워했던 사람이 부인이었다. 부처 내 직원들은 물론이고 심지어 박통까지도 그가 말을 듣는 것은 부인뿐이라는 것을 알았다. 그렇다고 부인이 함부로 그에게 조언을 하거나 충언을 한 것은 아니었다. 그것이 그가 부인의 말을 가볍게 여기지 않은 이유 중 하나였다.

두 사람이 험한 세상을 같이 걸어온 길을 생각해보면 그런 관계가 당연했다. 그는 나랏일 하느라 바빠서인지 집안일은 완전히 내팽개친 '경제 능력 제로, 빵점짜리 가장'이었다. 돈을 벌고, 아이들을 키우며, 남편이 집안 걱정하지 않고 공무원 생활에 전념할 수 있도록 뒷바라지 해준 최대의 우군이 바로 김옥남 여사다.

4·19 혁명과 5·16 쿠데타 등으로 정권이 바뀔 때마다 공무원 조직에 숙정(肅整) 등의 정풍운동이 몰아쳤다. 쓰루가 과거 막강한 사세국장과 예산국장을 지내면서 여러 차례의 정풍운동 속에서도 영전을 거듭할 수 있었던 것은 결벽증 때문이었다. 박봉의 공무원으로서 뇌물을 받지 않고 버틸 수 있었던 것은 부인의 탁월한 경제적 내조가 있었기 때문이었다.

74 육성으로 듣는 경제기적 편찬위원회, 앞의 책, pp.308~309

그녀의 '내조' 중에 가장 빈번하게 또 중요하게 발휘되었던 것은 그의 거친 언행 때문에 고생하는 기획원 식구 '관리'였다. 쓰루에게 사무실에서 거칠게 당하여 '공무원 생활은 이것으로 그만인 모양이다'라며 마지막 지푸라기라도 잡는 심정으로 하소연하는 부하 직원의 소원 수리 창구는 김 여사였다.

김 여사는 명실공히 '공인 김학렬의 출세 파트너'였다. 그녀는 성격상, 자라온 배경상, 점잖은 안방마님으로 만족할 '여성'이 아니었다. 웬만한 남성보다 더 성취 지향적이었는데, 그녀의 최고 성취 목표는 쓰루의 출세였다. 그것을 위해 아낙네로서 가능한 모든 것을 제공하고 도왔다.

남편의 출세에 쓰루의 상관 또는 박통과의 친분이 필요하면, 서슴지 않고, 드러내놓고, 거의 본능적으로, 그 집안과의 사적 친분을 위해 나섰다. 그녀의 태생, 집안 배경 등으로 볼 때 너무나 자연스러운 것이었다. 하지만 그런 행동들은 '여자는 너무 나대는 게 아니다'라는 당시 점잖은 양반 집안 기준으로서는 감히 실행할 수 없는 것이었다.

그녀는 육영수 여사의 사적인 고민을 들어주고 해결책을 마련해주는 역할을 적극 떠맡았다. 육 여사의 가장 빈번한 고민은 자식들 교육이었다. '아들 셋을 경기중 · 고등학교에 보낸 어미'인 점을 김 여사는 백분 활용했다. 심지어 당시에 사회적으로 좋지 않게 보던 가정교사에 관해 조언하기도 했다. (자녀 교육 조언은 육 여사뿐 아니라 가까이 지내는 다른 사람들에게도 그녀가 확신을 가지고 제공해준 '재능 기부'였다!)

육영수 여사가 자녀 입학 때 절에 가서 합격 기원을 하고 싶은데, 대통령 부인인지라 출타는 물론이고 특정 종교 행사에 참여하는 것 자체가 부담스러울 때였다. 이때 육 여사를 청담스님이 주지로 있던 도선사에 데리고 간 사람이 김 여사였다. 그녀 덕에 육 여사는 남의 눈을 피해 108배 기도를 할 수 있었다. 그때의 인연으로 청담스님이 조계종 종정이 된 후 청와대와 불교계 간의 소통이 순탄해졌다고 한다.

쓰루를 위한 그녀의 내조 반경은 꽤 넓었다. 쓰루가 부총리가 되면서 김 여사는 당연직으로 육 여사가 늘 참석하는 양지회[75]의 총무 역할을 위시하여 김성곤, 구태회 같은 여당 내 주요 인사 부인들과의 교분 등 그녀는 쓰루에게 내조라기보다는 외조에 가까운 도움을 줬다.

그녀는 총각 직원에게 중매 서기부터 시작해, 남에게 떼인 돈 찾아주기, 불륜관계 정리해주기 등등 쓰루의 동료 또는 같은 부처 관료들의 다양한 개인사나 고민에 해결사 역할도 마다하지 않았다. 사망 후 40년이 지나서도 부하, 동료 직원이 좋은 생각으로 기리는 대상은 쓰루보다는 김 여사이기 쉽다.

75 그녀는 쓰루가 기획원 차관 때부터 양지회에 참여했다. 양지회는 장차관, 고위 장성, 국영기업체 사장 등의 부인들이 사회봉사를 위해 결성한 모임이다.

5부 기우는 달의 긴 그림자

•

1971년은 선거의 해였다. 4월 대선과 5월 총선을 앞두고 김학렬은 전국을 돌며 박 정권의 경제적 성과와 향후 경제 발전 홍보에 열을 올렸다. '정치인 쯔루'에 언론은 실망을 표했다. 생활물가마저 손 밖에서 놀기 시작하면서 그는 점점 초조해져갔다. 그 해 11월, 그의 사저 2층 서재에 도둑이 든다. 그 사건은 부총리로서 쯔루의 권위에 상당한 손상을 입혔고, 결국 그는 병마로 쓰러지고 만다. 1972년 3월 그는 세상을 떠났지만 그가 혼신의 힘을 기울여 추진해온 성과물들은 속속 완성되었다. 4개월 뒤 홍릉에 KDI가 개관했고, 이듬해 7월에는 포항종합제철이 완공되었다. 특히 그가 기획원 조직 안에 남긴 '변혁의 DNA'는 오늘도 여전히 우리 경제에 살아 있다.

'정치인 쓰루'에
등 돌리기 시작한 언론

쓰루가 부총리 권위에 집착한 것은 와신상담 끝에 쥐게 된 권력에 취하거나 그 갑질을 즐겨서는 아니다. 자신에게 주어진 국가과제, 자신이 하고자 하는 정책을 하루라도 빨리 이루어내고자 하는 조급증에서 연유한 것이었다. 동료, 부하 등 주변 사람들은 그것을 알았다. 그렇다고 해서 그들이 자주 상궤를 벗어나는 그의 언행을 마냥 참거나 이해해준 것은 아니었다.

박통이라는 최고 권력의 신임은 쓰루에게 경제정책에 관한 한 무소불위의 권위를 안겨주었다. 행정부처와 업계는 물론이고, 정계, 심지어 언론계까지 그의 권위를 인정해주고 있었다. 2년 넘게 박통의 신임을 유지할 수 있었던 것은 '미다스의 손' 쓰루가 착착 꺼내 보이는 경제(정책)적 성과 덕분이었다. 달리 말하면, 박통의 신임은 부총리로서의 능력을 보이는 동안만 유지될 수 있는 것이었다. 행여나 부총리로서 직무 수행 능력에 의심이 가는 일이 벌어진다면, 대통령의 문고리 권력은 하루아침에 무산될 수 있는 극히 섬약(纖弱)한 유리잔과 같은 것이었다. 1971년 선거철부터 그런 현상이 하나둘 고개를 들기 시작했다.

대통령 총애가 견제의 씨앗

1971년 2월 초에 3차 계획이 확정된 것을 계기로 쓰루는 선거 지원을 위한 행보를 서둘렀다. 부산 같은 항구도시에서는 항만개발계획의 출범을 위한 관계 장관회의를 열고, 광주 같은 지방 중심도시에서는 4대강 유역 개발계획을 가지고 정부 합동회의를 여는 등 4월 대선을 앞두고 전국을 돌며 박 정권의 경제적 성과와 향후 경제 발전 홍보에 열을 올렸다.

당시 세계 경제, 특히 선진국들은 불황 속의 인플레 현상, 소위 스태그플레이션(stagflation)에 휘말리기 시작하고 있었다. 그는 그런 지지부진한 선진국과는 대조적으로 한국 경제가 비교적 물가가 안정된 가운데 역동성을 보이는 점에 착안하여, '한국 경제는 안정 속 고도성장'이라면서 '프로스터빌리티(prostability · prosperity+stability 안정 속의 번영)'라는 신조어를 만들어 기자들에게 선보이기도 했다.

선거가 임박해지면서 각 경제부처 장관들을 대동한 그의 합동 기자회견이 더 잦아졌다. '정치인 쓰루'의 행보가 너무 빈번해지면서 언론의 빈축을 사기도 했다. 언론은 '쓰루답지 않은 행보'에 실망을 표현하였다. 평소 그의 은근한 응원군이었던 기자들도 '쓰루 역시 결국은 박통의 명운에 목을 맨 직업관료에 지나지 않는다'고 생각하게 된 것 같았다.

"김 부총리가 하필이면 왜 이 시점을 택해 전례가 없을 만큼 합동 기자회견을 계속 열어야 하고 또 장래에 대한 전망과 아울러 과거에 대한 실적 등을 새삼 공표하게 된 것인지 그 동기에 대해선 석연치 않은 대목이 있다는 것이다. …… 희망적인 관측이 담뿍 담겨 있을 뿐만 아니라 그 안에는 장밋빛으로 물들어 있는 대목마저 없지 않다는 것을 간과할 수 없다면 모처럼 열린 이러한 합동 기자회견의 뜻한 바를 다시 한번 검토하지 않을 수 없다."[1]

71년 4월 중순 7대 대통령 선거를 1주일 앞둔 어느 날 저녁. 청와대와 인접한 궁정동 안가에는 당정의 핵심 인사들이 모여 막바지 선거 전략을 짜고 있었다. 백두진 국무총리, 김학렬 부총리, 박경원 내무장관, 신직수 검찰총장 등 내각팀과 길재호 사무총장, 김성곤 재정위원장, 김창근 대변인으로 구성된 공화당 그룹이 머리를 맞대고 있었다. 물론 사실상 선거 작전을 주도하던 이후락 부장, 강창성 보안차장보 등 중정 지도부의 얼굴도 보였다. 그날 회의가 대충 마무리되고 있을 때 청와대에서 김정렴 비서실장이 내려왔다. 손에는 자그마한 종이 상자가 들려 있었다.

"각하께서 선거 결과를 한번 맞혀보라고 하셨어요. 신민당 김대중 후보를 몇 표 차로 누를지 말이에요. 각자 자기 이름하고 예상 표차를 적어 이 상자 안에 집어넣으세요. 각하께서 선거가 끝나면 직접 열어보시겠답니다. 1등에게는 후한 상금이 있대요."[2]

1 『동아일보』 1971년 4월 8일 자

2 『중앙일보』 1991년 8월 23일 자

회의 참석자들은 잠시나마 심각한 고민에 빠졌다. 삼선개헌을 통한 그해 대통령 선거는 결코 호락호락하지 않았다. 표차가 많이 나기 힘든 상황이었다. 그렇다고 표차를 적게 써낼 수는 없었다. 박통에게 국민이 보내는 지지보다 적게 예상할 수는 없는 노릇이었다. 그렇다고 당치 않게 많이 써낼 수도 없었다. 그랬다가는 아부하는 사람으로 보일 수도 있었다. 정확성과 충성심 사이에서 잠시 고심한 사람들은 예상 쪽지를 상자 안에 담았다.

선거 다음 날인 28일 청와대에서는 각료, 청와대 참모, 공화당 의원 다수가 모인 가운데 '시상식'이 있었다. 개표 결과는 94만 8000표 차였다. 그것보다 적게(90만 표) 적어낸 사람은 쓰루 한 사람뿐이었다. 대부분은 200만 표 이상, 심지어 250만 표까지 적어낸 사람도 있었다. 500만 원의 거금을 움켜쥔 주인공은 쓰루였다.

그는 엄정한 상황 판단을 택했다. 그에게 대통령을 제대로 보좌하는 길은 정확한 사실 전달이었다! 다른 이들은 대통령의 기분을 건드리느니 차라리 뻔한 아부를 택했다. 그들 눈에 그가 곱게 보일 리 없었다.

"이 나라에 대통령이 둘이다"

대통령은 자신의 뜻을 누구보다 정확하게 이해하고 거침없이 실천해가면서도 전임 장 부총리와는 달리 대통령이 부여한 권력의 한계를 분명하게 알고 처신하는 쓰루를 더할 나위 없이 신뢰하고 기꺼이 여겼다. 그는 그런 박통의 신임을 과시하는 언행을 자주 드러내 보였다. 나중에는 "지금 나는 대한민국 어느 장관이든 내 마음대로 다 할 수 있어"라고 큰소리를 칠 정도였다. 사람들이 그런 안하무인격 언행을 참는 데는 한계가 있었다.

"어느 장관이 '요새는 이 나라에 대통령이 둘이라는 소문도 있다더라'는 말을 했대요. 이 말이 결국 박 대통령의 귀에 들어간 모양이에요. 박 대통령은 그 양반을 불러다 '도대체 그게 무슨 말이냐. 어디서 그따위 쓸데없는 이야기들을 옮기고 다니느냐'며 호통을 쳤대요. 그러면서 '당장 김 부총리를 찾아가 사과하라'고 엄명을 내렸다는 거죠. 이 장관은 밤늦게 혜화동 우리 집엘 찾아왔어요. …… '나는 그런 뜻으로 이야기한 게 아닌데 대통령께서 오해하신 것 같다'면서 사과했어요. 그 사람이 돌아가자 박 대통령한테서 전화가 왔어요. '제대로 사과하더냐' 고 물으시더군요."[3]

지나침은 모자람보다 못하다는 격언은 언제나 유효하다. 그가 대통령을 배경으로 호가호위(狐假虎威)한다고 생각하는 사람이 갈수록 늘어났다. 취임한 후 단기간에 그를 군림하는 부총리로 만든 대통령의 무한 신임이, 임기 후반으로 가면서 그의 우군마저 적으로 돌아서게 만들었다는 것은 아이러니다. 쓰루에게 대통령의 신임은 더 이상 정치적 자산이 아니었다.

3 『중앙일보』 1991년 8월 16일 자 (부인 김옥남 증언)

“국민이 까불면 나라 망한다”

1971년 4월 대선과 5월 총선이 치러지는 동안, 그는 4대강 유역 종합 개발, 항만 개발, 농업 투자 등 많은 공약사업으로 선거운동에 앞장섰다. ‘쓰루가 이제 정치인이 되어버렸다’며 실망한 언론은 선거가 끝나기도 전에 물가 불안 기사를 자주 쓰기 시작했다. 평소엔 기자들과 잘 지내는 그였지만 이런 ‘무식한 기사’들에 흥분하기 시작했다.

“선거를 앞두고 일부러 물가를 올려보겠다는 신문사가 있으면 나도 일전불사하겠다. 그럴 기백도 있고 머리도 있다”는 말까지 했다. “기사를 가지고 왜 그리 흥분하십니까?” 하고 물으니 “그동안 쭉 참았는데 너무 심하다. 명예훼손으로 고소할 감이다”라고 했다. 그렇게 혼자 흥분해놓고는 스스로 생각해도 좀 심했다 싶었는지 “미스터 김 흥분하다. 남자란 것은 흥분할 때도 있어야 한다. 물에 물 탄 듯 술에 술 탄 듯 하면 안 된다”며 웃었다.[4]

4 최우석, 「경제개발시대 EPB 취재기」, 『경제풍월』 2016년 3월호

선거 인플레이션 심리

선거 때가 되면 선거 인플레 심리가 준동하기 마련이다. 과연, 선거가 끝난 1971년 여름부터는 물가 상승세가 고개를 치켜들기 시작했다. 물가 상승에 불을 지핀 것은 정부(쓰루)였다. 선거가 끝나면서 물가 상승으로 이어질 수밖에 없는 일들을 정부가 많이 벌인 것이다. 두 번에 걸친 대폭적인 달러 환율 인상(평가절하), 유가 인상 등 정부가 관리하는 소위 '공공물가'는 선거 후 봇물 터지듯 인상 러시를 탔다.

그런 '민감한' 때에 (쓰루가 물가나 경기 진단 등과 관련해 늘 신경질적으로 반응을 하는) 한국은행에서 사달이 벌어졌다. 금융통화 위원을 하고 있는 대학교수 한 사람이 정부의 유가 인상이 물가에 어떤 영향을 줄 것이냐에 관한 신문의 전문가 의견조사에 응한 것이다. 그의 응답은 쓰루를 폭발시켰다. '울고 싶을 때'에 뺨을 때려준 격이었다.

다음 날 기획원에서 개최된 미군 철수 등에 대한 관민 대책회의에서 쓰루가 "정부에 협조 안 하는 그 ○○, 사표 안 내면 금통위에 공문을 보내 실격시키겠다"며 펄펄 뛰었다. 회의에 참석했던 다른 장관들이나 경제계 원로들은 아연실색한 채 속수무책으로 그 험담을 듣고 있을 수밖에 없었다. 대통령이 임명한 금통 위원을 기획원 장관이 목을 치겠다는 말은 곧 '관권 남용', '금통위 독립성 유린', '관권 우위 사고방식' 등 언론의 비난을 자초했으나, 누구도 그의 흥분을 가라앉히거나 과격한 언행을 자제시키지는 못했다.

정부가 통계로 부정할 수 없을 정도로 물가 상승세가 뚜렷해져갔다.

덩달아 국제수지 적자도 심각해져갔다. 언론은 물가와 국제수지에 대한 우려의 기사를 즐겨 실었다. 쓰루는 공공물가 인상 등 '나쁜 소식'을 국민적 관심이 빅뉴스에 쏠려 있을 때에 슬쩍 끼어 전했다. 그렇다고 그의 뉴스 물타기가 언론의 눈을 피할 수 있었던 것은 아니었다.

"사법파동, 남북적십자회담, 닉슨 조치, 8·23 난동 등 그야말로 10대 뉴스감이 마치 폭죽처럼 터져 나오는 틈을 이용한 김학렬 경제팀의 뉴스 흐리기 작전이 이제는 일가를 이룰 정도라고. …… 남북적(남북한의 적십자회)이 처음 대좌하는 역사적인 날 예정에도 없는 기자회견을 갖고 석유류, 석탄값 인상을 기습 발표하는가 하면, 그다음 날에도 역시 예정에 없는 기자회견을 갖고 한은 총재가 경제는 고도성장 중이라는 또 다른 차원의 물타기를 강행했다. 그뿐만 아니라 세제 개혁, 예산안 등 빅뉴스를 계속 풀어 불황과 물가고에 따른 비난의 방패막이로 삼는 절묘한 솜씨를 발휘하기도."[5]

물가 상승과 언론 보도가 자신의 손 밖에서 놀기 시작하면서 그는 점점 초조해져갔다.

물가 불안에 초조해져 실언(失言)

쓰루는 물가 상승 압력을 근원적으로 줄이는 길은 나라 전체, 특히 일반 국민이 소비 절약하는 길밖에 없다는 생각이었다. 과소비(지속 가능한 소득으로 유지될 수 없는 지나친

5 『매일경제』 1971년 8월 28일 자

소비)에 대한 그의 강박감은 급기야 공개적 '실언'을 야기했다. 9월 18일 대구에서 박통도 참석한 시장 · 군수회의가 열리고 있었다. 3차 계획과 새마을운동 등에 관해 박통과 쓰루 등이 직접 나서서 설명하고 협조를 구하는 자리였다. 박통이 "물가가 올랐다고 하지만 국민이 걱정하는 것처럼 그렇게 많이 오른 것은 아니다", (시장 · 군수들이 국민에게) "물가 안정 시책에 협조해달라고 부탁하고 참아줘야 할 것은 참아달라고 해야 한다"고 당부를 하고 난 직후였다.

마이크를 잡은 쓰루는 작심한 듯이 그동안 정부 경제정책에 대해 쏟아진 비판을 하나하나 뒤집어갔다. '3차 계획을 수정하라'는 지적에 대해 그는 "우리나라 경제성장률이 세계 3위이며 수출증가율은 세계 1위다. 일부 인사들이 무식하여 이를 고의로 비난하고 있다. 3차 계획을 공부도 하지 않고 수정하라고 한다" 등 평소 가슴에 품고 있던 생각들을 쏟아내었다.

그것으로 성이 차지 않아 내뱉은 다음 말이 문제였다. 그는 국민소득과 씀씀이 등에 대해 언급을 하면서 "노벨 경제학상 수상자인 틴베르헌 교수가 후진국의 경제개발에 필요한 5개 요건 중 하나로 국민의 인내를 강조했다. 이런 표현이 적절할지는 몰라도, 이제 국민소득이 200달러를 넘었다고 해서 국민들이 까불면 경제성장이 될 수 없다"는 되돌릴 수 없는 말이 튀어나온 것이다.

언론은 대서특필했고, 야당은 발끈 들고일어났다. '오만한 박정희 정권의 생리가 그대로 드러난 망언'이라고 비난한 야당은 쓰루에 대한 해임 건의안 제출도 불사하겠다고 강경하게 나왔다. 야당 신민당은 대변인이 낸 성명을 통해 "김 장관의 발언은 파탄적인 오늘의 경제위기를 조성한 직접적 책임 장관으로서 용납할 수 없는 중대 망언이며 전 국민과 야당에 대한 모독이다"라면서 "정부는 김 장관의 이 같은 망언을 즉각 취소하고 국민과 야당에 정중히 사과하라"고 요구했다. 심지어 여당 대변인조차 "설령 국민이 틀린 이야기를 해도 이를 경건하게 받아들여야 할 것"이라고 논평할 정도였다.

언론마저
등 돌려

"세상 살다 보니 정말 별꼴 다 보겠다. …… 물가는 오르고 생활은 쪼들려서 주부도 남편도 이마에 주름살만 늘어날 형편인데 어느 누가 까불 경황이 있겠느냐 말이다."[6]

'까불면 망한다' 사건은 언론이 쓰루로부터 완전히 등을 돌리는 결정적인 계기가 되었다.

(한 가지 재미있는(?) 사실은, 정작 바로 옆에서 직접 들은 박통은 그 망언을 그렇게 중대한 실언으로 여기지 않았다는 점이다. 그만큼 그는 평소 쓰루의 강한 성격과 입버릇에 익숙해져 있었던 것이다.)

'까분다' 망언은 결국 이틀 뒤인 9월 20일, 그를 국회 본회의에 불러냈다. 그는 "내가 말한 국민이란 말은 우리 국민을 특정한 것이 아니라 어느 나라 국민이건 그렇다는 일반론을 이야기한 것"이라면서, "다소 경제가 발전했다고 해서 국민이 사치하고 방심하면 안 된다는 틴베르헌 교수의 개발론을 인용한 것이 물의를 일으키게 된 것이다", "한 나라

6 『동아일보』 1971년 9월 20일 자

의 부총리나 되는 사람이 까분다는 저속한 용어를 사용했다는 자체가 수양 부족의 소치다"라고 장황하게 사과해야 했다. 이어진 그의 발언이 걸작이다. "이 사건을 계기로 다시는 까분다는 단어는 안 쓰기로 결심했다"며 사과인지 농담인지 모를 말로 답변을 마쳤다. 여야 할 것 없이 국회 본회의장은 한바탕 폭소가 터져 나왔다. 아무리 국회에서의 해명과 사과의 자리라고 해도, 그의 유머는 억제될 수 없었던 거다.

그것으로 '까분다' 사건은 일단락된 듯했다. 그러나 이후에도 심심찮게 이 '까분다' 사건은 만평이나 가십 등에 빈정거리는 소재로 등장하곤 했다. 그리고 며칠 뒤 야당이 국회에 제출한 3장관(김학렬 기획, 오치성 내무, 신직수 법무) 해임 건의안의 한 빌미를 제공했다.

공정거래법 제정 실패

쓰루는 독과점 상행위, 담합, 매점매석 등 불공정 상관행은 정부의 행정 조치나 세무조사 위협 등 협박성 '협조 요청'만으로 다스리기에는 한계가 있다는 점을 잘 알고 있었다. 그는 불공정 상거래를 일상적, 제도적으로 다스릴 수 있는 것은 엄정한 공정거래법이라고 생각하고 그 제정을 꾀하고 있었다.

기획원에 의한 공정거래법 제정 시도는 쓰루가 부총리가 되기 전에 이미 국회에 제출된 것만 해도 1966년 4월, 1969년 4월에 두 차례 있었다. 그런 실패 사례를 염두에 두어도 1971년은 공정거래법 제정에 좋은 여건을 마련해주고 있었다.

그해 9월 국회와 언론은 '물가가 이렇게 오르고 있는데 정부는 뭐 하고 있느냐'고 성토하고 있었다. 이에 기획원은 1969년 이후 책상 서랍에서 잠자고 있던 공정거래법안을 깨웠다. 10월 국무회의를 거쳐 국회에 제출된 그 법안(전문 30조와 부칙)은 첫째, 독과점 업체의 부당 행위를 지정 및 규제하고, 둘째, 경쟁 제한 행위를 제재하며, 셋째, 독립된 공정거래위원회를 설치하는 것을 골자로 하고 있었다.

실무적으로 이 법안의 작성을 책임진 사람은 법제처에서 '차출'된 전윤철 사무관이었다. 거기에 얽힌 사연.

그는 법제처에서 꽤 날리던, 과장 진급을 눈앞에 둔 사무관이었다. 그런데 1971년 가을 어느 날, 위에서 기획원에 가보라는 것이었다. (쓰루와 당시 물가정책관이었던 서석준 씨 등이 공정거래법 제정을 위해 부처들을 수소문해보니, 법제처에 똑똑한 사무관이 하나 있다는 것이었다. 그 얘기를 들은 쓰루가 바로 전화통을 들어 법제처장과 통화를 한 것은 불문가지다.) 무슨 영문인지도 모르고 부총리 집무실에 들어간 그에게 쓰루는 "공정거래법을 제정하는 실무 책임을 맡으라"며 그 법이 왜 제정되어야 하는지, 얼마나 자신이 그 일을 중요하게 생각하는지를 설명하고 특히 "일을 잘 마무리하고 나면 당신이 원하는 곳은 어디든지 보내주겠다"는 약속까지 했다고 한다.

그래서 불철주야 작업 끝에 법안을 작성하여 국회에 제출한 단계에까지 이르렀는데, 전 사무관의 '뒤를 봐줘야 할' 쓰루가 72년 초 부총리를 사임하고 병원에 입원하더니 얼마 안 가서 그만 사망하고 말았다. 쓰루 한 사람 믿고 '장래가 보장된' 법제처에서 기획원으로 옮겨 온 전 사무관은 (그의 표현대로) '낙동강 오리알 신세'가 되어버린 것이다.

이 얘기를 필자에게 전하던 전윤철 당시 공정거래위원장은 "그때 법제처에 있었으면 내가 벌써 장관을 하고 있었을 거야. 당신 아버지 때문에 내 신세 조졌어"라며 쓰루에 대한 섭섭함과 불만을 볼멘소리로 토로하고 있었다. 하지만 사실은 자신을 발탁해준 쓰루에 대한 그 나름의 감사 표시를 하고 있었다는 것을 필자는 직감적으로 알 수 있었다.

이 법안은 업계와 일부 언론의 반대와 기획원의 법 제정 의지가 약하다는 학계의 비판 사이에서 방황하다가, 국회의 심의 유보로 해를 넘겨 폐기되고 말았다. (공정거래법 제정은 1980년에 들어선 두 번째 군사정권 때까지 기다려야만 했다.)

아이히만 소리를 들어가면서까지 긴축을 몰아붙였고, 그 덕분에 오래간만에 물가가 안정되어 언론을 긴축정책의 동지로 돌릴 수 있었던 쓰루의 안정정책. 1971년 가을에 들어서 그 모멘텀은 확연히 떨어지고 있었다.

'해임 건의 3인방'에 올라

1971년 9월 야당이 주요 장관에 대한 해임 건의안을 제출하겠다는 의도를 공개적으로 밝히고 있었다. 야당의 각료 해임안 국회 제출은 여야가 늘 대치하던 당시에는 심심치 않게 벌어지는 일이었다. 그래서 야당이 각료 해임안을 제출하려 해도 여당의 일관된 무시로 해임 건의안이 국회 심의 테이블에 올라가지도 못하고 유야무야되는 게 관행처럼 되어 있었다. 그런 관행을 깨고 9월 말에 갑자기 해임 건의안이 국회에 제출되고 말았다. 여당 의원 중에서도 해임 건의에 동조하는 세력이 있다는 얘기였다. 그때 해임이 건의된 세 장관 중 한 사람이 쓰루였다. ('국민이 까불면 망한다'는 9월의 망언이 '쓰루표 긴축'에 대한 여야 국회의원들의 평소 불만에 휘발유를 부었다는 분석도 있다.)

기획·내무·법무장관 나란히 불신임

그에 대한 해임 건의의 핵심적 명분은 긴축에 의한 불경기와 물가 불안이었다. 쓰루에 대한 해임 제안(권중돈 의원 외 88인 공동 제안) 이유는 '35억여 달러에 이르는 외자 도입으로 빚더미 위에 건설한 차관 업체의 부실 도산, 국민 담세력(세금 부담 능력)의 한계점을 초과한 조세행정, 화폐고의 팽창, 1·2차 경제개발 5개년 계획의 완전 실패, 양대 선거에서 막대한 정치자금 살포 등 인플레 요인으로 국민경제는 파탄 일로로 치닫게 됐고, 천정부지로 급등하는 물가고는 국민의 생계를 도탄에 빠뜨리게 하는, 사상 유례 없는 경제위기에 봉착했다. 이에도 불구하고 당국은 계획성 없는 안일한 정책에만 급급하고 무모한 경제정책만 세워온 것'이었다.

물론, 여당 국회의원들에게는 '3장관 해임안에 반대표를 던지라'는 당론이 하달되었다. 불신임에 관한 10월 2일 국회 표결의 첫 대상이 오치성 내무장관이었다. 당 방침을 어기고 김성곤 씨 등 소위 '공화당 4인방'이 당내 동조 세력을 선동해 오 장관에 대한 불신임안을 통과시켜버렸다. 공화당에 박통의 날벼락이 떨어졌다. 그 일들이 벌어지고 있었을 때 쓰루는 청와대에서 대통령 옆자리에 같이 있었다. 그다음 표결 대상인 쓰루와 신직수 법무장관에 대한 해임 건의안은 부결되었다.

비록 부결은 되었으나, 각료 해임안에 포함되었다는 사실 자체만으로도 쓰루 부총리의 권위에 큰 흠집이 난 것을 부인할 수 없었다. 해임 건의의 대상이어서라기보다는, 쓰루를 경제관료가 아니라 박 정권과 한통속인 정치인으로 다루었다는 점이 그의 권위에 흠집을 낸 것이다.

•

한밤중,
서재를 털리다

각료 해임 해프닝 한 달 뒤 1971년 11월 어느 날, 쓰루의 혜화동 집 2층의 서재에 도둑이 들었다. 부총리 사저는 통행금지 시간에도 동네 파출소에서 경계근무를 하는 곳인지라 '있을 수 없는 일'이 벌어진 것이다. 당시 통행금지 시간에 시내를 오갈 수 있는 집단은 중앙정보부뿐이었다.

'당신이 찾는 것은 여기 없다'

그의 뇌리를 스쳐 간 것은 수 년 전 왕초의 집무실이 털린 사건이었다. 그 사건은 중앙정보부가 왕초의 비리를 캐내어 그를 자기들 손아귀에 넣기 위해 벌인 것으로 세상은 알고 있었다. 쓰루는 즉시 서재 벽에 '당신들이 찾는 것은 여기에 없다'

라는 쪽지를 써 붙였다. 그들이 찾고 있는 것은 돈이 아니라 그가 관여했던 정치자금의 장부였다고 그는 짐작하고 있었다. 거기서 행여나 있을지 모르는 '정치자금 배달 사고'의 꼬투리를 잡겠다는 얘기였다.

이후락 중앙정보부장의 입장에서 생각해보면, 이해되지 않는 것은 아니었다. 이 부장은 청와대 비서실장으로 소위 '정치자금 4인방'의 한 명으로서 정치자금 모금에 한 역할을 해냈다. 집권 세력 내에서는 상당한 영향력을 행사하는 역할이었다. 그런데 이 부장이 1969년 10월 주일 대사로 나가 있는 사이에, 쓰루가 외자 도입 절차를 투명화하여 정치자금 4인방 체제가 무너져버렸다. 1971년 선거를 위해 중앙정보부장으로 컴백한 이 부장으로서는 용납할 수 없는 권력 구조의 변화였다. 그래서 쓰루를 손아귀에 넣기 위해 절도 사건을 벌였다는 게 쓰루와 그 주변 사람들의 분석이었다.

물론 그날 절도 시도는 헛수고였다. 아니, 그 일을 벌인 측 또한 아무것도 나오지 않을 것을 알면서도 그랬는지 모른다. 그게 쓰루 측근들이 짐작하는 바였다. 누가 그런 일을 벌였을지 권력 주변 누구나 알 수 있게 절도 사건을 벌인 것 자체가, 자기네들한테 '평소에 최소한의 존경심을 표하라' 또는 '모든 걸 우리를 통하지 않고 박통과 직거래할 생각하지 마라'는 일종의 겁박(?)이었다는 얘기였다.

어쨌든 그 사건으로 박통의 또 다른 권력 수단인 정보 권력과 해소할 수 없는 간극이 벌어진 것은 부정할 수 없게 되었다.

그 사건은 각료 해임 사건에 이어 부총리로서 쓰루의 권위에 상당한 손상을 입힌 두 번째 사건이었다. 쓰루 몰락의 신호탄이 될 수도 있는 사안이었다. '쓰루의 집을 중정이 뒤졌다'는 소문이 입에서 입으로 전해졌다. 정부 내 반(反)쓰루 세력으로 하여금 그에게 직접 칼을 겨누는 일을 벌이게 했다.

4대 핵공장 주도권은 청와대로

쓰루가 매사에 미다스의 손이었던 것은 아니었다. 4대 핵공장 건설사업이 그랬다. 일본은 제5차 한일각료회담에서의 합의, 특히 '4대 핵공장 건설사업에 약 8000만 달러의 장기 저리차관을 제공한다'는 합의의 이행에 시간을 끌었다. 일본의 시간 끌기에 쓰루는 새로운 또는 추가적 차관 선으로 노르웨이, 스웨덴 등으로 눈을 돌려보았다. 그러나 그들은 조선산업 협력에는 긍정적이었지만 여타 4대 핵공장 사업 협력에는 소극적 반응 이상을 보이지 않았다.

박통의 처음이자 마지막 실망 표시

한반도 주변의 안보가 날로

불안을 더해가는 가운데 11월 10일, 쓰루는 박통에게 15개월 넘게 벌인 4대 핵공장을 위한 외자 도입 교섭 현황을 보고했다. 제5차 한일각료회담을 통해 일본의 협력을 이끌어낸 것에 머무는 추진 성과는 안보불안에 초조해진 박통에게 큰 실망을 안겨주었다. 쓰루의 '부진' 보고를 받고 청와대로 들어가던 박통은 김정렴 비서실장에게 그 실망을 토로했다. 쓰루에 대한 박통의 첫 번째이자 마지막 실망 표시였다.

그날 오후 오원철 상공부 광공차관보는 김 실장의 주선으로 청와대에 들어가 박통과 면담했다. 그 자리에서 그는 "4대 핵공장은 경제성이 의문시되는 군수산업이 아니라 경제성을 담보할 수 있는 민수산업으로 우선 키워야 한다"는 점을 역설했다. 오 차관보는 그날로 경제 제2수석에 임명되었다. 그것으로 4대 핵공장 건설의 주도권은 경제기획원에서 청와대로 넘어갔고, 중화학공업화 정책도 '쓰루 주관' 정책에서 '박통 직할' 사업이 되었다. 4대 핵공장 건설 주도권의 이관은 한국의 산업화가 경제 논리가 아닌 공학적 사고에 지배되는 시대로 접어드는 것을 상징하고 있었다.

대통령이 실망했다는 소식은 급속하게 권력 주변에 전해졌다. 쓰루의 언행에 당하거나 거침없는 그의 권한 행사에 피해를 보거나 권한이 줄어든 인사들은 그 '희소식'을 열심히 퍼 날랐다. 4대 핵공장 건설 주도권을 내려놓은 것은 각료 해임, 서재 털림에 이어 1971년 가을 부총리 쓰루의 권위에 돌이킬 수 없는 손상을 입혔다.

"포항제철 사업이 장기영, 박충훈 두 부총리의 해임 사유였다면, 중화학공업 정책은…… 김학렬, 태완선 두 사람에게 '상처'를 입혔다."[7]

7 주태산, 『경제 못 살리면 감방 간대이: 한국의 경제부총리, 그 인물과 정책』, 중앙M&B, 1998, pp.115~116

입원 중 국회에 불려 나오다

쓰루는 늘 소화 기능이 좋지 않았다. 그래서 웬만한 소화 불량은 1961년 봄의 위궤양 수술 후유증으로 가볍게 여겼다. 그러나 1971년 8월 도쿄에서 열린 제5차 한일각료회담 기간 동안 쓰루가 느꼈던 불편함은 예사롭지 않았다.[8] 그렇다고 부총리라는 자가 4대 핵공장 경제 협력 유치, 물가 등 선거 후유증 해소라는 발등의 불을 두고 검진을 받으러 병원에 갈 수도 없었다. 차일피일 병원 방문을 미루던 차에 서재털이 사건이 쓰루에게 큰 충격을 안겨주었다. 최고 관료로서의 권위와 더불어 그의 병세 또한 호전 불능 상태로 치달았다.

비록 해임 건의안이 부결되었으나 (박통의 장기 집권 시도가 야기한 정국 혼란이 점차 악화되면서) 그에 대한 국회의 핍박은 날로 더 심해져갔다. 병세가 심해진 쓰루가 "이제는 그만 쉬어야겠다"고 대통령에게 사임을

8 최우석, 앞의 책, 2016년 3월호

청했으나, 간곡한 박통의 만류에 못 이겨 출근을 계속할 수밖에 없었다. 그의 병세를 알지 못한 박통은 저간의 일들 때문에 쓰루가 칭병하여 사임하려는 걸로 오해한 것이다. 결국 11월 중순 병세가 더 이상 방치할 수 없는 지경에 이르렀다. 그는 연세대 세브란스병원에 입원했다.

"앰뷸런스에 태워서라도 불러오라"

국회가 쓰루의 입원을 '타이밍을 맞춘 신병'이라고 빈정거리는 가운데서도, 국회 일정은 어찌어찌 예산 심의로 넘어갔다. 예산 심의가 비교적 순조롭게 진행되다가 11월 30일 예결위 9인 소위가 마지막 손질을 하던 때에 중대한 문제가 불거졌다. 세수 부족으로 코너에 몰렸던 정부가 그때까지 예산 심의 테이블에 올려놓지 않았던 80억 원을 세계잉여금(세금을 거두어 세출로 쓰고 남은 돈)이라며 내놓은 것이다. 야당 의원이 벌컥 화를 내면서 "그 돈을 어디다 감추었다가 이제 내놓느냐. 김학렬 경제기획원 장관을 문책하겠다"며 펄펄 뛰었다.

김성곤 등 '쓰루 편'은 각료 해임 해프닝으로 정계를 은퇴한 상태였고, 날개(박통의 신임) 잃은 쓰루를 돕겠다고 나서는 의원은 아무도 없었다.

야당은 그의 출석 요구를 끈질기게 물고 늘어졌다. 국회 예산 통과 법정기일을 하루 앞둔 12월 1일 밤까지도 야당 신민당 강근호 의원은 "김학렬 경제기획원 장관을 당장 앰뷸런스에 태워서라도 불러오지 않는 한 발언대를 떠나지 않겠다"고 버텼다. "죄수도 병보석을 얻는데 너무하지 않느냐"는 여당의 야유 가운데, 예결위원장이 "본회의에서 충분히 기회를 갖도록 하겠다"고 설득하고 이중재, 이세규 의원 등이 "그만 참으라"고 만류해 겨우 강 의원을 물러나게 할 수 있었다.

입원해 있던 쓰루는 결국 12월 2일 국회에 출석해야 했다. 그리고 "200여억 원의 세계잉여금이 있으나 일부러 세입에 계상 안 한 게 아니라 통화 증발 요인이 된다고 해서 정책적으로 세입에 계상하지 않았다"는 해명으로 고비를 넘길 수 있었다. 그리하여 그해는 수년 만에 처음으로 법정기일(12월 2일) 안에 다음 해(1972년) 예산안이 국회를 통과할 수 있었다. 그것이 그가 국회에 출석한 마지막 날이었다. 그날은 그가 퇴임하기 한 달 전, 유명을 달리하기 석 달 전이었다.

쓰루는 그날로 연세대 세브란스병원에 다시 입원했다. 그 후 입원과 출근을 위한 퇴원을 반복했다. 언론은 쓰루의 입원 소식을 전하면서 후속 부총리 인사에 관한 입소문을 전하기 시작했다.

12월에 들어서자 주치의는 쓰루의 병이 수술이든 약물치료이든 무엇으로도 치료될 가망이 없다고 판단하고 있었다. 입원 치료에 별 차도가 없음을 깨달은 쓰루의 부인은 대안을 찾고 있었다.

12월 29일 기획원에서 ADB 총재와 안동댐 차관 도입 협정을 체결했다. 그것이 쓰루가 살아생전에 행한 마지막 공식 행사였다.

2차 5개년 계획이 평가받는 날, 사망하다

12월 말 쓰루는 더 이상 참을 수 없는 고통에 박통에게 "제발 물러나게 해달라"고 다시 간청하였다. 집에서 며칠 쉬면서 몸조리를 한 후 부총리를 계속하라고 권하던 박통도 그의 완연한 병세에 더는 부총리 속행을 강권하지 못했다.

거인(巨人)과 기인(奇人)의 시대가 가다

1972년 1월 4일 부총리가 태완선 건설부 장관으로 교체되었다. 석별을 하면서 박통은 "집에서 요양하면서 건강을 되찾아 다시 일해달라"는 부탁을 잊지 않았다. 그게 그가 마지막으로 대한 박통이었다.

1월 6일 부총리 이취임식에는 쓰루가 참석하지 못했다. 그는 이미 서울대병원으로 옮겨 입원한 상태였다.

"2년 6개월에 걸친 폭풍 같은 김학렬 시대가 끝난 것이다. 이로써 기획원도 거인, 기인들의 시대를 마감하고 보통 사람의 시대가 열렸다."[9]

위암 등 소화기 계통에 심각한 문제가 있는 것으로 의사들은 진단했다. 수술 여부와 치료 방법 등을 두고 전전긍긍하고 있던 차에 쓰루와 그의 가족은 새로운 사실을 알게 되었다. 서울대병원 특실에 장관, 국회의원, 재벌 총수 등 돈이나 권력 있는 사람들이 남의 눈에 띄지 않게 조용히 입원하여 종합검진을 받고 있다는 것이었다. 권력이든 돈이든 뭔가 '있는 자' 중에 쓰루처럼 정기검진을 받지 않는 게 오히려 드문 사례였던 거다. 나라에 몸 바쳐 일하다가 죽을병을 얻은 사람은 평소에 검진받을 생각조차 하지 않았는데, 그러지 않은 사람들은 남몰래 늘 검진을 받아왔다는 사실에 쓰루와 그 식구들은 배신과 유사한, 야릇한 섭섭함을 경험했다.

1월 24일 서울대병원 민병철 외과의가 집도한 수술은 오래가지 않았다. 개복 후 말기에 이른 췌장암 전이를 확인하고 바로 덮은 것이다. 의료진의 소견으로는 암의 진행이 약 6개월 된 것 같다는 것이었다. 전해 이른 가을, 부총리 쓰루의 업적과 권위가 손상되기 시작한 바로 그때, 암이 쓰루의 몸을 갉아먹기 시작한 것은 우연의 일치였을까?

서울대병원에 왕초가 문병을 왔다. 그가 잠시 머물다 돌아간 뒤 쓰루가 부인에게 "역시 저 왕초가 인물은 인물이야"라고 회한에 찬 한마디를 던졌을 때, 비로소 두 사람이 진정한 화해를 한 게 아니었을까.

9 위의 책, 2016년 3월호

개복 수술 후 며칠 뒤부터 참을 수 없는 고통이 찾아오기 시작했다. 가족과 극히 가까운 인사 외에는 문병도 사절이었다. 고통을 줄이는 시술을 위해 서대문 고려대병원(지금의 강북삼성병원)으로 옮겨 치료를 계속했으나, 고통을 가라앉히지 못했다. 매일 출근하다시피 병문안을 오던 이기준 경과심 위원은 '용하다'는 순복음교회의 조용기 목사를 초빙하여 안수기도를 받게 해주었다.

박통의 소리 없는 통곡

3월 21일 오전 10시 중앙청 대회의실. 쓰루가 '내가 아버지'라고 자랑하던 제2차 경제개발 5개년 계획을 마무리하고 평가하는 회의가 열리고 있었다. 김정렴 비서실장이 회의를 주재하던 박통에게 '김 전 부총리 별세'라는 메모를 전했다. 쪽지를 보고도 무표정이던 박통이 화장실에 가는 듯 잠시 자리를 떴다.

잠시 자리를 비운 것치고는 너무 긴 시간이 흘러, 정소영 청와대 경제수석이 회의실 뒤편으로 박통을 찾아 나섰다. 아무도 없는 화장실에서 그가 찾은 박통은 소리 없는 통곡을 하고 있었다.

그날 혜화동 자택에 차려진 빈소를 왕초가 누구보다 일찍 찾았다. 그는 병풍을 젖히고 차가운 쓰루의 시신을 한동안 내려다보았다. 자리를 뜨며 그는 "개발연대의 순교자"라는 의미심장한 한마디를 남겼다.[10]

박통은 김 비서실장과 조상호 의전비서관을 보내 문상케 하고 유족

10 육성으로 듣는 경제기적 편찬위원회, 『육성으로 듣는 경제기적 I: 코리안 미러클』, 나남, 2013, p.32

에게 조의를 표했다. 행정부에서는 태완선 부총리를 위시하여 각 부처 장관과 차관들이, 국회에서는 백두진 국회의장, 정해영 부의장과 정일권 의원, 재경위를 중심으로 하는 여야 의원 등 하루 만에 약 400명이 문상에 임했다. 김수환 추기경의 문상이 눈길을 끌었다.

그날 정일권 전 총리가 『경향신문』 1면에 조사(弔詞)를 기고했다.

"…… 고인은 이제 겨우 입명의 경지에서 국가사회를 위해 보다 큰 공헌을 할 수 있는 나이에 너무도 빨리 세상을 떠나고 만 것이다. 그러나 그는 그가 이미 남긴 업적만으로도 그의 인생을 풍부하고 보람되게 하기에 부족함이 없었으니 그의 인생은 결코 허무하지 않았다고 하겠다.

이 사람이 고인을 생각할 때 잊을 수 없는 또 한 가지는 그의 애국심과 유머러스한 그의 인품이다. 그의 죽음을 재촉하는 병마와 최후의 사투를 벌이고 있는 동안에도 국가의 앞날에 대한 생각을 멈추지 않았으며 그를 찾는 문병객들에게 오히려 재기 넘치는 유머로써 웃음을 안겨주는 것을 잊지 않았으니 이는 보기 드문 그의 훌륭한 인품의 발로였다고 하겠다. ……"[11]

다음 날 22일에는 고인의 부산상고 선배로서 재무부 시절부터 동고동락했던 김종대 상공회의소 부회장의 애도의 글이 『동아일보』 2면에 실렸다.

"…… 형은 남들이 험구가라 했지요. 이 험구에 대한 충고자로서 동창들의 권고로 내가 몇 번 충고도 드린 일이 있지만 한편 유머와 위트

11 『경향신문』 1972년 3월 21일 자, 정일권 전 총리 '해학이 넘치던 김학렬 선생을 애도, 경제성장에 큰 공 남겨두고'

가 담뿍 담긴 형의 말은 참말로 형의 말대로 축구 등신이나 병신 같은 바보는 미처 알아듣지도 못하는 말들이며 또한 정녕 바보 같은 말에는 아예 귀를 기울이지도 않은 형이었습니다.

…… 형, 세상에선 '긴축' 하면 형을 연상하리만큼, 늘 인플레가 극심하면 그 뒷수습에 나서야 했고 돈을 아껴 써야 하는 긴축정책 때문에 형은 늘 시달려야 했습니다. 2차 5개년 계획의 아버지라 불릴 만큼 우리나라 공업화의 기반을 다져놓은 공은 세계은행이나 워싱턴에서까지 널리 회자되고 있지 않습니까. 형이 성취하신 높은 업적과 공헌을 오래도록 기억하고 높이 평가할 것입니다."[12]

그날 저녁 박통이 문상을 왔다. 쓰루가 안치된 방에 들러 분향을 마친 박통은 응접실 바닥에 주저앉았다. 그의 앞에 쓰루의 부인 김 여사가 마주 앉았다. 눈물을 글썽이며 박통이 어렵사리 입을 열었다.

"어제 2차 5개년 계획 평가 회의를 하는 도중에 소식을 전해 들었습니다. 그때부터 머리가 텅 비어, 보고 내용이 아무것도 귀에 들어오지 않았습니다……. 뭐라고 드릴 말씀이 없습니다. 제가 김 부총리를 너무 과로시킨 탓입니다……" 하고는 더 이상 말을 잇지 못했다.

그의 한 마디 한 마디가 김 여사를 쓰루 생각에 사무치게 했다. 복받치는 울음을 억누르느라 목이 멘 그녀는 눈물만 흘리고 있었다.

같은 날 『경향신문』은 해설을 빌려 3면에 더없이 정중한 장문의 헌사를 바쳤다.

"발랄한 재기와 무궁한 해학으로 숱한 기행과 화제를 남기고 한 재상이 타계했다. …… 그는 지난 50년 고시 1회에 합격하여 외자구매처

12 『동아일보』 1972년 3월 22일 자, 김종대 대한상의 부회장 '고 김학렬 형을 추모하며'

의 한 직업 공무원에서 출발한 이래 20여 년, 별세할 때까지 완전 공인이었다. 그는 사생활이 없었다. 외고집스럽다 싶은 그의 멸사봉공 정신이 재상의 명을 재촉했다고 그를 아끼는 사람들은 아쉬워한다.

그의 일대와 죽음은 어떤 의미에서 우리나라 경제정책에 하나의 에포크를 그은 것으로 평가되고 있다. 두 차례에 걸친 경제개발 5개년 계획 기간 동안 그는 경제기획원 차관으로 재직, 그 산파 역할을 하기도 했고 3차 5개년 계획은 그 자신이 직접 계획을 진두지휘했다. 그는 한 시대의 경제사 주역으로 살다 간 것이다.

직관과 통찰력이 예리했던 그는 전임 장관이 불가능하다고 했던 종합제철을 밀고 나가 포항 벌판에 해머 소리가 울리게 했고 가족계획사업 도입에 발 벗고 나서 인구증가율을 둔화시켜 국제적으로 우리나라 가족계획사업을 각광받게 했다.

그는 계수 외기에는 남다른 재능을 갖고 있어 외국인들 사이에는 인간컴퓨터란 닉네임을 얻기도 했다. …… 그는 부하를 아끼고 사랑했으나 공적인 일에는 무지무지하게 엄격했으며 틀렸다고 생각하면 책망이 대단했다. 기실 그는 이름난 험구가였다. 그러나 그의 험구를 들은 사람일수록 승진이 빨랐다고 그가 간 지금 옛 부하들은 술회하고 있다.
……

그는 경제 이론에 누구보다도 밝았다. 그러나 원론과 현실을 구별할 줄 아는 현실 감각이 있었다. 물가정책 같은 것도 원론적 해결보다 현실행정을 즐겨 구사했다. ……

그의 강렬했던 인간상은 틈틈이 돌출하는 순진성의 단면으로 해서 인간적인 밀착을 상대방에게 주곤 했다. …… 그는 기관장 중에서 밀도 높은 체취를 남긴 사람 중의 한 사람이었다. 재무부 장관 때는 '옛 재무부의 영광을 다시 찾자'고 선창하고 나섰고 청와대 수석비서관과 기획원 장관 시절에는 『이런 간부는 사표를 써라』라는 책을 수백 권 사서 권장, 관가의 신풍을 불러일으켰다.

깡마른 체구의 동류형 때문인지 몰라도 그는 외국인 가운데는 링컨 미 대통령을 제일 존경했다. …… 링컨 대통령이 노예를 해방한 것과 같이 아마도 자기는 빈곤과 무지에서 대중을 해방해보겠다는 생각에서였는지도 모른다. 기실 그는 평소의 포부를 물을라치면 손가락 두 개를 눈앞에 내밀고 '빈곤과 무지를 없애는 것' 하고 소리쳤었다. 병마와 싸우기 6개월, 그는 '한 가지 포부를 더 추가했습니다. 질병도 몰아내야겠습니다' 하더니 끝내 그 병마에 쓰러지고 만 것이다."[13]

죽고 나면 개만도 못하게 취급당한다는 정승, 쓰루의 가는 길은 이렇게 오래도록 기억에 새겨졌다.

평생직장에서 고별을 고하다

3월 25일 오전 10시 경제기획원 앞뜰에서 김종필 총리를 비롯한 전 국무위원과 고인의 친지 등 각계 인사가 참석한 가운데, '경제기획원장(葬)'으로 그의 장례식이 거행되었다. 장례위원장인 태완선 부총리는 "고인은 3차 경제개발 5개년 계획을 입안하는 등 우리나라 경제 발전에 끼친 공로는 역사에 길이 빛

13 『경향신문』 1972년 3월 22일 자, '20년 공인으로 산 김학렬 씨: 번영 속의 안정 창안자'

날 것"이라고 추모했다.

"장기영과 김학렬 부총리 두 분은 나라의 근대화를 신앙처럼 생각했던 사람들이었다. 이들에게는 따로 시간을 내어 자신의 건강을 챙긴다는 생각은 아예 안중에 없었다. 이들은 자신의 건강을 희생양으로 삼아 경제 발전이라는 순교자가 된 '그때 그 시절의 사람들'이었다. 재기발랄한 개성과, 개인을 돌아보지 않는 정열로 이들은 한 시대의 거대한 드라마의 주인공들이 되었다. 어지러운 이 시대에 그들이 더없이 그립고 그들의 없음이 아쉽다."[14]

장례식 후 경제기획원을 나선 운구 행렬은 경찰차와 오토바이의 에스코트로 동작동 국립현충원으로 향했다. 12시 30분 국립현충원 장군묘역에서 하관식이 거행되었다. 38년 후인 2010년 11월 8일에 유명을 달리한 '쓰루의 파트너' 김옥남 여사는 쓰루 곁에 나란히 뉘어졌다.

쓰루의 생일은 10월 26일이다. 7년 뒤 같은 날, 박통은 자기가 믿었던 부하에게 살해되었다.

14 엄일영 증언

명물 관료의 긴 퇴장

쓰루가 저세상으로 떠나고 4개월 뒤인 1972년 7월, 홍릉에 신축된 KDI가 개관식을 가졌다. 기념식에는 그를 대신해 김옥남 여사가 참석하고 있었다. 아이디어 단계에서부터 설립 결정, 부지 확보, 초대 원장 발탁에 이르기까지 연구원 설립에 그가 얼마나 관심과 정성을 들였는지, 그녀뿐 아니라 식장에 참석한 대부분의 인사들도 익히 알고 있었다. '포철 3인'이 박태준, 박통, 쓰루라면 'KDI 3인'은 김만제, 박통, 쓰루였다.

지력(知力)의 자립

식장에 참석한 지인들과 일일이 인사를 나누던 그녀는 박통을 대하자마자 눈물을 흘리기 시작했다. 박통이 “김 부총리의 KDI에 대한 정성과 공로는 영원히 잊히지 않을 것”이라고 위로의 말을 했으나 그녀의 눈물을 멈추게 하지는 못했다.

개관식 며칠 후 그녀가 김만제 원장에게 액자를 하나 가져갔다. 액자의 휘호는 ‘도주개발(陶鑄開發)’이었다. “도자기를 빚어 만들고 쇠그릇을 부어 만들듯, 정성을 다해서 인재를 개발하여 KDI를 우리나라의 훌륭한 경제 두뇌 집단으로 육성하라는 의미가 담겨 있었던 것이다.”[15]

KDI가 홍릉에 있던 시절, 도서실에는 당대 최고의 원로시인 서정주 선생에게서 글을 받아 경암(景岩) 김상필 선생이 붓글씨로 쓴 송시(頌詩) 하나가 걸려 있었다.

前 부총리 겸 경제기획원 장관 김학렬 박사 송시

경제 두루 잘사는
알찬 조국 만들려고
깊은 골에 빛나는
금강석 빛발같이
한밤중을 울어대는
귀뚜리같이
가장 구석진 곳의 정밀한
시계 소리같이
늘 항상 그 빛나는 머리와
정성 기울여

15 정인영, 『홍릉 숲 속의 경제 브레인들』, 한국개발연구원, 2002, pp.116~117

이 전당 세우는 데 애써주신
김학렬 선생의 그 끈덕진
끈기 길이길이 이으리라.

1972년 5월

한국의 경제정책 수립의 자립(自立)을 상징하는 KDI는 경제기획원, 나아가 모든 경제부처의 싱크탱크로서 독보적인 위치를 차지해왔다. 해를 거듭할수록 그 입지가 강화되어 한국을 대표하는 종합경제연구소로 세계 유수한 경제연구소와 어깨를 나란히 하고 있다. 2018년 KDI는 '글로벌 싱크탱크 순위'에서 미국을 포함한 전 세계 8100개의 연구기관 중 20위를 차지함으로써 2013년 이래 6년 연속 아시아 최고의 연구기관으로 평가받았다.

중공업 입국의 씨앗

쓰루는 자기가 출범시킨 4대 핵공장이 한국의 중공업화를 선도하는 모습을 보지 못했다. 그러나 그의 사후에도 4대 핵공장 건설이나 그에 대한 일본의 자본 협력의 발걸음은 멈춰지지 않았다. 1972년 기준으로 4대 핵공장 중 (1971년 1월에 착공한) 신동공장 건설사업은 53%, (1971년 11월에 착공한) 조선소 건설사업은 60%의 진척을 보이고 있었다.(『1973년 경제백서』) 주물선 공장은 1972년 12월에 착공되었다.

기획원이 4대 핵공장 건설사업 추진을 청와대에 넘기고 난 1년 2개월 뒤, 1973년 1월 박통은 한국 경제의 미래를 영원히 뒤바꿔놓을 중공업화를 선언했다.

4대 핵공장 건설사업이 중화학공업화를 본격적으로 전개하는 데에 심대한 기여를 했다는 것이 일반적인 평가다. 4대 핵공장 건설사업은 중화학공업 전사(前史)로서 중요한 실험이 되었다. 중화학공업 추진위원회 기획단도 "4대 핵공장 건설계획은 그 후 중화학공업 건설을 추진해나가는 데 모체가 되었다"고 그 공헌을 인정하고 있다.

1973년 7월, 우리나라 최초로 조강 103만 톤의 1기 설비를 갖춘 포항종합제철이 완공됐다. 쓰루가 박통, 박태준 씨와 함께 기공 발파의 버튼을 누른 지 3년 3개월 만이었다. 박 대통령의 오랜 집념, 김학렬의 기획력과 추진력, 박태준의 현장 열정이 뜨겁게 융합된 결과였다.

"회사로 비유하자면 박정희 대통령은 원대한 비전과 불굴의 리더십을 발휘한 CEO 겸 회장, 김학렬 부총리는 뛰어난 기획력과 과감한 추진력을 보인 기획 담당 사장, 박태준 회장은 건설 현장에서 불꽃같은 정열과 사명감으로 작업을 지휘한 건설 담당 사장의 역할을 했다 할 수 있을 것이다."[16]

완공식 단상에는 박통과 박태준 씨가 감격에 찬 얼굴로 앉아 있었다. '포철 드라마'의 주역들이 한자리에 모인 그 기념식에는 '포철 3인' 중 1년 4개월 전 유명을 달리한 쓰루의 모습만 보이지 않았다. 그를 대신하여 그의 부인이 참석하고 있었다.

박통의 축하연설은 "지금부터 3년 전 바로 이 자리에서 지금은 고인

16 최우석, 앞의 책, 2015년 12월호

이 되었지만 나와 김학렬 부총리, 그리고 박태준 씨가 발파 기공식을 했다. 그때가 어제 같은데 오늘 염원하던 사업이 이뤄져서 감개무량하다"가 첫마디였다. 김 여사는 준공식 내내 눈물을 흘리고 있었다.[17]

포철 건설에는 전후 최대 역사(役事)라는 경부고속도로 건설의 3배에 해당하는 1215억 원이 투입되었다. 포철은 생산 개시 6개월 만에 1200만 달러의 흑자를 냈다. 1980년도의 철강 생산량은 1200만 톤으로 크게 늘어났다. '한국의 제철사업은 경제성이 없다'고 단언했던 IBRD(국제부흥개발은행)와 국제철강 커뮤니티의 조롱 섞인 우려에 대한 대(大)반전이었다.

포철로 시작된 한국 경제의 중공업화는 4대 핵공장과 더불어 1973년부터 본격적인 중공업 입국을 이끌어냈다. 포철이 선진 공업국으로서 한국의 도약에 첫걸음이자 밑거름이 되었다.

"포철의 역사적 의의는 더 중요한 다른 지점에서 설정될 수 있다. 포철이 1970년대 중화학공업화가 시작된 계기이자 출발점을 이루고 있기 때문이다. 바꿔 말하면 포철이 없었다면 박정희 정권 시기 경제개발을 상징하는 중화학공업화는 의미 있는 존재감을 보이지 못했거나 훨씬 늦은 시기에 시작되었을 것이라는 점이다."[18] 포철은 경부고속도로, 새마을운동과 더불어 한국인의 'Can Do Spirit'을 상징하고 있다.

17 육성으로 듣는 경제기적 편찬위원회, 앞의 책, pp.277~278

18 정태헌 · 배석만, 「박태준과 포항제철을 통해 본 경제개발시대 정치경제학의 양면성」, 박태준미래전략연구소, 2013~2014

변혁을 주도해온 기획원 DNA

경제기획원을 떼놓고 쓰루의 유산을 논할 수 없다.

그는 초기 세 차례의 경제개발 5개년 계획에 실무 책임자(기획조정관), 총괄 조정자(기획원 차관), 최고 책임자(부총리 겸 경제기획원 장관)로 참여했다. 그가 기획원에 심어놓은 국가경제 비전 제시와 장기 계획 수립의 DNA는, 그가 떠난 후에도 반세기 가까이 경제기획원의 정책 사고를 이끌어가고 있다.

그것은 기획원이라는 부처의 특성과도 관련 있다. 인허가나 규제로 특정 경제활동을 관할하는 '현업' 부처가 아니어서 직접적 이해로부터 자유롭다. 따라서 객관적이고 종합적이며 장기적인 시각으로 나라경제의 나아갈 방향을 제시할 수 있었다.

그 이후 수석 경제부처로서의 기획원은, 모든 나라 살림에 철저한 경제 논리를 고집해왔다. 그 앞에서는 국방과 교육 등 비경제 부문도 왜 그들의 정책이 시급한지 경제 논리로 설명해야 했다.

경제 논리를 고집한 저변에는 재정 건전화에 대한 집념이 자리 잡고 있었다. 기획원에 깊게 뿌리내린 그 집념은 그 후 숱한 불황과 경제위기를 거치면서도 흔들리는 모습을 보이지 않았다. 그럴 수 있는 데에는 대통령과 우리 사회가 '나라 살림 파수꾼'으로서 기획원의 역할을 존중 내지 인정해주었기 때문이다. 우리나라가 세계 어느 나라에서도 볼 수 없는 재정 건전성을 유지, 강화할 수 있었던 핵심적 바탕이다.

그가 남긴 더 소중한 유산은 기획원 조직 안에 심어놓은 변혁을 주도하는 마인드이다. 1970년대 수출 주도 산업화, 1980년대 민간 주도 경제, 공정거래법 제정, 1990년대 개방화, 국제화, 1997년 외환위기 후의 금융, 노동, 재벌, 공공 4대 개혁 등 한국 경제의 주요한 절목마다 경제 구조의 근원적 전환을 발상하고 추진한 것은, 모두 기획원 조직 안의 '변혁의 DNA'가 작동한 결과였다.

90년대 이후 재정경제원, 기획재정부 등으로 조직의 흡수 통합이 있긴 했지만, 최고 최강 부처로서의 소명의식, 경제 논리 DNA, 나라 곳간 파수꾼, 아니 나라경제 지킴이로서 기획원의 역할은 아직도 살아 있다. 어제보다 나은 오늘, 오늘보다 잘사는 내일을 일구는 나라 전체 노력의 선봉에는 늘 기획원이 있었다.

에필로그: 지금도 내 아비의 꿈은 이어지고 있다

쓰루가 죽은 지 이제 48년이 된다. 49세에 죽은 아비의 삶을 복원하는 과정은 칠순의 아들에게 진귀한 시간 여행이었다. 내 아들에게, 손자에게 전하고 싶은 내 아버지 세대의 꿈을 되짚어가는 과정이었다.

쓰루 세대가 후세에게 남긴 무엇보다 소중한 유산은 '한마음이면 무엇이든 이룰 수 있다'는 'Can Do Spirit'이다. 글로벌 커뮤니티는 감탄과 존경을 담아 '한강의 기적'을 일궈낸 우리의 집념과 열망을 그렇게 불러줬다. 세계 어디에서도 유례를 찾을 수 없는 단기간 안에 개도국에서 중진국으로, 중진국에서 선진국으로 도약을 거듭할 수 있었던 것은 바로 그 '할 수 있다'는 시대정신이었고, 그것은 지금도 한국 경제의 영혼으로 자리 잡고 있다.

그 시절에 우리가 무엇을 어떻게 이루었는지를 아는 사람들이 그 시절을 그리워하는 것은, 단순히 '좋았던 그 시절'을 그리는 게 아니다.

그 근원을 한 치 더 깊이 들여다보면, 대통령에서부터 말단 관료에 이르기까지, 정부와 국민이 '한강의 기적'을 일궈내는 과업에 '한마음 한 뜻'이었다는 사실, 그리고 그것이 '우리가 한마음이면 무엇이든 이룰 수 있다'는 Can Do Spirit으로 우리 가슴속에 면면히 흐르고 있음을 발견하게 된다.

쓰루와 그 세대는 '잘 먹고 잘사는 조국을 만들어 후손에게 남겨주겠다'는 꿈이 있었다. 그것은 혼자 꾸는 꿈이 아니라 함께 꾸는 꿈이었다.

꿈이 너무 소중해서였을까. 당시엔 조직화된 반대 세력이 없었다. 일반 시민뿐 아니라 언론도, 심지어 야당도, 빈곤 탈출과 경제 중흥을 최우선 국가과제로 생각하고 있었다.

반대 세력이 있었다면 국가과제의 우선순위와 경중에 이견이 있었을 뿐, 나라경제가 나아갈 방향에 관해서는 이견이 없었다. 그 당시 언론이라고, 그때의 여야라고 이념적 편향이 없거나 당리당략이 없던 것이 아니었다. 그러나 그런 입장과 성향의 '차이'가 나라경제가 나아갈 바를 가로막지는 않았다.

지금도 그런 행운은 가능할까라고 우리 자신에게 묻는다면, '가능하다', 아니 '가능해야 한다'는 답이 나온다. 그런 답이 쉽게 나오지 않으면 주위를 한번 돌아볼 것을 권하고 싶다.

프리미어 리그의 손흥민, 웸블리 스타디움의 BTS, 글로벌 영화제의 봉준호, MLB의 류현진……. 우리 젊은이들은 스포츠, K팝, K컬처로 세계를 매료하고 있다. 그들에겐 지치거나 어둡거나 거친 구석이 한 군데도 없다. 밝고 부드러우면서도 활기가 넘친다.

그들은 정치나 이념에 휘둘리지 않고 과거, 구태, 금기, 심지어 국가까지 그 어느 것에도 얽매이지 않는다. 미래와 자신의 바람을 품고 세계를 향해 거침없이 나아가는 모습에서 쓰루 세대의 도전정신, 그 시대의 진취와 도약을 읽을 수 있다. 21세기 우리 젊은이들은 '모두가 행복한 나라'를 만들자는 꿈으로, '다 같이 잘사는 나라'를 만들겠다는 내 아비 쓰루의 꿈을 이어가고 있다.

참고 단행본

- 신성순 외, 『한국의 경제관료』, 다락원, 1979
- 경제기획원, 『개발연대의 경제정책: 경제기획원 20년사』, 경제기획원, 1982
- 이기준, 『일학일생(一學一生)』, 일조각, 1990
- 이종범 편(안문석 등 집필), 『전환시대의 행정가: 한국형 지도자론』, 나남, 1994
- 이한빈, 『일하며 생각하며: 이한빈 회고록』, 조선일보사, 1995
- 주태산, 『경제 못 살리면 감방 간대이: 한국의 경제부총리, 그 인물과 정책』, 중앙M&B, 1998
- 김흥기 편, 『비사 경제기획원 33년: 영욕의 한국 경제』, 매일경제신문사, 1999
- 손광식, 『대기자 취재파일: 한국의 이너서클』, 중심, 2002
- 정인영, 『홍릉 숲 속의 경제 브레인들』, 한국개발연구원, 2002
- 김용환, 『임자, 자네가 사령관 아닌가: 경제개발계획부터 IMF 외환위기까지 격동기의 한국 경제사』, 매일경제신문사, 2002
- 진념, 『경제 살리기 나라 살리기: 진념의 집념 40년』, 에디터, 2002
- 김입삼, 『초근목피에서 선진국으로의 증언: 김입삼 자진』, 한국경제신문사, 2003
- 강경식, 『국가가 해야 할 일, 하지 말아야 할 일: 강경식 전 경제부총리 한국 경제와 함께한 30년』, 김영사, 2010
- 황병태, 『박정희 패러다임: 경제기획원 과장이 본 박정희 대통령』, 조선뉴스프레스, 2011
- 재경회, 예우회 엮음, 『한국의 재정 60년: 건전재정의 길』, 매일경제신문사, 2011
- 이장규, 『대통령의 경제학: 역대 대통령 리더십으로 본 한국경제통사』, 기파랑, 2012
- 박영구, 『한국의 중화학공업화: 과정과 내용』, 도서출판 해남, 2012
- 육성으로 듣는 경제기적 편찬위원회(홍은주 · 이은형 · 양재찬 집필), 『육성으로 듣는 경제기적 I: 코리안 미러클』, 나남, 2013
- 이영훈, 『대한민국 역사: 나라 만들기 발자취 1945~1987』, 기파랑, 2013
- 육성으로 듣는 경제기적 편찬위원회(홍은주 · 이은형 지음, 박영구 감수), 『숨은 기적들: 코리안 미러클 3』, 나남, 2015
- 이대환, 『대한민국의 위대한 만남: 박정희와 박태준』, 아시아, 2015
- 이충렬, 『아, 김수환 추기경: 신을 향하여』, 김영사, 2016
- 최우석, 「경제개발시대 EPB 취재기」, 『경제풍월』 2015년 12월호~2016년 3월호
- 양윤세, 『고도성장 시대를 열다: 박정희 시대의 경제외교사 증언』, 도서출판 해남, 2017
- 복거일, 『악극(樂劇): 박정희의 길』, 북앤피플, 2017
- 신철식, 『신현확의 증언』, 메디치, 2017